뻔뻔한 시대,
한 줌의 정치

뻔뻔한 시대,
한 줌의 정치

철학자 이진경의 세상 읽기

문학동네

프롤로그

한 줌의 정치를 위하여

1

　　정치가 모든 것의 전면에 자리잡은 시대. 우리가 사는 시대가 그렇다. 정치에 관심 없던 사람도 정치를 피해 가기 어려운 시대, 마치 광고만큼이나 정치 뉴스가 우리의 눈과 귀로 밀려드는 시대. 우리는 그런 시대를 살고 있다. '닥치고 정치'를 하고 '닥치고 투표'를 해야 한다고 하는 시대. 정치가 이렇게 전면에 드러난 것은, 정치가 문제가 되기 때문이고, 문제를 일으키기 때문일 것이다. 노자가 했던 '좋은 군주'에 대한 말을 약간 바꾸자면, 좋은 정치란 정치가 있는지 없는지도 모르는 것이라고 해야 할 터이다. 이런 시대에 또다시 '정치'에 대해 말하는 책을 내는 것이 잘하는 짓일까?

　　'한 줌의 정치'라는 말로 이 책에서 말하려는 정치는, 전혀 무관하진 않겠지만, 그런 의미의 정치는 아니다. 사실 '정치'가 난무하는 곳에 정치는 없다. '정치'라는 말에 가려 정작 정치에 값하는 것은 보이지 않기 때문이다. 정치적인 것의 형상을 취해 드러날 때에도 간신히 '한 줌의' 정치, 아니 '한 줌도 안 되는' 정치로 보일 뿐이다. 있어도 보이지 않기에 '한 줌도 안 된다'고 간주되는 '소소한 무리들', 있어도 제대로 세어지지 않기에 '한 줌'밖에 안 된다고 간주되는 '보잘것없는' 것들, 그래서 그 수가 아무리 많아도 항상 '소수자'로 간주되는 것들. 그들을 보이게 만들고 그들을 제대로 세도록 만드는 것, 그것이 바로 '한 줌의 정치'다. 다수의 이름으로 덮어씌워진 장막을 찢고 소소한 무리들의 존재를 드러내고, 그들의 소리가 들리게 하는 '소수의 정치', '한 줌도 안 되는 것'들에 의해 추하게 번쩍대는 자들의 거대한 정치를 뒤흔들어 그 빛의 그늘에 있는 문제들을 드러내는 '작은 정치', 그것이 '한 줌의 정치'다.

흔히 말하는 '정치'에 굳이 '소위'를 뜻하는 따옴표를 치곤, '한 줌의 정치'가 진정 정치라는 말에 값한다고 말하는 이유는 무엇인가? 그런 식으로 상이한 정치를 대비시키려는 것은 무엇 때문인가?

권력을 쥔 자가 권력을 행사하는 것은 정치가 아니다. 그것은 '지배'에 지나지 않는다. 이미 점한 지배적 지위를 지속시키는 것, 지배적 관계를 재생산하는 것, 그것 역시 정치가 아니라 지배다. 자신에게 주어진 권리나 권력을 그에 반하는 이견이나 반론을 무시하며 행사하는 것, 그것 역시 정치가 아니라 단순한 지배에 지나지 않는다. 이런 역할을 하는 자들은 '지배자'라고 한다. 이들만큼 긍정적인 의미에서 '정치가'와 거리가 먼 것은 없다. 긍정적인 의미에서 정치 내지 정치적 능력이란 외려 이런 지배와 반대된다. 가령 세간에서 흔히 하는 말로 '정치적인 능력이 있다' 혹은 '훌륭한 정치가'라고 할 때, 그것은 이견을 귀담아 듣고 수용하여 자신의 견해에 훌륭하게 포개넣는 경우를 지칭한다. 다수라는 이유로 지배적인 의지나 이득을 고집하는 게 아니라 그에 가려 못 보던 것을 보고, 다수자로 하여금 그것을 보게 하는 능력, 그로부터 상이한 것이 공존할 수 있게 하는 능력을 지칭한다. 그것은 지배적인 것과 그렇지 않은 것 사이에서 어느 하나를 택하여 '전체'라고 우기는 게 아니라, 양자 사이의 간극과 불화를 보고 그 불화를 통해 지배적인 것이 배제한 것을 지배적인 것 안에 끌어들이는 능력이다. 그것이 대개 탁월한 '포섭'이나 '포획' 능력을 뜻하는 경우에조차 '포용'이라고 명명되는 것은 이런 이유에서다.

  이런 간극이야말로 우리의 삶을 지배적인 것에 복속시키지 않고, 지배적인 것을 유동화하며 새로운 것을 시작할 수 있는 여백이다. 폭압적인 체제란 이런 여백을 허용할 능력조차 없는, 일방적인 지배 말고는 스스로의 권력을 유지할 수 없는 그런 체제다. 폭압적인 체제에 지배는 있어도 정치는 없다. 그것은 정치를 말살하는 체제고, 정치가를 죽이는 체제다. 박정희가 자신의 정치적 능력이 다하기 시작했을 때, '유신'이란 이름으로 정치의 공간 자체를 제거하려 했으며, 반대파 정치가들이 제대로 활동할 수 없도록 감옥에 가두거나 심지어 죽이기까지 했음을 우리는 잘 알고 있다. '광주사태'의 원죄로 인해 극단적인 폭압으로 일관해야 했던 전두환이 모든 종류의 정치를 제거하고, 수많은 정치인에게 '죽음' 내지 죽음에 준하는 상황을 부과했음을 우리는 잘 알고 있다. 민간인임에도 불구하고 정치적 능력은 이전의 군인 지배자들보다도 못했던 이명박 정부가, 이미 대통령을 지내고 물러났기에 결코 죽일 이유조차 없었던 정치가를 죽음으로 몰고 갔음은 이와 무관하지 않을 것이다.

지배란 정치에 반한다는 사실을 확인하는 데 이것 이상의 또다른 예가 필요할까? 지배는 정치에 반한다. 마찬가지로 정치는 지배에 반한다. 정치는 지배적인 것의 작동에서가 아니라 그 반대편에서 찾아야 한다. 지배에 반하는 곳에서 발견되는 정치, 그것이야말로 정치의 제대로 된 의미에 값한다고 할 것이다.

2

지배란 단지 권력자가 휘두르는 권력에만 관련된 것은 아니다. 자본주의에서의 돈처럼 지배적인 가치, 경제적 효율성으로 모든 것을 재는 식의 지배적인 사고방식, 광고에 홀려 미친 듯이 돈을 쓰기 위해 정신없이 돈을 버는 데 인생을 바치는 것 등이 역시 앞서 말한 것과 동일한 의미에서 '지배체제'를 구성한다. 돈에 반하는 것들이 존속하고 생성될 수 있는 간극이 없다면, '효율성'이라는 공리주의적 계산의 지배에서 벗어나 사고할 수 있는 틈새가 없다면, 거기에서 우리는 오직 돈의 지배, 공리주의적 사고방식의 지배만을 볼 수 있을 뿐이다. 반면 그런 틈새와 간극이 있을 때, 우리는 정치적 공간이 존재한다고 말할 수 있을 것이다. 어떤 체제의 정치적 능력이란 바로 이런 간극과 틈새의 크기에 의해, 지배적인 것과 다른 것을 수용할 수 있는 용량의 크기에 의해 정의된다고 해야 한다.

  무엇이 이 간극을 만들까? 무엇이 틈새를 만들고 확장할까? 지배적인 것에 반하는 어떤 것이고, 지배적인 가치에 반하는 가치, 지배적인 사고방식에 반하는 사고방식이 그것일 게다. 돈이 지배하는 세계에서 돈이 안 되기에 가치 없고 '보잘것없어' 보이는 것, 인간의 숫자로 모든 것이 계산되는 시대에 인간의 범위에서 벗어나기에 계산할 이유가 없고 특별히 셀 필요마저 느끼지 않는 것, 아니 권력이 지배하는 세계에서 권력과는 거리가 멀기에 '소소하고' '미천해' 보이는 것이 그것이다. 지배적인 것에 반하기에 있어도 보이지 않고 세어지지 않으며, 쉽사리 간과되기에 배려받지 못하는 것들, 그런 것의 존재와 지속이, 그런 것들의 주장이 지배적인 것과의 불화를 만들고 틈새를 만든다.

  정치적인 형태를 취할 때조차 한 줌도 안 되는 것처럼 보이는, 지배에 반하는 그런 것의 힘이, 체제 안에 여백을, 정치적 공간을 만든다. 지배와 구별되는 이른바 '정치'란 사실 이 한 줌도 안 되는 것들이 취하는 거리에 비하면 이차적이라고 해야 할 것이다. '정치'란 긍정적인 의미로 사용될 때조차, 사실은 이들이 만드는 '거리' 안에서 비로소 시작되기 때문이다. 한 줌도 안 되는 것들이 지배적인 것과 대결하며 만드는 이 거리를, 그 간극을 만드는 한 줌에 지나지 않는 것들의 존재와 활동을 나는 '한 줌의 정치'라고 명명하고 싶다. 지배적인 것의 가동에 반하는 작은 저항으로 인해 지배가 더이상 예전 같은 방식으로 관철될 수 없게 될 때, 그리하여 새로운 관계를, 지배조차 새로운 지배를 모색하게 될 때, 비로소 거기 정치가 있다고 말할 수 있다.

이러한 의미에서 정치는 우리가 정치가 있다고 믿는 곳에서는 찾아보기 힘들다. 반대로 그것은 우리가 정치가 있으리라고 생각지 못한 곳에 존재한다. '한 줌의 정치'는 자본의 권력과 싸우기 위해 김진숙이 309일간 농성하던 크레인 위에 있고, 일본 정부 이상으로, 쪽팔리는 역사를 독립기념관에서 내쫓고자 했던 '광복회' 남성들의 비난 어린 눈총이 더 슬펐을 '위안부' 할머니들의 천 번의 집회 안에 있다. 또 불법체류자 신분을 감수하면서도 이주 노동자의 삶을 노래하며 순혈의 한국인들 핏속으로 침투하고자 했던 미누의 빨간 목장갑에 묻어 있고, 도시의 미관을 위해 쫓겨나는 철거민 아이들의 눈물 속에 배어 있으며, 구제역 방역을 위해 이루어진 '처분'으로 살해당한 350만 마리 가축들의 피에 스며들어 있고, 1퍼센트의 착취에 반하여 항의의 깃발을 올렸던 99퍼센트의 점거시위자들 함성 속에 녹아들어 있다.

그러나 사태를 너무 단순화해선 안 될 것이다. 한 줌의 정치는 심지어 '정치'나 지배가 이루어지는 제도나 사건 속에도 있기 때문이다. '전체'의 이름으로 다수에 대한 소수의 복종을 요구하는 대표적 제도인 선거에서도 찾아볼 수 있다. 가령 2002년 대통령 선거에서 통계학에서 말하는 '큰 수의 법칙'(표본의 수가 충분히 크면 모집단은 표본의 분포를 따른다)마저 뒤엎으며 노무현이 승리했던 것은, 통상적인 '정치인'의 틀에서 벗어난 노무현의 '한 줌의 정치'와 대중의 열광적인 '한 줌의 정치'가 공명한 결과였다. 이후 우리는 몇 번의 선거에서 통계학적 예측을 뒤엎으며 들리지 않던 대중의 목소리가 울려나오는 것을 본 바 있다. 아무도 예상하지 못했던 안철수의 급격한 부상 역시 '정치인'들의 일방적인 지배에 염증이 난,

그에 가려 보이지 않던 대중의 의지가 지배에 반하는 거대한 간극을 만들고 있음을 보여주는 사례라고 할 것이다.

나는 이런 식의 한 줌의 정치가 심지어 '여당'이라는 지배정당 안에서도 있을 수 있다고 생각한다. 가령 2012년 총선 비례대표 후보로 필리핀 출신의 이자스민을 뽑았던 것이 그것이다. 이미 100만 명 이상의 이주 노동자가 한국에서 일하고 있고 국제결혼으로 정착한 많은 이주민들이 있음에도 불구하고, 그들은 사람들의 눈에 보이지 않으며 '한국인'으로 세어지지 않는다. 집권 여당이 이자스민을 비례대표 후보로 선출한 것은, 그동안 이 이주민들의 존재가 드러나도록 만들려는 많은 시도와는 맥락과 방향을 달리하지만, 지배적인 시선과 감각으로부터 간극을 만들며 이들을 보이게 했다는 점에서 '한 줌의 정치'에 속한다고 할 것이다. 청소 노동자를 비례대표 1번으로 뽑았던 진보신당의 경우 또한 나는 이런 '한 줌의 정치'에 속한다고 믿는다.

3

이 책에서 나는 '위선의 시대'와 대비하여 지금 우리가 사는 시대를 '뻔뻔함의 시대'라고 규정한다. 위선이 속에 없는 선함을 가장하는 것이라면, 뻔뻔함은 그런 속내를 까놓고 드러내는 것이다. 위선의 시대가 속에 없어도 남의 시선을 의식해서 자신의 행위를 다른 이를 위한 것으로 포장하기 위해 애쓰는 시대라면, 뻔뻔함의 시대란 남의 시선을 신경 쓰지 않고 오로지 자신의 이득과 목적을 노골적으로 드러내고 추구하는 시대다. 그런 위선이나 뻔뻔함이 권력자나 '정치인' 혹은 대중에 의해 지배적인 것으로 자리잡아 하나의 권력이 작동하는 방식으로 되었을 경우, 우리는 위선의 체제나 뻔뻔함의 체제라는 말을 사용할 수 있을 것이다.

우리가 사는 시대를 지배자나 정부의 특징을 빌려 명명하는 것이 좋은 것인지 반문할 수도 있을 터이다. 사실이다. 하지만 정부와 권력자는 사회 전반에 큰 영향을 미치기 때문에 그들이 가동시키는 체제의 특성이 하나의 시대에 깊이 새겨진다는 것은 부정할 수 없을 것 같다. 이런 점에서 자신의 집권을 '민족을 위한 구국의 결단'이라 말하고, 그것을 과시하기 위해 폭력배들을 잡아 강제노역을 시키고 '경제개발계획' 등을 추진했던 시대를 '위선의 시대'라고 말할 수 있다. 반면, 어느 체제가 필요로 하는 이런 종류의 모든 정당화나 위선적 치장마저 포기한 채 자신들의 이익을, 그것도 아주 개인적인 것까지 노골적으로 추진하고, 권력자들의 법적·도덕적 결함조차 억지로 감추기보다는 "그 정도 하자 없는 사람이 어디 있냐?"며 까놓고 당연시하며 이런저런 공직이나 공기업마저 사적인 친분에 따라 이익을 나누어주듯 분배한 이명박 정부 시기를 '뻔뻔함의 시대'라고 부를 수 있을 것이다.

그러나 뻔뻔함의 체제가 단지 이명박 정부로 국한된다고 말할 수 있을까? "부자 되세요"라는 말로 인사를 대신하면서 돈 버는 일에 대해, 자신의 이득만을 추구하는 것에 대해 어떤 부끄러움도 느끼지 않고 노골적으로 드러내는 것, 그런 부자가 되고 싶다는 허황된 꿈속에서 불법적인 과거와 현재가 드러나도 못 본 체하며 '닥치고 경제'라며 저 뻔뻔한 사람을 대통령으로 뽑았던 것 역시 대중적인 수준에서의 뻔뻔함이라고 해야 하지 않을까? 그런 대중적인 뻔뻔함이 뻔뻔함의 정치체제를 수립했던 게 아닐까? 정부예산을 끌어들여 자기들이 사는 지역을 '개발'하고 그 덕에 땅값도 올리겠다는 노골적인 이익 계산 속에서, 방사능폐기물처리장을 자기가 사는 지역에 끌어들인 이들도, "우리도 개발이득 좀 보자"며 노골적으로 말하면서 새만금이나 4대강 주변의 개발과 파괴에 반대하는 환경운동가들을 욕하고 쫓아내는 지역민들도 이명박 정부와 다르지 않다고 해야 하지 않을까? 대학 운영을 민족이나 국민의 명운을 책임지는 교육 사업이라면서 스스로를 포장하던 모든 막을 걷어치우곤, '영업비밀'이란 말까지 써가면서 '경영자' 마인드로 사업을 하는 대학들은 어떨까? 해주는 것도 별로 없으면서 1년에 1천만 원 내외의 등록금을 받아, 학교 건물 짓는 준비금으로 비축하는 사학재단이야 더 말할 것도 없을 것이다.

    타인을 위한 일이라거나 모두를 위한 일이라는 식의 예의 그 어떤 명분에도 여연하지 않고 자신들의 목적을 드러내놓고 추구하는 모습은 이명박 정부만이 아니라, 서울이나 지방이나, 대학의 '경영자'나 기업의 경영자나, 검찰이나 법관이나 어딜 가든 볼 수 있는 일상적 풍경이다. 확실히 이런 점에서 우리는 뻔뻔함의 시대를 살아가는 게 틀림없다. 그것은 단지 이명박 주변 인물들로 국한되지 않는 '일반성'을 갖게 되었다고 해야 한다. 이명박은 개인으로서도, 주변 인물들로도, 정부 전체로도 이런 뻔뻔함의 최대치를, 극한값을 보여주는 '전형'이라고 해야 할 듯하다. 플라톤식으로 말하면, 이명박 정부는 뻔뻔함의 체제의 '이데아'를 지상의 현실로 구현한 사례라고 할 수 있을 것이다.

뻔뻔함의 체제, 그것은 지배적인 지위를 가진 자들이 특정한 이권이나 이익을 드러내놓고 추구하는 지배체제다. 이는 지배적인 것을 모든 영역에서 노골적으로 밀어붙이고, 그 반대편에 있는 것에 대해 위선적일지언정, 배려의 제스처조차 행하지 않는다. 오직 '생까고' 배제한다. 이런 체제는 '한 줌의 정치' 자체를 극단의 궁지로 몰아넣는다. 그런 체제에서 지배에 반하는 무리의 저항은, 이미 2008년 광우병 촛불시위 등을 통해 확인했듯이, 그 무리의 수가 몇십만이나 되어도 들을 가치 없는 사소한 것에 지나지 않는다. 지배정책이 야기한 모든 심각한 문제조차, 나중에 정책이 실현되기만 한다면 아무 의미도 갖지 않을 만큼 사소한 것으로 간주하여 묻어버린다. 한 줌의 정치가 지배체제와 대결하며 만들어내는 간극을, 모른 척하는 데서 나오는 권력의 힘으로 삭제하고 덮어버리려 한다.

그러나 그것이 실제로 보여주는 것은, 그렇게 노골적이고 명시적으로 무시하고 억압하고 배제하려 해도, 한 줌의 정치는 결코 소멸하지 않으며, 역으로 강력한 전염력으로 지배체제에 대한 저항의 폭을 확대하고 그 반발에 쉽게 무마할 수 없는 깊이를 부여한다는 사실이다. 그들이 제거한 것은 '한 줌의 정치'가 아니라 흔히 말하는 '정치'의 영역이었을 뿐이다. 그 '정치'라는 포섭적인 중간지대가 사라진 자리는 지배를 뒤엎고 삶을 근본에서 다시 시작하려는 수많은 '한 줌의 정치'의 싸움터가 되어버린 것 같다. 아직도 수많은 곳에서 벌어지고 있는 그 대결로 인해, 자연과 인간이 입은 돌이킬 수 없는 상처는 결코 작지 않지만, 한탄을 뱉어내는 숱한 사람들의 혐오 어린 절망 속에서, 혹은 터져나오는 어이없는 웃음 속에서 '한 줌의 정치'가 날카로운 싹을 틔우고 있음을 이제는 누구도 모르기 어렵게 되었다고 해야 할 것 같다.

2012년 7월

이진경

차례

프롤로그 한 줌의 정치를 위하여 005

1부 우리, 중천을 떠도는 자들 _019

우리는 모두 외부세력이다 | 크레인 위의 중천 | 그날 평화시장 앞에선 두 개의 다른 시간이…… | 비정규 노동자와 비정규 대학생 | 경쟁의 생물학, 경쟁의 교육학 | 청소되어버린 노숙자를 기다리는 것 | 가브리엘의 진혼곡 | 미누의 노래 | 이주 노동자와 이민 | 천 번의 집회 혹은 천 년 동안의 고독 | 어버이의 세 가지 인칭 | 나이를 먹는 것과 늙는 것은 어떻게 다른가 | 연예인과 정치인 혹은 수많은 김여진들에 관하여 | 강남좌파를 위하여 | 악마의 계단

2부 위선의 사회와 뻔뻔함의 사회 _089

정치가 재난이 된 시대 | 스펙터클의 정치학 | 정치적 류머티즘 혹은 류머티즘적 정치체제 | 시민을 야습하는 국가 | 망국적 포퓰리즘과 근본적 포퓰리즘 | 무능한 자들의 전쟁과 철없는 분들의 통일구상 | 위선이 아쉬운 시대 | 위선의 체제와 뻔뻔함의 체제 | 〈도그빌〉 혹은 사람들을 뻔뻔하게 만드는 것에 관하여 | 뻔뻔함의 정치미학 | 고소와 반어 혹은 뻔뻔함의 수사학 | 나의 업적을 알리지 말라!—뻔뻔한 시대의 영웅 | 누가 안철수를 두려워하는가? | 정치적 아마추어리즘을 위하여

3부 근대인의 초상 _189

지대와 흡혈의 도시생태학 | 국제도시와 공동묘지―도시계획가의 환상 | 하늘엔 유리 땅엔 콘크리트 | 어린이날을 없애자구? | 근대적 식사와 비근대적 식사 | 생산력과 생산성 | 경제학적 진화의 조건 | 대학, 놀라운 기적의 기업 | '사학분쟁조장위원회'와 탐욕의 좀비들 | 망명자 바틀비

4부 재난의 정치학과 휴머니즘 _253

구제역 사태와 방역의 생명정치학 | 재난의 사유, 재난의 글쓰기 | 재난 혹은 물질성의 저항 | 오염의 절대적 한계 | 생명과 공동체 | 과학과 휴머니즘 | 친구의 살을 먹는 것의 어려움에 대하여 | 두 가지 사형선고 | 앨리스의 이상한 나라보다 더 이상한 나라 | 생명복제시대의 윤리학 | 종말 이전의 종말

5부 아모르 파티! _313

되돌아온 경제위기, 월가를 짐령하리! | 경제위기와 기본소득 | 선물에 관한 명상 | 사물에 대한 예의 | 기계에도 불성이 있습니까? | 쓰레기 만두를 위하여 | 노마디즘, 삶을 예술로 만드는 방법 | 행복의 기술과 우정의 공동체 | 놀이정신의 위기 | 죽음과 함께 살기 | 먼지 속의 우주 | 하위주체는 말할 수 없는가

에필로그 법의 정의, 법 바깥의 정의 384

1부
우리, 중천을 떠도는 자들

'외부세력'이 스스로 불온한 자, 악당을 자처하는 것은, '외부'로 추방하려는 모든 시도가 바로 자기 자신의 문제임을 자각했기 때문일 게다. 그래서 '내부자'의 자리, 안정되고 편안해 보이는 그 주어진 자리에서 벗어나 그 "외부'로, 추방의 지대로 들어가는 것이다. 아니, 사실은 그 추방된 자들에 매혹되어 그들의 삶에 말려들어가는 것이다. 추방된 자들의 그 고독한 공간을 채우며 들어가 앉는 것이고, 그 속에서, 그 고독 속으로 다른 수많은 사람들을 불러들이는 것이다. 수많은 이를 외부자로 '외부세력'으로 끌어들이는 것이며, 그리하여 그 외부를 추방의 시도 자체에 대항하는 새로운 반격의 거점으로 변환시키는 것이다.

우리는
모두

외부세력이다

끝도 없는 재개발로 집을 잃은 사람, 노동조차 정상적으로 할 수 없는 사람, 아직도 '손무덤'을 현재의 시제로 사는 이주 노동자, '방역 사업'을 위해 중세 유럽의 페스트 치사율과 맞먹는 비율로 인간에 의해 '살처분'되어야 했던 가축, 대대적인 토목공사로 살 곳을 잃은 강 속의 생명체, 그 토목공사 덕에 그나마 받던 보조금이 줄어 '똥을 누는 데도 돈이 들게 된' 장애인…… 이명박 정권 이래, 이 가진 것 없고 힘없는 자들의 목록은 수도 없이 늘어났다. 그들은 일하고 있지만 일하는 자의 지격을 박탈당한 자들이고, 살고 있지만 살 권리를 빼앗긴 자들이며, 죽어도 죽는 것으로 '생명'으로 세어지지 않는 자들이고, 정상인 눈에 보이지 않도록 '시설'에 치워놓은 자들이다. 우리가 사는 사회의 내부에 있지만 결코 '내부'에 있다고 할 수 없는 자, 이 사회의 '외부'로 추방된 자들이다.

'우리' 저편에 있는 '타자'고, '우리'로부터 배제된 자들이다. 말할 자격이 없기에 침묵 속에 갇혀 있고, 시야에서 치워져 있기에 있어도 보이지 않는 자들이다.

비명을 질러도 들리지 않기에 더 고통스러운 추방 속에서 연이어 죽어가는 쌍용자동차의 해고자들이 있었다. 테러범을 진압하듯 밀어붙인 경찰의 폭력에 죽었지만, 법의 이름으로 다시 한 번 죽어야 했던 용산의 철거민들이 있었다. 김진숙이 목숨을 걸고 타워크레인에 올라갔던 것은 그처럼 보이지 않기에 더욱 고통스런 자신들을 보이게 하려는 필사적 시도였을 것이다. 눈앞에 있어도 보이지 않는 추방을 눈에 보이게 하려는 결사적 고함이었을 것이다. '청소부'라는 무시의 언사 앞에 '노동자'란 이름을 들이밀며 손쉬운 해고에 저항의 깃발을 올렸던 홍익대 청소 노동자들의 투쟁을 통해, 우리는 바로 옆에서 매일 일하고 있는데도 보이지 않던 이들의 존재에 비로소 눈을 돌리게 되지 않았던가!

하지만 이것이 전부라고는 할 수 없을 것이다. 추방의 지대, 배제된 자들의 그 '외부'로 달려간 자들, '당사자'는 아니었기에 '외부세력'을 자처하며 그 추방의 공간에 '거주하며' 그들과 함께하려고 했던 자들이 있었다. 홍익대 청소 노동자들에게 달려갔던 '김여진과 날라리 외부세력'이 있었고, 연이은 자살의 무거움을 견디며 싸우던 쌍용자동차 노동자와 가족 들에겐 '박혜경과 레몬트리공작단'이 있었다. 죽음의 무게를 더는, 눈물을 떨구며 부르는 맑은 희망의 노래가 있었다. 500여 일을 농성하며 강제철거와 싸우던 두리반에는 함께 농성하며 이런 핑계 저런 이벤트로 수많은 사람들을 끌어들이던 '백수들'과 아무 대가 없이 신이 나서 노래했던 수많은 인디밴드가 있었다. 무엇보다, 35미터 타워크레인에 올라가 있었음에도 지배세력의 눈에는 잘 보이지 않던 김진숙과 한진중공업 노동자들에게로 전국의 눈과 몸, 마음을 끌어들였던 송경동과 '희망버스' 기획단이 있었다. 그리고 말 그대로 '외부'와도 같은 머나먼 제주도 강정마을로 전국의 사람들을 불러모으고 '평화의 비행기'를 타게 만든 또다른 외부세력이 있었다.

'제3자' 혹은 '외부세력'이 정부나 자본가, 보수언론 등에 의해 '불온한 자'나 '악당' 취급을 받아왔음을 우리는 잘 알고 있다. 마치 세상일이 '당사자' 둘만의 일이며, 당사자만이 해결할 수 있다는 듯이. 그러나 쌍용자동차의 정리해고가 어찌 쌍용자동차만의 일이겠으며, 용산이나 두리반의 철거민 추방이 그들만의 문제일 것인가! 그것은 단지 다른 노동자나 다른 철거민 들만의 문제도 아니다. 정리해고의 칼질이 난무하는 사회에서 회사를 다녀야 하는 사람 모두의 문제일 것이며, 그런 사회에서 취업을 준비하는 대학생 모두의 문제일 것이고, 그런 부모나 자식을 가진 사람 모두의 문제일 것이다. 가까이 있는 어떤 사람이 추방되고 배제되는 것은 그 '외부자'인 우리 모두의 문제이기도 한 것이다.

'외부세력'이 스스로 불온한 자, 악당을 자처하는 것은, '외부'로 추방하려는 모든 시도가 바로 자기 자신의 문제임을 자각했기 때문일 게다. 그래서 '내부자'의 자리, 안정되고 편안해 보이는 그 주어진 자리에서 벗어나 그 '외부'로, 추방의 지대로 들어가는 것이다. 아니, 사실은 그 추방된 자들에 매혹되어 그들의 삶에 말려들어가는 것이다. 추방된 자들의 그 고독한 공간을 채우며 들어가 앉는 것이고, 그 속에서, 그 고독 속으로 다른 수많은 사람들을 불러들이는 것이다. 수많은 이를 외부자로 '외부세력'으로 끌어들이는 것이며, 그리하여 그 외부를 추방의 시도 자체에 대항하는 새로운 반격의 거점으로 변환시키는 것이다.

 1월 6일 김진숙이 타워크레인에 올라가며 시작된 2011년은 유난히도 외부세력의 출현이 많았고, 유난히도 외부세력의 활동이 두드러졌던 해였다. 또한 유난히도 외부세력의 힘이 많은 사람들을 끌어들였던 해였고, 그럼으로써 우리 모두가 '외부세력'일 수 있음을 보여준 해였으며, 다행히 그로 인해 절망적인 절벽에 몰려 있던 곳을 희망의 공간으로 바꿔놓을 수 있음을 반복하여 보여준 해이기도 했다. 하지만 무엇보다 중요한 것은 착취나 불의에 대한 항의를 가진 이라면 누구나 외부세력일 수 있음을 보여주었다는 것일 터이다. 내가 이런 '외부세력'일 수 있다는 사실이 무척 기쁘고 자랑스럽다.

크레인 위의 중천

사냥꾼 그라쿠스는 슈바르츠발트에서 영양 한 마리를 쫓다가 절벽에서 떨어져 죽었다. 그러나 그를 실은 죽음의 나룻배가 길을 잘못 든 바람에, 그는 저승으로 가지 못하고 이승 이곳저곳을 떠돈다. 그런 점에서 그는 죽었지만 또한 어느 정도 살아 있기도 하다. 그는 이승에도 속하지 못하고 저승에도 속하지 못하는 자, 이중으로 추방된 자다. 카프카의 단편 「사냥꾼 그라쿠스」는 이처럼 '중천'을 떠도는 일종의 귀신에 대한 소설인 셈입니다.

독자를 당황하게 하는 카프카의 이러한 서술이 기이한 꿈이 아닌 현실에 대한 관찰의 기록임을 알아챘던 것은 트위터에서 김진숙의 문장을 보고 눈물이 핑 돌았을 때였다. "백 일 이백 일 그건 별로 중요하지 않습니다. 이 생의 결단을 제대로 마무리짓지 못한 채 내려가면 오히려 못 살 거라는 그게 더 중요해요, 제게는. 김주익, 곽재규 두 사람 한꺼번에 묻고 8년을 허깨비처럼 살았으니까요. 먹는 거, 입는 거, 쓰는 거, 따뜻한 거, 시원한 거, 다 미안했으니까요. 밤새 잠 못 들다 새벽이면 미친 듯이 산으로 뛰어가곤 했으니까요." 8년이란 세월을 죽지 않았어도 살아 있다고 할 수 없는, 유령의 공간 속에서 그는 떠다니고 있었던 거다. 죽음과 비(非)죽음 사이의 공간 속에서 살고 있었던 거다.

309일간 그가 있던 곳 또한 그렇다. 85호 크레인, 이미 두 사람, 아니 세 사람의 동료가 죽어간 장소, 죽음이 가느다란 실낱 끝에 매달려 있는 장소. 그것은 우리가 사는 세계의 바깥이다. 편하고 익숙한 모든 것이 사라진 장소고, 습관적으로 반복되는 모든 일상이 중지된 곳이다. 먹어도 먹은 것 같지 않고, 자도 잤다고 할 수 없는 공간이다. 살아 있어도 살아 있다고 말할 수 없는 곳이고, 쉽게 죽음을 선택할 수도 없는 곳이다. 삶과 죽음 사이의 장소, 혹은 죽음과 비죽음 사이의 장소, 중천이다. 중천, 그것은 전근대적 미신의 공간이나 시적인 상상의 공간이 아니라 저기 저렇게 실재하는 현실의 공간인 것이다.

그것을 통해 그는 우리가 본다고 생각하면서도 사실은 제대로 보지 못하는 것을 확실히 보게 만들었다. 그 중천의 공간, 아슬아슬하게 가느다란 실 끝에 매달린, 죽은 것도 산 것도 아닌 삶의 장소. 그것은 단지 하나의 크레인에 국한된 장소가 아니라, '정리해고'의 칼날이 노동자의 몸을 베는 모든 장소다. 이미 충분히 보지 않았던가? 쌍용자동차의 해고자들이, 심지어 복직의 약속을 얻어낸 경우에조차 삶과 죽음 사이의 중천을 떠돌다 바람이 세게 불면 뚝뚝 떨어져 죽고 마는 것을.

김진숙이 중천의 공간에 자리잡고 죽음과도 같은 삶을 시작한 것은, 바로 저 보이지 않는 중천을 보이게 하기 위함이었을 것이다. 그런 중천이 도처에 널려 있음을, 우리가 바로 그 중천의 입구에 살고 있음을 보여주려 함일 것이다. 그리고 그것으로도 모자라, 우리를 그 중천의 공간으로 불러들였다. 죽음과 비죽음 사이를 수많은 사람들이 '대중'이 되어, 하나의 흐름이 되어 모여드는 특이점으로 만들었다. 떨칠 수 없는 매혹의 목소리로 뱃사람을 불러들이는 세이렌들처럼. 몇 자 안 되는 트위터의 짧은 문장이 그런 마력을 가질 수 있을 것이라고 누가 생각했을까? 물론 거기에는 배우 김여진처럼 빠르게 말려든 사람, 그 매혹의 힘에 반응하며 유혹의 목소리를 증폭시킨 사람들이 있었다. 그래서 나처럼 둔감하고 느린 자들, 의무감 같은 것 없이는 트위터나 인터넷을 하지 않는 고체 같은 분자들도 빨려들게 만들었다.

희망버스, 그 이름은 또 얼마나 역설적인가? 그것은 우리를 저 죽음과 비죽음 사이의 공간으로, 중천으로 실어나르는 버스였기 때문이다. 그것은 우리를 세상 바깥으로, 황무지 같은 곳으로 싣고 가는 버스, 그런 점에서 차라리 희망이라기보다는 절망의 장소로 끌고 가는 버스였기 때문이다. 잘 알겠지만, 그 버스가 가는 곳이 절망의 황무지, 죽지도 살지도 못하는 중천인 것은, 거기에 경찰이나 용역 들이 기다리고 있어서가 아니다. 그것은 우리가 보고 싶지 않기에 보지 못했던 것이 있고, 우리가 생각하기를 극구 피해 생각하지 못했던 것이 있는 곳이기 때문이다. 버스에서 내리기도 전에 우리가 보게 된 것은 저 가느다란 실 끝에 매달린 죽음이었다. 그 장소에서 두 팔 벌려 우리를 마중하고 있는, 죽음에서조차 추방당한 자의 모습이었다.

  바로 그것이 그 버스가 희망인 이유일 것이다. 희망이란 있지도 않은 안락한 세상에 대한 꿈 같은 것이 아니라, 도처에 널린 죽지도 못하는 장소를 직시하고, 그 중천에 매달린 죽음 같은 절망을 정확하게 보는 것에서 시작하는 것이기 때문이다. 그 절망의 장소에서, 죽음조차 쉽사리 허용되지 않는 그곳에서 김진숙의 절망을, 또한 자신이 불러들인 사람들을 향해 던지는 환한 웃음을 보는 것, 그리고 함께 웃으며 힘차게 손을 내뻗는 것에 있기 때문이다.

그날 평화시장 앞에선

두 개의
다른 시간이……

2011년 9월 7일 오후 1시경, 나는 40년 전의 시간 속에 멈추어 선 전태일의 형상 앞에 서 있었다. 그는 그렇게 어느새 40년이 되어버린, 결코 짧다고 할 수 없는 시간을 거기 서 있었을 것이다. 그리고 그 앞에는 그 응결된 시간 속의 아들에게 비로소 자신의 몸을 맡긴 이소선 여사의 영정이, 그 시간을 멈추지 않고 살아온 그의 어머니의 시신이 놓여 있었다. 두 개의 상이한 시간이 거기 그렇게 교차하고 있었다. 40년 전 이 자리에서 그랬던 것처럼.

1970년 11월 13일, 두 개의 시간이 분기하던 시간이었다. 아들의 삶이 활활 타오르는 불길과 함께 끝나던 시간과 그 아들이 살고자 했던 삶을 새로이 시작했던 어머니의 시간이. 말할 수 없어서 더욱 고통스럽던 소리를, 신체를 태우는 불길로 쏟아냈던 아들의 입이 닫히던 시간과 닫혔던 어머니의 입이 열리기 시작하던 시간이. 시장에서, 노동의 세계에서 나온 아들이 작은 지하 세계로 내려가던 그 시간은 또한 그 어머니가 지하와도 같은 삶 속에서 나와 시장 속으로, 노동의 세계 속으로 들어가던 시간이기도 했다. 어두운 밤하늘의 번개처럼 번쩍이며 수많은 사람들의 눈 속으로, 가슴속으로 깊숙이 찌르며 박혀들던 하나의 순간이었다.

어떻게 그 순간을 잊을 수 있을까? 노동자의 삶, 민중의 고통에 혹은 타인의 삶에 눈 감을 수 없었던 사람이라면. 어떻게 그 죽음을 잊을 수 있을까? 사람들의 마음을 볼 수 있는 따뜻한 눈길을 가진 사람이라면. 그렇게 아들의 죽음은 하나의 시대를 열었다. 원하지 않았던 상황에 내던져져 싫어도 감내하는 것 말곤 다른 길이 없던 고독한 실존의 운명이, 뜻대로 되는 것은 아니라고 해도 유사한 운명의 동료와 함께 손을 잡고 부딪치며 뚫고나가는 연대의 힘으로 변환되었던 것은, 묵묵한 굴종을 뜻하던 노동의 고통이 서서히 저항의 토양으로 변환되었던 것은, "나를 버리고 가"면서 고통의 대지에 "작은 구멍을 하나" 뚫었던 그 불길의 힘이었다. 결코 짧지 않은 시간이 소요됐고 결코 적지 않은 고통이 다시 수반되었지만, 우리는 지하에서 번져가던 그 불길이 얼어붙은 대지 위로 거세게 솟구치는 장면을 그로부터 17년 뒤에 목격한 바 있다. 그러나 노동자의 삶이 모든 삶을 이해하는 바탕이 되었고, 노동자의 연대가 모든 연대의 지향점이 되었던 시대를, 단지 그렇게 솟구치며 가시화되었던 시간만으로 이해한다면 아무것도 보지 못한 것이다.

그래서 우리는 '전노협'이나 '민주노총'이라는 거대한 노동조합 조직의 가시적 형상 뒤에서, 몸을 살라 죽으면서도 '노동조합'을 입에 올리지 못하던 '바보'의, 그런 바보들의 보이지 않던 모습을 본다. 작은 불길과 거대한 노동조합 조직이 하나의 시간 속에 있음을 본다. 그 시간은 단지 노동자들만의 시간이 아니었다. 노동자가 다른 계급이나 계층에 속한 사람들의 '미래'가 되어주고, 그들의 현재를 이끌어주던 시간이었다. 과거의 사건조차 과거보다는 미래의 시제 속에서 현재로 다가오고, 과거의 노동자가 현재의 민중을 이끌던 시간이었다.

그러나 아들의 죽음으로 시작된 하나의 시간은 이제 그 어머니의 죽음과 더불어 저물어가는 것 같다. 혹은 그와 다른 시간이 대지를 적시며 스며드는 것 같다. 노동을 해도 먹고살 수 없던 사람들의 고통을 노동을 할 수 없어서 먹고살 수 없는 사람들의 고통이 대신하게 되고, '불행'한 삶을 뜻하던 노동이 노동할 수 없음과 대비되어 '행운'을 뜻하는 것으로 바뀌어버린 시간이, 노동자가 정규직과 비정규직으로 분할되고 전자가 후자를 자신들의 안정된 노동의 세계로부터 배제하는 시간이, 거대한 노동조합이 불의에 대한 항의를 상징하던 이타적인 조직에서 정규직 노동자들의 이익을 대변하는 이기적인 조직으로 추락한 것은 아닌지 의심받는 시간이, 그리하여 노동운동이 다른 운동을 이끌지 못하고, 노동자가 다른 계급·계층의 미래가 되어줄 수 없는 시간이.

뜻밖에도 이소선 여사의 유언이 찾아간 이가, 정리해고와 노동할 수 없는 자의 고통을 크레인 위에 끌어올려 농성하던 김진숙이었다는 것은 하나의 징후라고 할 것이다. 자신의 목숨을 크레인 끝에 매닮으로써, 사실은 그처럼 공중에 매달린 사람들의 보이지 않는 삶을 보게 하고, 들리지 않는 목소리를 듣게 하려는 그 자리가 유언이 된 마지막 메시지의 도달처

였던 것이다. 이처럼 노동하는 자의 고통에 대한 공감에서 노동할 수 없게 된 자의 고통에 대한 공감으로 시선이 옮겨갔던 것도, 아들과 어머니 사이에 있는 두 시간 사이의 간극을 보여준다. "노동자는 하나다"라는 말이 필요없던 시간과 그 말이 소용없게 되어버린 시간이 평화시장 앞의 그 다리, 아들과 어머니가 죽어서 함께 선 그 자리에 공존하는 것이다. 그래서 이소선 여사가 반복하여 호소했다는 그 외침의 간곡함이 더욱더 안타깝다. 이소선 여사의 시신을 따라 또 하나의 시대가 가고 있는 것이다.

그러나 그것은 '하나일 수 있음'이 각기 다른 이해관계를 넘어서게 해주던 시대에서, '하나일 수 없음'이 하나로 귀속될 수 없는 수많은 길들과 거대한 '하나'에 안주하는 것의 불가능성을 뜻하는 시대로 가고 있다는 의미일 게다. 중요한 것은 하나일 수 없는 그 '불가능성'이, 다양한 양상의 운동, 그것의 수다한 가능성의 원천이 되도록 만드는 것일 게다. 그것이 이소선 여사 뒤에 남은 시간, 우리가 새로이 시작해야 할 시간의 미래일 것이다.

비정규
노동자와
비정규 대학생

2011년 6월 10일 금요일. '반값등록금'을 주장하는 대학생들의 집회가 청계광장에서 벌어졌다. 경찰은 집회신고 접수를 거부하여 처음부터 집회를 불법으로 만들어놓고는, 불법집회 저지를 명분으로 미리 집회장소를 점거했다. 하지만 분출할 곳을 찾지 못해 맴돌던 분노는 거대 대중이 되어 그곳을 둘러싼 경찰의 벽을 흘러넘쳤고, 상황은 집회장소를 점거한 경찰대열이 거꾸로 포위되는 양상으로 바뀌어버렸다. 덕분에 불법집회는 '성공적'으로 개최될 수 있었나 경찰은 그 집회대중을 경찰벽으로 이리저리 막았지만, 흘러넘치는 대중은 그 벽을 넘어 거리로 다시 흘러넘쳤고, 금지된 '행진' 혹은 '질주'를 아슬아슬하게 할 수 있었다.

바로 그 시간, 150일 이상 타워크레인에서 농성중이던 김진숙과 한진중공업 노조원들을, 경찰의 호위 아래 회사가 고용한 용역업체가 덮쳤다.

다행히 다음 날 용역업체가 점거한 현장을 '희망버스'를 타고 내려간 700명가량의 '외부세력'이 밀고 들어가 다시 탈환했다. 그러나 멀리 서울 근방에서 내려간 그 버스는 다음 날 되돌아와야 했기에 그 희망은 다시 권력에 포위되고 말았다.

점거와 탈환, 포위와 이탈이 겹치며 반복되는 이 교착 속에서, 우리는 정리해고를 눈앞에 둔 노동자와 등록금 때문에 고통을 겪는 대학생이 뒤섞이는 기이한 혼성의 지대를 발견한다. 가장 상징적인 것은 등록금을 벌기 위해 '알바'를 하려고 뭐 하러 가는 건지도 모르는 채 나섰다가 한진중공업에 용역으로 투입되었다는 부산 모 대학교 학생이었다. 아마도 정리해고와 대결하는 한진중공업의 노동자는 대학생 자식의 등록금을 벌기 위해 사측과 필사적으로 맞서 싸우는 이들일 것이다. 개인적인 관계는 없다고 해도, 아마도 그런 노동자의 아들일 수 있을, 등록금의 일부라도 벌기 위해 알바를 해야 하는 대학생이 노동자들의 투쟁을 진압하는 용역으로 그 자리에 투입된 것이다.

노동자와 대학생이 만나는 방식은 70년대 이래 여러 가지 경우가 있었다. "대학생 친구가 하나만 있었다면"이라는 전태일의 가슴 아픈 유언에 휘말려 노동자의 삶 속으로 뛰어들어간 대학생들이 노동자들과 만나는 방식이 있었음을 우리는 잘 안다. 80년대에는 조직된 학생운동과 아직 충분히 조직되지 못한 노동자들이 연대투쟁의 형태로 만나는 방식이 있었다. 이후 대학생과 노동자가 만나는 지대는 크게 줄어들었던 것으로 기억한다. 80년대 말에서 90년대 전반에 노동자들은 전노협이라는 강력하고 전투적인 조직으로 발전한 반면, 학생운동의 주류는 노동운동에서 멀어져 통일운동 등의 다른 운동으로 옮겨갔다. 90년대 후반 이후 노동자들은 민주노총이라는 '안정적인' 조직으로 성장한 반면, 학생운동은 쇠락을 거듭해 학생회조차 장악하지 못하면서 운동의 장에서 양자가 만나는 일은 찾기 힘들게 되었다. 이제 대학생들은 단지 취업에 목을 건 취업준비생이 되었을 뿐이라고들 한다.

그러나 1997년 이후 비정규직의 확대와 대학등록금의 증가가 노동자와 학생을 불편하고 기이한 방식으로 다시 만나게 하는 것 같다. 노동자들이 비정규직이라는, 취업과 실업의 중간상태에서 떠돌고 있었다면, 대학생들은 턱없이 오른 등록금을 벌기 위해 방학은 물론 학기중에도 알바를 해야 하는, 또다른 비정규직 노동자가 되었기 때문이다. 한 학기에 500만 원을 전후하는 등록금을 벌기 위해서, 대학생들은 이제 수업시간을 피해가며 알바를 하는 게 아니라 알바시간을 피해가며 수업을 들어야 하는 처지가 되었다. 그것은 그들이 학생이기 이전에 알바로 돈을 벌어야 하는 노동자임을 뜻한다.

전체 시간의 일부만을 노동할 수 있는 노동자가 비정규 노동자라면, 알바에 일정한 시간을 할당하고 그것을 피해가며 수업을 듣는 대학생, 즉 학교에 다니지만 전체 시간의 일부만 수업을 듣고 공부할 수 있는 대학생은 '비정규 대학생'이라고 해야 하지 않을까? 고액등록금에 목을 잡힌 채, 알바 없이는 대학에 다닐 수 없게 된 대학생. 그들은 대학생이지만 비정규 대학생이고, 노동자이지만 비정규 노동자인 것이다. 대학생과 노동자가 비정규성이라는 하나의 공통성을 갖고 하나의 신체에 동시에 거주하는 시대가 된 것이다. 아니, 이중의 비정규성이 그들의 삶을 장악하고 있는 것이다.

그런 점에서 보면, 지난 2008년 촛불시위 때에도 조직적으로 참가하지 않았던 대학생들이 반값등록금을 요구하며 집회를 하는 바로 그 시기에 한진중공업 해고자에 대한 진압작전이 시작되었던 것은, 물론 시간적인 우연이라고 하겠지만, 그 이상의 의미가 있는 것처럼 보인다. 그것은 노동자들을 공장에서 쫓아내고 비정규직으로 몰아세우는 과정과 미친 등록금으로 대학생들을 비정규 대학생으로, 비정규 노동자로 몰아세우는 과정이 하나의 동일한 과정임을 보여주는 듯하기 때문이다. 아니, 좀더 정확하게 말하자면, 노동자를 공장 밖으로, 비정규 노동자로 내모는 기업에 대한 저항과 대학생을 학교 밖으로, 비정규 대학생으로 내모는 대학에 대한 저항이 사실은 동일한 것임을 보여준다고 해야 할 것이다. 노동자와 대학생의 새로운 만남, 새로운 관계가 출현하리라는 징후인지도 모른다. 그렇다면 이제 새로운 상상력이 절실히 요구된다고 해야 할 것이다. 비정규 노동자와 비정규 대학생이 합류하면서 만드는 새로운 종류의 연대에 대한 상상이.

경쟁의 생물학,

경쟁의 교육학

한국에서 자살은 이제 양적으로만이 아니라 질적으로도 최고 수준에 도달한 듯하다. 2010년 서울대생 5명이 자살했다더니, 2011년 들어와 몇 달 안 되는 사이에 카이스트 학생 4명, 급기야 교수도 1명 자살했다고 한다. 잘나가는 엘리트들이 앞장서 자살하는 사회가 된 것이다. 그로 인해 드러난 카이스트의 현실은 자살의 이유를 명확하게 보여준다. 징벌등록금, 예외 없는 영어강의, 등록연한 제한, 교수들의 실적주의 등 단 한순간도 경쟁을 피할 수 없는 제도로 학생은 물론 교수들까지도 토끼 몰듯 몰아대고 있었던 것이다. 그런 토끼몰이 제도가 한때는 총장 이름을 따 '서남표 개혁'이라는 이름으로 불리며 찬양되었다고 한다. 이는 카이스트만이 아니라 한국에서 자살이 많은 이유를 짐작하기에 충분하다. 하지만 그런 상황에서도 "미국 대학에서는 더 많이 죽는다"고 한

서남표 총장의 발언은 그 '개혁'을 위해선 이 정도의 피로는 부족하다는 것처럼 들려 끔찍하다.

멀쩡한 소 돼지가 잔계산의 경제학 때문에 턱도 없이 죽는다면, 멀쩡한 학생들이 경쟁과 도태의 생물학 때문에 안타깝게 죽어간다는 점에서 우리가 사는 세상은 참으로 아이러니하다. 하지만 다윈의 '적자생존'이나 '자연도태'라는 개념이 스펜서의 사회학이나 맬서스의 경제학에서 기원한 것임을 안다면, 죽음으로 귀착되는 이 기이한 교차관계를 쉽게 이해할 수도 있다. 경쟁이 있음은 사실이지만, 그것 이상으로 협력과 공생이 있음을 이해하기 위해 굳이 마굴리스의 공생진화론을 알아야 하는 건 아니다. 인간의 삶을 돌아보는 것으로 충분하다.

좀더 나쁜 것은 경쟁과 도태에 대한 단순화된 관념이다. 가령 다윈에 따르면 마데이라 지역에는 날개가 퇴화되었거나 있어도 날지 못하는 딱정벌레가 전체 종의 반 정도나 된다고 한다. 잘 나는 놈들은 바람에 날려 바다에 떨어져 쉽게 죽었기 때문이다. 그런 조건에선 생존경쟁과 도태는 형태나 기능이 '완전한' 것들에게 불리했고, '불완전한' 것들이 '적자(fittest)'로 살아남았던 것이다. 이는 단지 하나의 특별한 예가 아니다. 두 앞발이 퇴화된 장수풍뎅이 등 많은 사례를 다윈 자신이 언급한 바 있다. 살아남아 '진화'하는 것, 그것은 기능이 좀더 '진보된' 것도, 형태가 좀더 '완전한' 것도 아니다. 다만 환경에, 조건에 잘 맞아 살아남은 것이 '적자'가 되어 '진화'된 것을 형성했다.

따라서 경쟁을 당연하다고 가정하는 경우에조차 정작 중요한 것은 그것이 어떤 조건에서 어떻게 이루어지는가, 즉 어떤 경쟁인가를 보는 것이다. 성적이 징벌적 등록금으로까지 이어지는 경쟁에서 살아남는 것은, 재능이 있거나 새로운 것을 창안하는 개체가 아니라 성적관리를 잘하는 개체다. 성적관리를 위해 흥미와 열정을 죽이며 좋아하는 강의를 포기할 줄 아는 '지혜', 배울 것도 별로 없고 매력도 없지만 성적을 잘 주는 과목을 선택하는 '지혜', 그것이 그런 경쟁에서 살아남는 비결이다. 스펙관리를 포함해, 자기계발만큼이나 '자기관리'가 생존의 전략이 되어버렸다. 신자유주의라는 이름의 이런 경쟁체제에서 살아남을 자는 그런 계산과 관리에 능란한 자일 것이다. 과연 그들이 창조적 연구자가 될까? 그보다는 관리자 계통의 직업을 택하는 것이 다음번 경쟁에서도 살아남는 방법일 것이다.

일정 비율의 탈락자를 무조건 내야 하는 성과급 체계가 열심히 연구하는 교수를 선별할 거라는 가정하에, 교육부에서 대학에 밀어붙이는 경쟁체제는 어떨까? 흔히들 지적하듯이, 생존이 달린 그 경쟁에서 애써 논문이야 쓰겠지만, 긴 시간과 노력을 들여 '명운을 건' 논문을 쓰는 사람은 도태되고 가능한 한 쉽게 많이 쓰는 사람이 적자로 살아남을 것이다. 그러나 그것만은 아닐 것이다. 가령 새로운 교수를 선발하면서 유능하고 경쟁력 있는 사람을 뽑는 것은 교수들 사이의 생존경쟁이란 관점에서 보면 미련한 짓이 되지 않을까? 경쟁과 싞과 긴의 선형적 관계만을 고려하는 경쟁의 생물학에서는 자신에게 유리하도록 경쟁자를 조절하는 인간의 이러한 피드백은 전혀 고려되지 않는 것 같다. 이런 식의 피드백은 '이성'이 있는, 즉 계산하는 동물에게만 고유한 것이어서, 동물의 세계에선 흔히 관찰되지 않기에 생물학의 경쟁 모델에선 고려되지 않는 듯하다.

학생들의 자살 또한 이러한 피드백 방식 중 하나일 것이다. 이 또한 동물학 혹은 생물학의 경쟁 모델에서는 처음부터 배제된 요인이다. 이같은 차이가 경쟁의 생물학에 기초한 교육학이 실패할 수밖에 없는 또 하나의 중요한 이유일 것이다. 지금 모든 대학을 겨냥하고 있는 경쟁이 어떤 학생, 어떤 교수를 '생존'하게 해 어떤 대학을 만들 것인지 생각하지 못하고, 그저 경쟁이 모든 것을 '진보'하게 하리라는 막연한 믿음을 어리석다 해야 하는 것은 이 때문이다.

청소되어버린
노숙자를
기다리는 것

몇 년 전인가, 대학로 마로니에공원을 지날 때였다. 노숙자 한 사람이 내게 다가왔고, 나는 엉겁결에 일단 몸을 피했다. 아마도 약간의 돈이 필요하다고 말하려 했을 테지만, 말도 채 붙여보지 못한 그는 "아니, 내가 뭐가 무서워 피하는 거야?"라고 내게 한탄 섞인 비난을 했다. 부끄러웠다. 그래, 뭐가 두려워 피했던 걸까? 돈이 아까워 그런 것은 아니었다. 그가 바라는 돈이 얼마나 될 거라고. 나도 모르게 피했던 것은 어떤 무의식적 두려움이나 거리감 때문이었을 게다. 가난한 사람, 버림받은 사람들과 함께해야 한다고 생각하지만, 그 의식보다 무의식이 훨씬 빨랐던 것이다. 그래, 다신 피하지 말아야지 결심을 했다. 그래도 그 부끄러움은 한동안 가슴속에 치욕으로 남아 계속 나를 따라다녔다.

나만 갖고 있었던 것은 아닐 이런 두려움 때문이었을까? '이용자들의

'불편함'을 이유로, 2011년 8월 22일 코레일은 서울역사에 '사는' 노숙자 300여 명을 쫓아내버렸다. 아무런 부끄러움도 느끼지 않고. 물론 노숙자들이 역사 안에 누워 있는 모습을 보기 좋다고 하기는 어려울 것이다. 불편함을 느끼는 사람도 있을 것이다. 그러나 그들 중 누가 대체 거기서 자고 싶었을 것이며, 남의 불편한 시선 앞에 누워 있고 싶었을 것인가? 거기 사는 것이 선택이라면 그것은 최악과 차악 사이에서의 선택이었을 것이다. 거기서라도 살 것인가 아니면 사는 것을 포기할 것인가? 생사가 걸린 그 선택지 앞에서 '보기 싫음'이나 약간의 '불편함'을 이유로 노숙자들을 사지로 모는 그런 조치를 취해야 했을까?

노숙이나 부랑의 역사는 아주 길다. 하지만 어디서든 공동체가 삶의 근간을 이루던 근대 이전에, 부랑이나 노숙은 아주 특별한 사정을 가진 개인에 국한된 것이었다. 생산이나 생활을 공동체 단위로 했기 때문에, 살 집이나 먹을거리 역시 공동체가 함께 해결해줄 문제였기 때문이다. 그래서 근대 이전에는 공동체 전체가 굶는 일은 있어도 공동체 안에서 개인이 굶는 일은 없었다. 일할 능력이 없는 심봉사나, 그런 아비를 둔 심청이 굶어 죽지 않고 멀쩡하게(!) 살 수 있었던 것은 공동체에 속한 이웃들이 그들을 먹여 살렸기 때문이다. 지금은 아주 더럽고 추한 인상의 '거지'란 말과 동일시되지만, '동냥'이란 본래 이런 식으로 공동체가 일할 능력 없는 개인을 먹여 살리는 것을 가리키는 말이었다. 그건 지저분한 게 아니라 깨끗한 것이었고, 부끄러운 게 아니라 자연스런 것이었다. 남방 스님들의 '탁발' 또한 정확히 이에 속한다.

노숙이나 부랑이 예외적인 게 아니라 일상적인 게 되고, 개별적인 게 아니라 대규모로 된 것은 자본주의 이후다. 자본주의는 공동체를 파괴하지 않고선 작동할 수 없다. 공동체에 속해 끼니를 해결하는 한, 굳이 공장에 찾아 들어갈 이유가 전혀 없기 때문이다. 그래서 자본주의는 모든 공동체를 파괴하는 것으로 자신의 역사를 시작한다. 공동체에 속한 농민을 쫓아내고 울타리를 둘러쳐 양을 키우는 '인클로저'(울타리치기)가 바로 그 역사의 시작이었다. 공유지를 빼앗고 농민들로부터 토지와 집을 빼앗는 수차례의 울타리치기를 통해 자본의 '집적'이 시작되었고, 그로 인해 대부분의 농민들이 부랑자가 되어 먹을 것을 찾아 떠돌아다니는 운명에 빠져들어갔다. 이런 짓은 자본이 아프리카나 아시아 등에 식민주의자로 들어간 곳이라면 어디서나 반복되었다. 대대적인 부랑자의 창출, 어디서나 자본주의는 그것으로 시작했다. 따라서 자본주의는 실업자나 노숙자를 책임져야 할 '원죄'를 가지고 태어났다고 해야 한다. 그렇다면 자본이 노숙자나 실업자를 먹여 살려야 한다고 말할 수 있지 않을까?

뿐만 아니라 자본주의는 발전하면 할수록 부랑과 유사한 운명을 가진 이들을, 즉 실업자를 반복하여 창출한다. 가령 생산성을 높이기 위해, 인건비를 줄이기 위해 노동자를 기계로 대체하기 때문이다. 더구나 요즘처럼 '유연성'을 추구하는 자본주의는 노동자 자체를 가능하면 필요할 때만 쓰고 필요 없으면 버리는 일회용품처럼 사용하고자 한다. 비정규직, 임시직, 알바, 파견 등이 그것이다. 이들은 직업이 있어도 사실은 이미 실업자다. 이들이 해고되면 몇 달 안에 노숙자가 된다는 것을, 한때 '평생고용'을 요체로 하던, 그리고 포스트포드주의의 산실이기도 했던 일본의 최근 자본주의가 아주 잘 보여준다. 해고되면 일주일 이내에 기숙사를 비워줘야 하는데, 그렇게 잘린 이들이 정규직이 될 수 있을 리는 없고, 그나마 새로운 직업을 얼른 구하지 못하면 모아놓은 얼마 안 되는 돈마저 떨어져 묵을 곳도 먹을 것도 구할 수 없는 '노숙자'가 되기 때문이다. 부모와의 관계가 우리와 달라서인지 지금 일본에는 청년 노숙자도 사회적 문제로 떠오를 만큼 매우 많다.

여기에 대고 찬밥 더운밥 가리지 말고 직업을 구하라고 하는 것은 세상모르는 소리다. 대개는 그렇게 말하지 않아도 열심히(목숨을 걸고!) 직장을 구하고 있기 때문이다. 그러나 구하기도 쉽지 않을뿐더러, 구해봐야 얼마 안 되는 돈, 그나마도 떼이거나 깎이기 일쑤다. 더구나 일자리를 구해도 월급은 한 달이 지나야 받으니, 당장 먹을 게 없는 사람은 그 시간을 버티는 것도 어려운 일이다. 이런 삶에 지쳐 직업을 구하려는 의욕마저 사라지면, 그에게 남은 선택지는 죽는 게 아니면 직업 없이 살아남는 것 밖에 없다.

한국이나 일본이 세계 최고의 자살률을 자랑하는 나라라는 사실은 이 선택지의 한쪽이 얼마나 '쉬운지'를 보여준다. 반면 직업 없이 살아남는 것은, 노숙자로 살아남는 것은 결코 쉽지 않다. 노숙자의 사망률은 일반적인 사망률에 비해 1999년 1.47배였던 것이, 2006년에는 1.9배, 2009년에는 2.14배로 증가했다(한국). 일반인보다 2배 이상 많이 죽는 것이다. 한 해에 사망하는 노숙자수 또한 1998년에 5명이었던 것이 1999년에는 95명, 2000년에는 142명, 2003년에는 304명, 2009년에는 357명으로 급증했다. 외환위기로 실업자가 급증했던 1997년보다 그후에 지속적으로, 그리고 빠른 속도로 증가하는 사망자수는 문제가 일시적인 외환위기 때문이 아님을 보여준다. 1997년은 단지 시작에 불과했던 것이다. 한편에선 파견이나 비정규직의 본격적인 도입이, 다른 한편에선 각자 알아서 경쟁력을 가지고 살아남으라며 방치하는 '신자유주의' 체제가 계속해서 더 많은 노숙자를 죽이는 것이다.

자신들의 '원죄'에 대해 마땅히 져야 할 책임을 지는 대신, 반대로 죽음을 권하는 사회, 아니 죽음으로 몰고 가는 사회, 그것이 지금 우리가 사는 곳이다. 여기서 '복지를 확대'하여 이들이 살 수 있도록 하라는 요구가 '망국적 복지 포퓰리즘'이라고 비난하는 정치가들의 무지나 단견, 무능이야 어쩔 수 없다고 하자. 사태를 보는 안목이 없고, 출구를 찾을 능력이 없는 것이야 정말 어쩔 수 없는 일 아닌가. 그들이 안목 있는 사람들의 지적에서 배우길 기대하는 것은 그들을 너무 과대평가하는 것이다. 그러나 이런 상황에서 코레일처럼 노숙자들을 그나마 살던 곳에서 쫓아내는 것이나, 복지부나 시청 관료들처럼 그걸 그저 구경이나 하면서 나 몰라라 하는 것은 안목이나 능력을 따지기 이전의 문제 아닐까? 노숙자의 삶이 '청소'해야 할 문제가 아니라 '생존'의 문제라는 것을 아는 데 대체 무슨 특별한 안목이나 능력이 필요하단 말인가!

가브리엘의 진혼곡

　　　　　　　　이미 많은 시간을 먹어버린 롤랑 조페의 영화 〈미션〉은 유럽인들이 '아메리카'라고 명명한 '새로운' 대륙을 '발견'함으로써 그 대륙 원주민 전체에 발생한 끔찍한 사태의 단면을 다루고 있다. 그 대륙과 함께 그들은 '발견'되었고, 그 대륙이 유럽인들의 것이 됨과 함께 그들의 운명 또한 유럽인들의 손에 들어갔다. 총탄에 의해서든 병균에 의해서든 먼저 죽은 자들은 차라리 나았을지도 모른다. 죽음 이상의 처참한 모욕을 피할 수 있었으니까.

　〈미션〉에도 나오듯이, 유럽인들은 벌건 피부의 원주민들이 인간인가를 두고 격렬한 논쟁을 벌였다. 여러 가지 이유를 들며 다투었지만, 논쟁의 실질적인 이유는 분명했다. 그들이 인간이라면 그들을 노예로 사고팔 수 없기 때문이다. 레비스트로스 말대로 원주민들은 유럽인들이 신은 아닐

거라고 생각했지만 유럽인들은 원주민들이 인간이 아니기를 바랐던 것이다. 그래서 〈미션〉의 가브리엘이나 멘도사 신부는 원주민들 역시 인간임을 증명하기 위해 그들에게 음악과 미술을 가르치고 그들과 더불어 미사를 드린다. 그러나 그것은 그들의 상관이 보고 싶어했던 게 아니었다. 결국 그들은 한편에선 총을, 다른 한편에선 십자가를 든 채 거대한 폭포 같은 죽음으로 밀려간다.

'휴머니즘의 시대'라는 르네상스 시대에 벌어진, 인간을 둘러싼 저 논쟁에서, 우리는 그래도 위안을 찾는 방법을 안다. 가브리엘이나 멘도사처럼, 원주민들 역시 인간임을 주장했던 수많은 휴머니스트가 있지 않았던가! 그렇다. 그래서 휴머니즘은 그리도 끈질긴 생명을 유지할 수 있는 것일 게다. 그러나 '인디언'을 두고 인간이니 아니니 논쟁을 벌이던 그 시절, 아프리카 흑인들이 인간일 수 있으리라고 생각한 사람은 단 한 명도 없었다!

우리의 휴머니즘, 그것은 백인들의 발명품이고, 따라서 백인을 모델로 한다. 검은 눈과 검은 뺨, 그것은 인간의 얼굴이 아니다. 따라서 흑인에겐 휴머니즘이란 이름으로 인간에게 주어지는 어떤 특권도 없다. 반대로 소나 말처럼, 인간을 위하여 마음껏 사용해도 좋은, 그들의 신께서 '인간을 위해' 만들었다는 자연의 일부요 환경의 일부일 뿐이다. 오, 차라리 사과나무로 태어났다면 더 좋았을 것을…… 다행히 검지 않은 얼굴을 한 우리는 얼마나 행복한가. 사과나무가 아니라 좀더 '나은' 인간을 부러워할 수 있으니. 게다가 나의 '인간됨'과 그 존엄함을 확인해주는 동물은 물론 더 검은 얼굴, 더 작은 체구의 사람들까지 있으니 말이다. 그런 점에서 휴머니즘은 분명 우리를 위한 것이다.

그래서일까? '우리' 관리들은 얼굴이 우리보다 시꺼먼 외국인 불법체류자를 찾아내 쫓아내는 데는 열심이지만, 우리보다 허옇고 우리에게 영어도 가르쳐주는 백인 불법체류자에 대해선 실상을 파악하지 못했다며 감히 추적할 생각도 하지 않는다. '우리' 사장님들은 고장난 기계는 돈을 들여 고치지만 손목이 잘린 고장난 외국인은 줘야 할 돈도 주지 않고 내쫓아버린다. 하지만 그들만 그런 것은 아닌 듯하다. 자신의 얼굴마저 백인풍으로 꾸미면서 검은 얼굴의 외국인을 보며 안도하고, 하얀 얼굴을 보면 어떻게든 그들의 언어로 말 한번 걸어볼까 궁금하면서도 검은 얼굴을 보면 욕설이나 주먹마저 사용하는 우리 동족들. 이런 생각이 떠오를 때면 내가 '인간'으로 태어났다는 사실이, '한국인'으로 살아간다는 사실이 부끄럽고 참혹하다.

그래서인지도 모른다. 구릿빛 얼굴의 노동자를 겨냥한 '사냥'이 시작되었을 무렵 역으로 들어오는 지하철을 향해 의연히 걸어가 죽음을 맞았던 스리랑카 노동자 다라카에게서, 나는 총을 들고 '인간'을 향해, 그들이 선고한 죽음을 향해 의연하게 나아가는 멘도사 신부의 모습을 보았다. 그 다음 날 자신이 사용하던 기계에 목을 맨 방글라데시 노동자 비꾸에게서, 나는 십자가를 들고 '인간'이 알려준 죽음의 방법을 택했던 가브리엘 신부의 모습을, 아니 그 뒤를 따르는 '인디언'들의 모습을 보았다. 폭포 소리에 묻힌, 그러나 결코 지워지지 않을 오보에 소리를 들었다.

미누의
노래

　　　　　　40대 중반의 '남자'가 눈물을 흘리도록 만드는 것은 그리 쉬운 일이 아니다. 그러나 사실 80년대에 대학을 다닌 많은 이들이 그랬겠지만, 내 삶은 눈물로 시작된 것 같다. 고등학교를 마치고 입학한 대학은 나의 눈물을 기다리고 있었다. 『전태일 평전』「광주 백서」때문만은 아니었다. 경찰을 피해 도서관 창틀에 올라 메가폰을 잡고 불의한 정권에 항거하던 어느 선배의 추락, 가깝지는 않았어도 얼굴을 보면 서로 알 만한 후배들의 이런저런 죽음…… 그 눈물들이 내 삶을 흔들어놓았고, 두려움에 떠는 나를 새로운 삶으로 끌고 갔다. 스물의 내가 "팔 할이 바람"이었다면, '이 할은 눈물'이었을 것이다.

　　네팔 사람 미노드 목탄, 우리는 그를 '미누'라고 부른다. 그는 이주 노동자로 구성된 록밴드 '스톱크랙다운'(Stop Crackdown, 탄압을 멈춰라)의 보컬리스트다. 인연이 있는지, 3년 전 내가 공부하고 활동하던 공간(수유너머)에서 만났다. 그때는 가수가 아니라 이주노동자방송국 활동가였다. 어린아이들마저도 졸졸 따라다니던 사람 좋은 '미누 아저씨'였다.

그런데 미누로 인해 나는 두 번이나 눈물을 흘렸다. 한 번은 2007년 송년회 뒤풀이에서였다. '스톱크랙다운' 2집 앨범의 〈베트남 아가씨〉란 노래가 좋다며 한번 불러달라고 했는데, 그는 의외로 빼다가 엉뚱하게도 박노해의 시로 만들었다는 〈손무덤〉을 불렀다. 그가 무대에 설 때마다 항상 마지막에 부르는 노래이기도 했다. 나는 박수를 치고 나선 고지식하게도, 그 노래는 지금 대중 정서와는 좀 거리가 있는 거 같지 않냐고 웃으며 덧붙였다. 그는 정색하면서 그 전해에 마석에서 만났다는 네팔인 후배 얘기를 했다. 프레스에 옷자락이 물려 오른팔이 다 잘려나가 한쪽 팔이 없었다고. 주정처럼 그 얘기를 반복하며 그는 울었고, 얘기를 들으며 할 말을 잊은 채 나도 울었다. 한국에선 노동자들도 다 잊은, 20~30년 전에나 듣던 얘기가 그들에겐 생생한 현재였던 것이다(그는 무대에 오를 때 항상 빨간 목장갑을 끼는데, 이는 그렇게 잘려나간 팔과 손목을 잊지 않기 위해서라고 한다).

또 한 번은 내가 도쿄에 머물 때 '수유너머 N' 홈페이지에 올린 '미누가 잡혀갔대'라는 글에서 본 미누의 말 때문이었다. "어느 날 내가 이 땅을 떠나려고 생각을 한 적 있어. 그런데 그날 밤 꿈에 비꾸, 다라카, 안드레이 등 강제추방 공포에 자살한 이주 노동자들이 나타났고 나를 부탁하는 눈빛으로 보고 있어…… 울고 있어…… 그래서 나는 내 몸, 내 생각 모두를 이들을 위해 바쳐야 해. 책임 맡아야 해……" 그가 잡혀갔다는 소식에 당혹했던 데 더해, 그가 돈을 벌려는 것도 아니면서 힘든 '불법체류자'의 삶을 지속한 이유를 읽고선 다시 울고 말았던 것이다.

그러나 미누는, 그리고 내 주변의 이주 노동자들은 결코 연민을 구하는 '고통받는 약자'가 아니다. 그들은 이주 노동자 자신의 삶을 자신의 노래로, 자신의 카메라로 담고, 문제를 자신의 노력으로 해결하고자 하는 능동적인 사람들이다. 그들은 항상 활기차게 웃고 있다. 두 번 흘린 나의 눈물도 결코 동정의 눈물은 아니었다. 그것은 자신의 삶을 던져, 조여오는 그물을 뚫어 이웃한 이들의 고통스런 삶의 출구를 열려는 혼신의 노력과, 그가 직접 대면하고 있는 힘든 삶 사이의 거리에서 흘러나왔던 것일 게다.

그런 그가 이젠 추방될지도 모른다는 사실이 너무도 안타깝고 가슴 아프다. 그가 다시 노래하고, 다시 카메라를 들 수 있게 되기를! 미누에게 자유를!*

---

* 미누는 그로부터 며칠 뒤 강제출국당했다. 그의 활동이 매체를 통해 알려지고 구명운동이 급속히 확대되는 데 놀란 법무부는 가처분소송에 대한 재판부의 결정을 일주일 남겨두고, 그를 강제추방해버렸다.

이주 노동자와 이민

　　　　　　　　무거운 징벌을 내세우며 '준법!'을 외쳐도 법이 지켜지기 어려운 경우가 있다. 멀리는 "임금님 귀는 당나귀 귀"처럼 소문이나 불만을 말하거나 전달했다는 혐의로 사람들을 잡아 가둔 유신 시절의 긴급조치법이 그렇고, 어떤 책을 소지하거나 글을 썼다는 것으로 사람들을 '국사범'으로 만들던 국가보안법이 그렇다. 지킬 수 없는 법은 아무리 엄하게 요구해도 지키기 어려운 법이다. 오히려 감옥 갈 걸 각오하고 위반하는 일도 흔하게 일어남을 80년대의 한국을 경험한 사람들은 잘 알고 있다.

　1994년부터 시행된 '산업연수생'에 관한 법도 그렇다. 노동자가 필요해서 수입하면서, 마치 무슨 학생들 교육을 위한 것인 양 '연수생'으로 도입하고는, 학교라도 되는 양 임금을 받지 못해도 직장을 옮길 수 없게 해놓았다. 산업연수생 제도가 실시되고 거의 10년이 지난 2001년 노동연구원

조사에서도 임금체불률이 36.8퍼센트였으니, 한국에 들어오기 위해 들인 비용(대개 1만 달러 이상 든다고 한다)까지 생각하면, 누가 이 법을 지킬 수 있을 것인가? 주위의 시선마저 항상 위협으로 느껴야 하는 불법취업자 처지가 기꺼운 사람이 어디 있을까만, 금세 20만 명 이상의 '불법취업자'가 생긴 것은 산업연수생 제도가 애시당초 지킬 수 없는 법이었기 때문임이 분명하다.

고용허가제도 그렇다. 이 법 역시 노동자 수입에 관한 것이면서도 이름부터 '고용'허가제인 것은, 법의 관점이 '고용하는' 자의 것임을 명시적으로 보여준다. 그러나 이 법을 지키라고 요구하는 대상은 고용하는 사람이 아니라 노동하는 사람 아닌가! 그렇다면 노동하는 사람의 입장에서 어떻게 해야 이 법을 지킬 수 있을 것인지 현실적으로 생각하지 않으면 역시 지킬 수 없게 된다. 3년의 '피고용' 이후 1개월 이상 출국했다가 재입국하는 규정도, 취업계약을 3회로 제한하는 규정도 고용허가제를 실질적으로 지키기 힘든 법이 되게 했다. 산업연수생 제도 시절보다야 나아진 건 사실이겠지만, '연수생' 제도의 모델로 삼았던 일본의, 일본인들도 알고 나면 경악하는 그런 악법—미 국무부는 한국과 일본의 산업연수생 제도를 '인신매매'(!) 수준에 해당되는 것으로 보고 비판한 바 있다—에 비교한다면, 어떤 법이 너 악질적이라고 할 수 있을까? 새로 제출된 개선안도 그렇다. 분명 이전의 고용허가제보다 개선된 것은 사실이지만, 그 법을 지킬 걸 요구받는 이주 노동자의 처지에서 생각해보지 않는 한, 사태는 근본적으로 달라지지 않을 것이다.

여기서 가장 근본적인 요소는 3년이든 5년이든 한국에서 노동을 한 사람들이 그 뒤에 어떻게 살아갈 것인지, 그들이 어떻게 살려고 할지를 고려해야 한다는 것이다. 경험해본 사람은 잘 알겠지만 어떤 외국어를 제대로 배우고 외국에 적응해서 생활하려면 일삼아 공부해도 2~3년 이상이 걸린다. 그렇게 힘들게 배워 적응했는데, 적응한 뒤 얼마 안 있어 '나가'라고 한다면, 영어처럼 다른 나라에서도 쓸 수 있는 언어를 배우는 것도 아니니, 받아들이기 쉽지 않을 것이다.

또한 반대로 노동력이 필요한 게 현실이라면 그렇게 훈련된 사람들을 내보내는 것처럼 비현실적인 일도 없다. 고용허가제를 통해 고용했던 이주 노동자들이 출국해야 할 때가 되어, 그들을 내보내야 할 때면 기업가들의 한숨 소리가 높아진다. 새로이 이주 노동자를 배정받기 위해 밤새워 텐트 치고 줄을 선 기업가들의 모습을 어느 텔레비전 프로그램에서 보여준 바 있다. 줄을 섰지만 배정받지 못해 허탕치고 돌아가는 한 기업가는, 어쩔 것인가를 묻는 기자의 질문에 "다음에 다시 와서 밤새 줄을 서야지요"라고 대답한다.

이런 걸 생각하면, 이주 노동자 문제는 결코 잠시 쓰고 버리는 식으로 대처해서는 안 된다. 좋든 싫든 이민의 문제와 연결지어 생각해야 한다. 즉 이민자를 받아들이는 제도 없이 이주 노동자를 잠시 수입해서 쓰는 것은, 노동하는 사람뿐만 아니라 고용하는 사람의 입장에서도 긴 안목을 가졌다고 할 수 없다.

사실 외국인 노동자, 이주민들이 급증하는 것은 한국만의 일은 아니다. 이른바 '글로벌화'라는 이름 아래 전 세계적으로 이민의 흐름, 국제적인 노동력의 흐름이 유례없이 증가한 것은 강조할 것도 없이 잘 알려진 사실이다. 그래서일 것이다. 한국만큼이나 민족적 배타성이 강하고 이민자를 받아들이는 제도가 거의 마련되어 있지 않으며, 이주 노동자에 대한 제한과 통제가 강한 일본마저도 얼마 전 발상의 전환을 보여주는 새로운 법안이 제시되었다. 그것은 당시 집권당인 자민당과 경단련(경제단체연합회, 한국의 전경련 같은 단체)에서 나온 것이다. 먼저, 2008년 6월 자민당의 '일본형 이민국가로의 길 프로젝트 팀'이 제출한 보고서는 1천만 명의 이민자를 수입하는 이민정책을 실시할 것을, 이를 담당하는 기구 '이민청(移民廳)'을 만들 것을 수상에게 제안했다. 이어서 같은 해 10월 경단련은 「인구감소에 대응하는 경제사회의 존재방식」이라는 보고서에서 정주이민을 적극적으로 받아들일 것을 제안하고, 이를 위해 '다문화주의'를 장려하는 게 필요하다고 주장했다. 이는 일본에서 이주 노동자 문제에 관심을 가진 '진보적' 운동가나 학자 들을 당혹스럽게 할 정도의 전환이었는데, 자민당과 경단련 즉 국가와 독점자본 양측에서 입을 맞춘 듯이 비슷한 시기에 제안했음에 주목할 필요가 있다. 그리고 새로 집권한 민주당에서는 외국인에게 선거권을 주는 제도를 추진하고 있다. 이후에 평가야 어떻든, 최소한 이주 노동자 정책과 이민을 연결하는 것이 좌파의 비현실적 주장이라는 비난은 전혀 설득력이 없게 되었음은 분명하다.

한국의 이주 노동자 실태에 눈을 돌리고 난 이후로, 나는 '내가 한국인이라는 사실이 더없이 쪽팔린다'는 생각을 안 한 적이 없다. 가난한 자, 약한 자를 데려다 일을 시키고 부려먹는 것이야 어쩔 수 없다 해도, 어쩌면 이 정도일까 싶은 생각을 아직도 버릴 수가 없다. 그것은 '단일민족'의 유난스런 민족주의도 아니고, 노동 수급을 생각하는 공리주의적 계산도 아니라, 자본가들의 해도 너무한 탐욕과 국가 관료들의 시대착오적 단견의 합작품이다. 한국 관료들이 언제나 슬며시 참조하는 일본마저 이렇게 달라진 상황에서, 아직도 이민의 가능성은 닫아둔 채 이주 노동자를 잠시 이용하는 대상 이상으로 생각하지 않는 그런 태도를 얼마나 더 참고 견뎌야 하는 것일까?

천 번의 집회
혹은
천 년 동안의 고독

정신분석학에 익숙한 사람이라면 "억압된 것은 되돌아온다"는 프로이트의 말을 떠올렸을 것이다. 매주 수요일이면 한 번도 빠짐없이 계속된 위안부 피해 할머니들의 천 번의 집회. 20년의 시간을 계속하여 반복된 이 집회를 두고 반복강박적인 증상이라고 생각했을지도 모른다. 그보다는 오히려 영매나 무속의 해석이 더 나을지도 모르겠다. "죽어서도 떠날 수 없는 어떤 한이나 상처가 있지 않고서야 어떻게 이럴 수 있겠어!" 어느 경우든 20년 동안 매주 반복된 천 번의 집회는 잊고 싶어도 잊을 수 없는 어떤 기억이, 지워지지 않은 깊은 상처가 있음을 보여주는 것이 틀림없다.

20년을, 천 번을 외쳐도 아직 끝낼 수 없는 것은, 매주 외쳐도 들리지 않기 때문일 것이고, 매주 찾아가도 외면당해 여전히 그들 눈에 보이지 않기 때문일 것이다. 그런 점에서 천 번의 집회는 깊은 고독 속에 있다. 많은 사람의 목소리를 모아도 들리지 않는 깊은 침묵 속에 갇혀 있다. 집회의 숫자가 더해질수록 그 깊이 또한 더해지는 심연 속에 있다. 아니, 그 이상이다. 20년의 시간보다 더욱 고독했을, 발설조차 못한 채 숨어야 했던 50년의 시간이었을 것이다. 혼자만의 치욕적인 상처로, 남이 알까 깊이 감추어둔 상처의 시간, 피해자였지만 상처를 입었음조차 말할 수 없던 그것은 분명 '절대적 고독' 속에 있었다고 해야 한다. 허나, 말해도 들리지 않는 20년에, 말할 수도 없었던 50년을 더한들, 거기에 수사학적 증폭을 더해 100년으로 숫자를 늘린다 한들, 그걸로 어찌 이 고독을 표현할 수 있을 것인가! '천 년 동안의 고독' 혹은 '만 년 동안의 고독'이라고 해도 충분하지 못하다.

 그 고독에서 벗어나는 길은 사실 그다지 어려워 보이지 않는다. 가해자가 가해 사실을 인정하고 피해자에게 진심 어린 몇 마디 사과를 한다면 그것으로 족할 것이기 때문이다. 프로이트는 지워지지 않은 트라우마가 의식의 표면으로 떠오르는 순간, 혹은 그것이 어떤 이유에서 자신이 만들어낸 것임을 인정하는 순간, 상처는 치유된다고 하지 않았던가! 장화와 홍련 같은 귀신들 또한 죽어서도 이승을 떠나지 못하게 하던 상처가 드러나고 그 상처를 위로받은 순간, 마음을 풀고 떠나가지 않았던가!

 천 번의 집회에서 반복하여 요구한 것도 그것 하나뿐이다. 보상금을 타려는 것도 아니고, 가해자를 징치하기 위해 그러는 것도 아니다. 꽃 같은 청춘을 험난한 일로 짓밟힌 사실에 대해, 오랜 세월 치욕 같은 고독 속에 갇혀 살아온 것에 대해 안타깝고 미안하게 생각한다는 위무의 말 한마다, 피해자가 가해자에게 응당 기대해 마땅한 사과의 말 한마디면 충분할 일일 터이다. 그것이 왜 그리 어려운 것일까? 어차피 식민지배와 전쟁이라는 더 큰 죄에 대해 시인하고 사과하지 않았던가?

그러나 식민지배와 전쟁 쪽이 차라리 시인하기 쉬웠을 것이다. 그것은 증거의 자명함 때문만은 아니다. 그러한 사과는 이전에 남을 지배했다는 사실을 상기하게 하고, 비록 패하긴 했지만 남과 힘을 겨루며 크게 싸웠다는 사실을 환기시키기 때문일 것이다. 환기되는 그것에서 은근한 기쁨을, 모종의 자부심을 느끼기 때문일 것이다. 구로자와 아키라 감독의 영화 〈라쇼몽〉에서 강도 타조마루는 남자들 간의 그럴 듯한 대결이 이유가 된다면, 남을 죽였다는 죄조차 기꺼이 시인할 수 있음을 보여준다. 죽은 무사는 마땅한 대결을 회피한 비겁을 가릴 수 있다면, 자신의 죽음조차 자신에게 돌릴 수 있음을 보여준다. 패배는 그 대결에 목숨을 걸었음을 뜻하는 것이니 차라리 영광인 것이다! 그러나 무력한 어린 소녀들을 군인들의 성욕이라는 동물적 욕망을 위해 강제로 동원했다는 사실은, 운명을 걸었던 전쟁 전체의 비장한 기억을 망쳐놓을 '작지만' 그래서 더욱더 치명적인 오점임이 틀림없다. 그래서 그토록 어이없는 부인을 천 번 넘게 반복하고 있는 것 아닐까?

흔히 '국사'라고 통칭되는 국민국가의 역사는, 적대적 대결을 포함하는 이질적인 관계들을 하나의 '국민'으로 만들기 위해 구성된 인위적인 집합적 기억이다. 그 기억은 국민적 통합을 저해하는 모든 기억을 최대한 지우고, 사람들이 하나로 묶이는 것을 기껍게 여기도록 하는 것이라면 억지로라도 만들어 '기억'하게 한다. 그래서 그 기억은 소수자라고 불리는 사람들의 삶의 기억을, 그들의 고통의 기억을 지운다. 영광스런 승리의 기억, 비장한 패배의 기억으로 장엄한 미학적 천을 직조한다. 거기에 남성적 장엄함에 먹칠을 하는 추한 과거는 기입되어선 안 되는 것이다.

이것이 '위안부' 문제가, 자신들이 저지른 수많은 과오 중 하나라는 아주 국지적 성격을 갖는 것임에도, 실제로는 역사 전체를 휘저어놓을 치명적인 문제임을 천 번이나 반복해서 시인(!)했던 이유일 것이다. 이는 또한 얼마 전 한국의 '광복회' 회원들이 위안부와 관련된 자료를 독립기념관에서 철거해달라고 요구했던 이유이기도 할 것이다. '환향녀(還鄕女)'를 '화냥년'으로 만들어 국가적 과오를 개인에게 떠넘기며 역사에서 지워버렸던 과거를 지금 다시 반복하는 것은, '위안부'라는 얼룩에 의해 그것을 저지하지 못했던 자신들의 무력함이 장엄해야 할 역사에 새겨질까봐 두려웠기 때문일 것이다. 바로 그것이 피해자들을 단지 20년이 아닌 그 이전의 더 긴 시간 동안 절대적 침묵 속에 묻어버렸던 것일 게다. '위안부' 문제가 단지 일본정부의 문제라고 생각한다면, 우리 또한 저 고통스런 매장의 말 없는 공범이 되고 말 것이다.

어버이의

세 가지
인칭

2011년 7월 18일, '대한민국 어버이'를 자처하는 단체의 회원인 노인 200여 명이 한진중공업 문제 해결을 촉구하며 노회찬 심상정이 단식농성을 하는 곳에 몰려왔다. "민노총 김진숙과 야권연대의 희망버스? 국가와 서민들에겐 절망버스!"라며 "저 텐트 안에 있는 인간 말종들, 대한민국을 부정하고 반역질하는 인간 말종들을 가만두고 볼 수 없다, 당장 법으로 처벌해야 하고 법으로 처벌할 수 없다면 즉결 처분해야 한다"며 폭력을 행사하며 난동을 부렸다. 이들은 이전에도 여기저기 헤집고 다니며 난동을 부리는 것으로 유명했다. 천안함 관련 성명서를 이유로 참여연대에 똥오줌을 뿌리려 했고, 〈PD수첩〉의 광우병 보도에 무죄 판결을 내렸다는 이유로 이용훈 대법원장 공관 앞에 몰려가 출근중인 차량을 막고 난동을 부렸으며, 김대중 전 대통령 현충원 묘역에서 묘를 파헤치는 퍼포먼스를 하고, 그에 항의하는 시민을 폭행했다. 초등학교 무상급식에 반대하는 시위를 벌였고, 반값등록금을 요구하는 대학생들에 반대하여 시위를 벌이고 훼방을 놓았다. 작은 일 큰일 가리지 않고 이른바 '진보적인' 것이 있으면 어디든 가서 난장판을 만들었다.

손발이 하는 짓으로도, 입에서 나오는 말로도 그들은 '인간 말종'의 형상에 대해 많은 것을 알려주기 위해 '연대'한 것 같다. 나이 덕인지 나이 탓인지, 이들의 입에서 나오는 말들은 정말 극단적이다. 그리고 항상 덧붙인다. "우리는 한다면 하는 사람이다." 정말 무서운 분들이다. 입에서 튀어나오는 저 끔찍한 짓을 "한다면 하는" 분들이니까. 이들의 난동은 트위터에서 빈번하게 조롱거리가 된다. 가령 이렇다. "'어버이연합'의 하루: 무상의료 건강진단으로 튼튼한 체력을 확인한 후, 탑골공원에서 무상점심 한 그릇 때려서 힘을 비축, 무상티켓으로 지하철 타고 시청 앞에 집결, 초등학교 의무급식은 빨갱이질이라고 시위하기." "공짜표로 지하철 타고 가서 공짜밥 먹고 난동 부리는, 참 추하고 못난 늙은이들."

이 난동을 저지하거나 이에 맞서기 난감한 것은 이들이 모두 칠팔십대 노인들이라는 사실 때문일 것이다. 몸싸움이라도 하다 다치기라도 하면 더욱 난처해질 게 뻔한 데다, 그나마 맞서려고 하면 "너희는 부모도 없어!"라며 나이를 앞세워 자신들이 부모라도 되는 양 소리를 질러대기 때문이다. 본인들 스스로도 그걸 잘 아는 게 틀림없다. 그래서 자기들의 단체 이름을 '대한민국어버이연합'이라고 했을 것이다. 대한민국의 '어버이', 대한민국 국적을 가진 모든 이의 어버이를 자처하는 것이다. 그런 어버이의 이름으로 하는 일이니, 어떤 짓을 하든 대들거나 비판하려 하지 말라는 뜻일 게다.

자기 자식이 정리해고되었다면, 그래서 그에 반대해 크레인에 올라가 6개월 이상을 목숨 걸고 농성하고 있다면, 그걸 노사화합을 망치는 반역질이라고 저렇게 비난하며 폭행할 수 있을까? 자기 자식이 가난이 드러나는 게 부끄러워 남들 앞에서 무상급식을 신청하지 못한 채 굶고 있다면, 무상급식을 빨갱이질이라고 비난하며 난동을 부릴 수 있을까? 자기 자식이 등록금 때문에 학기중에도 알바시간 피해가며 수업을 듣고 등록금 부담에 걸핏하면 휴학을 하는데도 등록금 인하 요구를 빨갱이짓이라며 비난하는 어버이를 상상할 수 있을까? 정말 이런 분들이 있다면, 그건 노망을 지나 정신병이 틀림없으니, 병원에 모시고 가는 게 좋을 것이다.

한국만큼 '어버이'가 흔한 나라는 없는 것 같다. 북한에서는 '어버이'를 자처하는 사람이 국가를 이끌고, 남한에서는 '어버이'를 자처하는 사람이 난동을 이끈다. 이런 일이 이슈가 될 때마다 '차라리 어버이 없는 나라에 살고 싶다'는 생각을 하게 된다. 그걸 보면, 어쩌면 이들은 '충'과 '효' 같은 어버이에 대한 전통적 덕목으로부터 우리를 벗어나게 해주기 위해 이런 퍼포먼스를 벌이는 게 아닌가 싶기도 하다. 끔찍한 어버이의 형상을 보여줌으로써 어버이에 대한 끔찍한 환상을 확실하게 부수어주려는.

'어버이'는 사실 언제나 구체적인 인칭을 갖는다. 나의 어버이가 진중권의 어버이는 아니고, 조국의 어버이가 나의 어버이는 아니기 때문이다. 그런 점에서 실재하는 어버이는 언제나 개별적이고 인칭적이다. 나의 어버이가 아닌 사람이 나이가 우리 어버이뻘쯤이라고 해도, 그걸 이유로 나의 어버이를 자처한다면, 그건 어이없는 일이다. 그런데 '대한민국 어버이'를 자처하는 분들은 그런 일을 한다. 밥 먹듯이 한다. 핏줄은커녕 얼굴도 본 적이 없는 사람이 나의 어버이를 자처하며, 어버이로선 할 수 없는 언행을 휘두르며 온다. 끔찍하게 달려온다.

그러기 위해서 그들은 '대한민국의 어버이', 대한민국 국민 모두의 어버이를 자처한다. 마치 어떤 정치가가 자국 인민 모두의 '어버이'를 자처했던 것처럼. 이 경우 어버이는 보편적 인칭, 추상적 인칭을 갖는다. 그 보편성의 이름으로 자신이 하는 언행의 보편성을 주장하고, 그것의 타당성을 주장하며, 일체 반박의 입을 틀어막는다. 그러나 저 '어버이연합'의 노인들을 정말 '어버이'라고 여기는 사람은, 그들 뒤에 서 있는 우파 가운데도 전혀 없을 것이다. '모든 이의 어버이'는 누구의 어버이도 아닌 자가 모두의 어버이 행세를 하기 위해 만들어낸 허구적 어버이일 뿐이다.

진지하게 덧붙이면, 정말 우리에게 소중한 어버이는 '구체적 어버이'나 '보편적 어버이'가 아니라, '누군가'라는 비인칭과 짝하는 '비인칭적 어버이'다. '누군가' 밥을 굶는 아이들을 보면, 그게 비록 내 자식은 아니지만, 저 아이를 어떻게 하면 굶지 않고 살아가게 할 수 있을까를 고민하고, '누군가' 정리해고된 사람을 보면 비록 자기 자식은 아니지만, 마치 자기 자식이라도 되는 양 진심으로 걱정하며, 어떻게 하면 저런 사람이 해고 걱정 없이 살 수 있을까를 고심하는 사람, '누군가' 다치거나 갇히거나 하면, 비록 자기 자식은 아니지만 마치 자기 자식이라도 되는 양 함께 아파하고 함께 눈물 흘리며, 그 고통에서 어떻게 하면 벗어나게 할 수 있을까 생각하고 행동하는 사람.

나는 이런 경우를 전태일의 어머니에게서 발견한다. 자기 아들의 죽음에서, 그 고통에서 비롯되었지만 '누군가' 고생하는 노동자를 보면 자기 자식처럼 느껴 그들의 삶을 바꾸는 운동에 어느새 휘말려들던 분, 결코 모두의 어머니를 자처한 적 없지만 진지한 노동자라면 '누구든' 그녀를 자신의 '어머니'라고 느끼게 되었던 분이다. 80년대 민가협(민주화실천가족운동협의회)의 어버이들 역시 그랬다. 대개는 동의할 수도 이해할 수도 없던 자기 자식 옥바라지 때문에 시작했지만, 그렇게 투옥되는 '누군가'를 보면 자기 자식처럼 느껴 그들의 고통을 덜어주기 위해 당신의 고통을 무릅쓰고 행동했던 분들이다.

그러나 이런 분들만으로 제한되진 않을 것이다. 비인칭적 어버이란 자기 자식에 갇힌 시야에서 벗어나, '누군가'의 고통을 자기 자식의 고통처럼 느끼고 '누군가'의 슬픔이나 기쁨을 자기 자식의 그것처럼 느끼고 행동하는 모든 이를 지칭한다. '누군가'라는 비인칭적 존재를 통해 핏줄을 넘어서 자식 아닌 이들에게 친자식처럼 대하고 행동하는 어버이. 비인칭적 어버이는, 같은 처지에 있어도 남들은 어떻든 자기 자식만은 무사하기를 바라는 인칭적 어버이와도 다르고, 보편성의 이름으로 남의 일에 함부로 간섭하고 끼어들어 잔소리하는, 혹은 명령하고 폭행하는 그런 허구적 어버이와도 다르다.

모든 이의 어버이를 자처하면서 어떤 어버이도 하지 않을 짓을 하는 이들이 없는 나라에 살고 싶다. 누구의 어버이도 자처하지 않지만, 누구라도 어버이처럼 느끼게 되는 비인칭적 어버이가 가득한 나라에 살고 싶다.

나이를 먹는 것과
늙는 것은

어떻게 다른가

　　　　　애들이라면 모를까, 요즘은 나이가 든다는 것에 대해선 다들 반감을 갖는 것 같다. 삼십대 여성에게 호감을 얻는 가장 쉬운 방법 중 하나는 '대학생' 같다고 말해주는 것이란다. 심지어 이십대 대학생에게도 "고등학생인 줄 알았네"라고 하면 온 얼굴이 웃는다. 겉모습이 어떤 것보다 우위를 점하게 된 우리 시대에 '나이가 든다'는 것은 젊음의 소멸로서 '늙음'을 의미하며, 주름살로 표상되는 저묾과 퇴락의 이미지를 갖는 것 같다.

　반면 근대 이전 시기에 적어도 동양에선 나이가 든다는 것을 일반적으로 성숙과 지혜와 연관시켰던 것 같다. 그저 장작을 패고 소를 뜯기는 시골의 무지랭이 노인이 던지는 말 한마디에 학식 있는 방문자가 놀라는 장면은 일종의 클리셰(상투어) 같은 것이 되었다. 책을 읽지 않았어도, 삶은 충분히 나이 든 사람에겐 이렇듯 지혜와 통찰력을 준다는 의미일 게다.

　나이 드는 것을 '나이 먹는다'고 표현하는 것도, "나이를 먹었으면 나잇값을 해야지"라고 말하는 것도 바로 이런 의미일 것이다. 이립(而立), 불혹(不惑), 지천명(知天命), 이순(耳順)을 지나 나이 일흔 살쯤 되면 마음 내키는 대로 해도 법도에서 어긋남이 없다는 '종심소욕불유구(從心所欲不踰矩)'로 이어지는 공자의 유명한 문장은, 먹은 나이가 소화되어 삶의 지혜가 됨을 뜻하는 것이다. 나이만큼 많은 종류의 일, 여러 종류의 사람들을 대하다보면, 자기와 다른 것을 싸안고 포용하는 품이 넉넉해지고 그런 만큼 그릇이 커질 거라는 생각 때문일 게다.

　하지만 나는 나이가 들면 지혜가 늘어난다는 말을 그다지 믿지 않는다. 지혜가 늘기는커녕 반대로 나이만큼 편협해지고 독선적이 되며 남 얘기는 무시하고 자기 고집만 막무가내로 주장하는 경우를 훨씬 더 빈번하게 만났기 때문이다. "나이 들면 어린애가 된다"는 말이 있는 것을 보면, 이는 단지 나만의 제한된 경험은 아닌 것 같다. 생각해보면 무언가 새로운 것, 내가 알지 못했던 것, 혹은 나와 다른 종류의 생각을 받아들이는 것은 그것을 수용할 만한 능력이 있어야 가능하다. 그것은 대개 나이 든 신체에겐 불리한 일이다. 마음의 여유란 신체적 여유가 없으면 확보하기 어렵기 때문이다. 신체가 힘들 때 작은 자극조차 짜증을 내며 내치게 되지 않던가! 굳이 스피노자의 평행론을 빌리지 않아도, 마음의 여유가 신체의 여유와 나란히 간다는 것은 알기 어렵지 않다. 그렇기에 신체의 유연성이 떨어지기 시작하면, 그와 나란히 마음의 유연성이 떨어지는 건 아닌지 유념해야 한다. 마음의 유연성을 확장해서 신체의 유연성이 줄지 않도록 해야 한다.

　나이만큼 마음과 신체의 유연성이 오그라들고 나와 다름을 받아들이기 어려워지는 것은 신체가 '늙는 것'에 따라 마음도 '늙기' 때문이다. 그러나 '늙는 것'은 단지 나이에 따라 필연적으로 진행되는 생물학적 현상이 아니라고 나는 믿는다. 이미 말했듯이 나이를 먹어가면서 나이와 함께 나와 다른 것을 소화하는 능력이 확장되고, 그런 만큼 마음이나 신체의 여유가 늘어나 지혜롭게 성숙해가는 경우가 있기 때문이다. 이런 점에서 '늙는 것'과 '나이를 먹는 것'은 아주 다른 것이다.

　기계적 관점에서 보면, '늙는 것'은 입력장치는 정지되고 출력장치만 작동하는 상태라고 정의할 수 있다. 새로운 것의 입력은 중단되고 이미 입력된 것만 출력된다. 새로운 것이 입력되지 않으니 새로운 것을 생각하지도 못하고, 이해하려고도 하지 않는다. 입력된 자료를 가공하고 종합하는 사고장치는 더이상 작동하지 않는다. 이미 있는 것을 가공하는 패턴화된 뉴런만 반복하여 작동한다. 따라서 자신과 다른 생각을 이해할 수 없게 되고, 자신의 생각으로 고집스레 비난만 하게 된다. 신체가 이런 식으로 작동한다면, 나이가 마흔이 안 된 사람도 이미 충분히 늙었다고 할 수 있다. 반면 나이가 일흔이 넘었어도 끊임없이 새로운 것을 입력하고 '공부'하려는 사람은 아직 늙었다고 말할 수 없다. 신체나 성품의 유연성이 이와 나란히 간다는 것은 다들 경험하는 바일 것이다.

　이런 관점에서 보면, 이명박은 '늙은이의 이데아'를 보여주는 것 같다. 수개월간 수십만 명이 외쳤던 그 거대한 소리도 그의 귀엔 입력되지 않았다. 수많은 사람들이 4대강 반대를 끈질기게 목소리 높여 외치지만, 그것 또한 그에겐 입력되지 않는다. 오직 하나, "다 해놓고 보면 다들 좋아할 거야"라는 말만 반복해서 출력할 뿐이다. 대학생들이 등록금 때문에 그렇게 큰 목소리로 외쳐도, 300일 이상 크레인에서 목숨을 걸고 정리해고를 철회하라고 싸워도 그 역시 입력되지 않는다. 장관을 임용할 때면 나오는 위장전입이나 '사소한 불법행위'에 대한 국민들의 짜증 섞인 비난도 마찬가지다. '늙은이'의 지독한 독선과 고집만으로 이미 자기 머릿속에 있는 것만을 출력한다. 심지어 여당 의원들의 비판도 입력되지 않는다. 거의 신적인 경지의, 절대적인 지존의 늙음이 플라톤의 피안이 아니라 우리가 사는 현실세계에 있을 수 있음을 보여주는 놀라운 경우라고 할 것이다.

어떤 새로운 것도, 어떤 현실적 비판도 입력되지 않기에, 이들은 강한 것처럼 보인다. 그러나 그것은 입력장치, 사고장치의 무능력에서 기인하는 '늙은이'의 편협한 독선과 고집일 뿐이다. 반대로 '지혜로운 이'라는 생각이 들도록 해주는, '나이를 먹은 이'들의 이해력과 포용력에서 힘과 강함을 볼 때 '안목이 있다'고 할 것이다. 입력되지 않기에 모든 것을 무시하는 독선은 좀더 나은 세상을 꿈꾸는 이로 하여금 무력감을 느끼고 피로감을 느끼게 한다. '5년이 왜 이다지도 긴 걸까' 하게 되는 것은 이 때문일 게다.

이린 점에서 보면, 이명박 정부에 들어와 '늙었음'을 무기로 막무가내의 폭언과 폭력을 행사하는 '대한민국어버이연합'이 막강한 단체로 부상한 것은, 그 단체가 지금 전국을 돌며 종횡무진 활개치는 것은 결코 우연이 아닌 것 같다. 아니, 입력장치는 고장난 채 출력장치만 과잉-증폭되어 작동하는 것을 보면, '늙은이의 이데아'를 두고 서로 경쟁하는 것처럼 보이기도 한다. 어느 쪽이든 나이가 드는 것에 혐오스런 '늙은이'의 이미지를 두껍게 덧칠하는 이들이란 점에서 똑같다. 이들을 보면 나이가 드는 것에 편안해지기 어렵다. 어떤 것도 입력되지 않는 이 극단의 늙음 뒤에 자리잡고 있는 것, 그것은 차라리 죽음보다 더 끔찍한 것이다. 편협한 독선의 끈에 칭칭 동여매인 채 요란하게 활개치며 나이를 자랑삼는 추한 생존. 아, 정말 곱게 늙고 싶다.

연예인과 정치인

혹은 수많은
김여진들에 관하여

잘 알려진 것처럼 팝아트는 예술품으로 만들어진 것과 상품으로 만들어진 것 사이의 경계를 지워버렸다. 교회 벽에 그려진 벽화나 건물 벽에 그려진 광고판의 그림 사이, 박물관의 아케이드와 백화점의 아케이드 사이에서 사람들이 발견하던 근본적 차이를 그들은 모두 삭제할 것을 주장했다. 예술품과 생산물의 분할을 넘어 양자가 하나된 새로운 합일의 세계를 '발견'했던 셈이다. 이전의 합일이 생산물이 곧 작품이고 예술이던 장인적인 생산의 시절에 속한다면, 지금은 예술품마저 상품으로 생산되는 상업화된 예술의 시절이 된 것이다.

팝아트의 '스타' 앤디 워홀의 작품이 표현의 형식에서나 내용의 형식에서나 모두 반복을 기본적인 모티프로 하는 것은 이와 무관하지 않다. 판화라는 복제적 표현형식을 이용한 것이나, 메릴린 먼로나 브릴로 박스,

캠벨 수프 등을 상하좌우로 병치하는 방식으로 내용물을 반복한 것은, 상품이 대량생산 형식으로 반복되는 세계의 한 단면이라고 할 수 있을 것이다. 물론 그는 그러한 반복에 탁월한 색감으로 차이를 새겨넣는다. 상품 세계의 반복에서마저 차이는 존재함을 보여주려는 것이었을까?

그런데 그는 메릴린 먼로 같은 연예인과 더불어 마오쩌둥 같은 정치인의 이미지 또한 반복하여 사용한다. 여기서 반복은 상품의 반복과는 다른 의미를 갖는 것 같다. 누가 '스타'인가? 혹은 누가 '스타'가 되는가? 미인? 연기를 잘하는 사람? 말을 잘하는 사람? 그렇지 않다. 텔레비전 같은 대중매체에 반복하여 자주 등장하는 사람이 스타고, 그런 사람이 스타가 된다. 연예인이 스타의 주된 표상을 형성하는 것은, 그들이 가장 빈번하게 대중매체에 등장하기 때문이다. 그렇지만 지금은 운동선수나 아나운서 등도 스타의 중요한 계열을 형성한다. 정치인 또한 그렇다. 이 점에서 연예인과 정치인은, 메릴린 먼로와 마오쩌둥은 생각보다 매우 가까이 있다.

워홀이 반복을 통해 형성되는 이런 인접성을 보여주려고 한 것인지는 알 수 없다. 하지만 연예인과 정치인의 인접성은 대중매체의 영향력이 더욱 확대된 80년대 이후에는 현실적인 것이 되었다. 이를 이해하기 위해선 레이건이나 슈워제네거 혹은 이주일, 이순재, 정동영 등 수많은 연예인이 정치인이 되었다는 사실을 상기하는 것으로 충분하다. 반대로 정치인들은 매체에 등장할 기회를 얻기 위해 연예인처럼 쇼를 한다. 이명박 대통령이 자주 하는 짓이지만, 툭하면 시장이나 재난현장에 찾아가는 것이 사진을 찍기 위함임은 이젠 다들 잘 아는 바다. 심지어 강용석이나 오세훈, 김문수 같은 정치인들은 '노이즈 마케팅'을 하기도 한다. 그들로선 좋은 이유로든 나쁜 이유로든 매체에 이름이 오르는 것이 중요하다. 사람들은 시간이 지나면 무슨 일 때문이었는지는 잊은 채 그들의 이름만 기억하기 때문이다(인터넷이 기억장치 역할을 하는 지금은 꼭 그렇지 않은데, 그들은 아직도 이 변화를 감지하지 못한 것 같다).

이러한 인접성 속에서도 정치인과 연예인 간에는 중요한 차이가 있다. 첫째, 정치인은 연예인처럼 되기 위해 악평조차 기회로 여기며 과감하게 행동하고 때로는 추할 정도로 과감한 데 반해, 연예인들은 정치적 발언에 매우 조심스럽고 지나칠 정도로 소심하다는 게 그것이다. 그 차이는 무엇보다 양자가 행사할 수 있는 권력의 차이에 기인한다. 정치인은 집단적으로 조직된 권력망을 갖고 있어서 하고 싶은 대로 마구 행동하지만, 연예인은 방송국이나 대중매체의 권력자들의 눈 밖에 나면 스타의 조건, 즉 반복적인 출연의 기회를 상실할 가능성이 크기 때문이다. 그래서 대개 정치적 발언이나 행동을 할 때는, 권력자와 비슷한 입장을 취하는 경우가 통상적이다. 반대로 권력자에 반하는 입장에서 말하고 행동하는 연예인들은 수많은 사람들의 지지에도 불구하고 잘리거나 출연정지를 당하는 경우가 많다. 김미화의 경우는 아주 잘 알려진 사례다.

둘째, 특히 현 정부 들어 더 그렇지만 정치인이 사적으로 행한 행동은 불법적이기나 비리기 있어도 그저 사적인 것으로 간주하여 눈감아주고, 공적인 것만 눈에 보이게 만든 자리에 들어서 있다. 반면 연예인들은 연애나 결혼, 이혼 혹은 학력이나 이력에서 의복에 이르기까지 사적인 모든 것이 드러나고 기이할 정도로 일방적인 기준에 의해 문제시되지만, 사회적인 것이나 정치적인 것 등 '공적인' 것에 관한 언행은 최대한 보이지 않게 되는 자리에 들어서 있다. 그래서 종종 그런 발언을 하는 사람들에 대해선, 어떤 경우에는 "네가 뭘 알아서 그런 말을 하니?"라는 식으로, 어떤 경우에는 "연예인은 그런 것에 대해 말하거나 하면 안 돼. 그저 엔터테이너로, 우리를 즐겁게 해주면 돼"라는 식으로 무시하거나 비난한다.

김여진에 대해 지금 보수 언론이나 방송국 혹은 보수 정치인들이 하는 말들은 바로 이런 이중의 이유를 갖는 것 같다. 한편에서 그들은 연예인이 저렇게 과감하게 말하고 용기 있게 행동하나 싶어 당혹하고 놀란다. '대체 뭘 믿고 저러나?' 싶은 것일 게다. 다른 한편에서 그들은 그의 언행이 연예인으로서의 지위에 어울리지 않는다고 생각한다. 즉 엔터테인먼트의 영역을 벗어난 사회적이고 정치적인 문제에 관해 말하고 행동할 자격이 없다고 생각한다. 아마도 '네가 뭘 안다고……' 하는 생각이 반, '너는 엔터테인먼트나 해'라는 생각이 반일 것이다.

그런 행동을 그들이 이해할 수 있는 유일한 방법은, 그것이 "인기를 얻기 위해 하는 짓"이라고 생각하는 것인 듯하다. 주연 아닌 조연이라고 조롱하며, "연예가 뉴스에 나올 일 없으니 9시 뉴스에 나오려고 저런다"는 식의 비난이 딱 그런 것이다. 이런 식의 유치한 비난에도 흔들리지 않고 일관되게, 아니 더욱더 열심히 자신의 의지를 밀고 나감으로써 김여진은 이런 어리석은 생각들을 와해시킨다. 무시하는 방법이 통하지 않는 조건에서 그들이 선택한 것은 언제나 하던 것처럼, 권력을 이용한 적대적 공격이다. 이를 위해 그들은 엔터테인먼트에서 벗어나 사회적 문제에 참여하는 연예인(이른바 소셜테이너)의 방송 출연을 금지하는, 전 세계가 놀라 기가 막힌 규칙을 만들어냈다. 개그 프로그램에서나 나올 반어적인 사건을 우리는 다시 현실에서 보는 것이다. 만약 누군가 비겁함의 정치학 혹은 유치함의 정치학이란 관점에서 한국 정치사를 쓰게 된다면, 아마도 이것이 그 역사의 정점을 차지할 것이라 나는 확신한다.

연예인이 정치가가 되고 대통령이 되는 시대에, 연예인의 정치적 행동을 가로막는 저 이중의 장벽은 어느 나라에나 정도를 달리하며 있을 수 있겠지만, 그 양상은 나라마다 아주 다를 것이다. 가령 미국에서 매카시즘이 한창 광기의 극에 달했을 때, 할리우드 연예인 가운데 빨갱이를 색출하려는 시도를 했고 채플린 같은 사람조차 추방하는 만행을 저지른 것을 보면, 미국 연예인은 이미 그때부터 충분히 정치적이었음이 틀림없다. 그걸 생각하면, 한국의 언론인과 방송인 들에게, 연예인의 손발을 묶어두려는 최근 한국의 시도가 갖는 이 놀라운 창조성을 전 세계에 알리고, 이를 미국 역사의 중심부와 직접 이어지는 역사적 전통 속에 확고한 자리 하나를 차지하도록 하는 게 어떨지 권하고 싶다.

내규인지 뭔지, 일반화된 규칙이 만들어진 것을 보면, 확실히 지금 '김여진'이란 이름은 단지 한 사람의 연예인 이름이 아니다. 그것은 턱도 없는 억압과 비난, 권력 앞에서 생각하고 판단하고 말하고 행동하는 자신의 능력을 포기하지 않았던 수많은 연예인 공동의 이름이다. 수많은 보호막으로 가려도 냄새나는 비리를 감추지 못하고, 수많은 돈과 인력이 옆에 있어도 생각하고 행동하는 능력을 갖지 못한 정치인과 비교하자면, 그들과 상반되는 열악한 조건에서도 진지하게 생각하고 용기 있게 행동하는 이 연예인들이야말로 그들보다 몇십 배 탁월한 정치인이라고 해야 한다. 연예인이 정치인이 되는 것이 좋은지 아닌지는 잘 모르겠다. 그러나 지금 정치인들이 하는 정치보다는, 이들에게 정치적인 자리가 주어질 때 그들이 할 수 있는 정치가 훨씬 더 나을 것이란 점은 확실한 것 같다.

강남좌파를
위하여

'강남좌파', 아마 지금 한국의 보수층이 가장 두려워하는 것 중의 하나가 아닐까. 『동아일보』의 한 논설위원은 서울대 조국 교수를 명시적으로 거명하면서 '강남좌파'를 비판하는 칼럼을 쓴 적이 있다. "분당우파여, 강남좌파에 속지 말고, 자신이 속한 계급을 지지하라!"라는 것이 그 글의 결론이었다. 다른 한편으론 'B급 좌파'를 자처하는 한 논객이 조국 교수의 『진보집권플랜』을 비판하면서, "먹고살 걱정 없는 중산층 엘리트가 자신들에게 필요한 변화를 대다수 인민을 위한 변화라고 과장하여 주장"한다며 비판한 바 있었다. 당신은 중산층 엘리트고, 당신이 주장하는 건 '민주집권플랜'이지 '진보집권플랜'이 아니라고, '진보'는 우리 땅이니 당신은 저기 당신들 땅(강남!)으로 가라고 비판한 것이니, 그 단어를 직접 사용하진 않았지만 '강남좌파'에 대한 좌익적 비판이었던 셈이다.

　강남좌파 때문에 분당의 중산층이 왼쪽으로 몰려가면 어쩌나 근심하는 우파 논객과 강남좌파의 거짓 '진보' 때문에 진짜 진보를 사람들이 알아보지 못하면 어쩌나 근심하는 좌파 논객, 입장은 상반되지만 강남 사람이면, 혹은 중산층 엘리트면, 아니 돈 많은 부르주아 자본가라면 우파적인 입장을 주장하거나 지지해야 한다고 믿는 점에서는 동일한 것 같다. 그러나 돈 없고 가진 것도, 배운 것도 없는 대다수 사람들은 보수당을 지지한다. 노동자들 역시 대부분 진보당이 아니라 보수당을 지지한다. 반면 마르크스나 레닌, 게바라 등 유명한 좌익은 모두 변호사나 의사 등 돈 있는 집에서 태어나 많이 배운 엘리트였다.

　하지만 대부분 돈 있는 사람들이 우파가 되는 건 사실이다. 예전에 강남 출신 서울대 대학생들을 대상으로 한 통계조사를 보면서, 대개 돈 있는 집 자식인 그들의 관심이 주로 돈을 버는 것이었음을 한탄한 적이 있다. 물론 돈 없는 집 자식들도 크게 다르지 않을 것이다. 돈 없는 사람이 돈 버는 데 관심을 갖는 것은 어쩌면 자연스러운 일이라고 해야 할 듯하다. 그러나 돈 있는 사람이 돈 버는 데만 온통 관심이 쏠린 것처럼 멍청한 것도 없지 않을까? 돈 있으면, 돈 벌 생각에서 벗어나서 인생을 어떻게 하면 잘 살 수 있을까 고민해야 하지 않을까? 있는 그 돈을 어떻게 쓰면 잘 쓰는 것인지, 어떻게 써야 인생을 잘 사는 것일지에 관심을 쏟아야 하지 않을까? (돈을 잘 버는 것보다 더 어려운 게 돈을 잘 쓰는 것이다!) 혹은 돈을 벌어야 한다는 강박에서 벗어나서 돈 없는 사람들, 함께 살아가는 사람들 생각도 좀 '해주고', 그들 위해 좋은 일이 뭘까 고민하는 게 좋은 인생 아닐까?

그저 돈만 아는 부자들이 돈을 더 버는 데 쉽게 끌려가는 데 반해 그래도 생각 있는 부자들이 '강남좌파'가 되는 건 이런 이유에서 아닐까? 그래서 나는 '강남좌파'는 돈 있는 사람 가운데 삶에 조금이나마 눈을 뜨고 '정신을 차린' 사람을 뜻한다고 믿는다. 심지어 생각에 몸이 충분히 따라가지 못하면서도 그러려고 하고, "그래야 한다"고 주장하는 사람 또한, 말과 행동이 다른 위선자나 이중인격자라기보다는 좋은 생각에 힘들지만 맞추어가려고 애쓰는 사람이라고 믿고 싶다. 사실 생각에 몸이 완전히 따라주는 것이야 부처님처럼 완전히 각성한 도인의 경지 아닌가! 우리 같은 범인들이야 저렇게 사는 게 좋은 것이려니 믿고 생각날 때마다 따라 하는 수밖에 없지 않은가?

물론 그저 폼만 재며 자신과 이웃을 속이는 위선도 있을 것이다. 그런 허세와 위선을 어찌 좋다 할 수 있을까? 그러나 가리고 숨어서 하려는 위선적 시도조차 없이 노골적으로 자기 집단의 이익을 취하는 이명박 정부 주변 우파들의 '솔직함'이나, 최소한의 품위마저 포기한 채 노골적으로 이익을 탐하는 기업이나 언론사, 대학의 솔직함을 생각하면, 문제는 그런 위선이 아니라 그마저 사라진 세태에 있다고 해야 하지 않을까?

나는 돈 없는 사 또한 이런 의미에서 '좌파'가 되어야 한다고 믿는다. 돈 없는 사람들의 삶에 시선을 돌리게 될 때, '좌파'가 되는 것이라고 믿기 때문이다. 못사는 사람이 못사는 사람들의 삶에 항상 눈을 돌려야 하는 것은, 자기가 못살기 때문만은 아닐 것이다. 돈이 있든 없든 나 아닌 사람들, 못살고 어려운 사람들에게 눈을 돌리고 그들이 잘살기를 바라야 하는 것은, 그게 타인은 물론 자신 또한 편안하고 행복하게 해주는 삶이기 때문일 것이다.

나는 강남에 살기는커녕 강북에, 그나마 집도 한 채 없이 살지만, 그래서 좌파가 된 건 아니다. 그러나 돈을 벌어서 집을 사고 심지어 강남으로 이사를 가더라도 우파는 하고 싶지 않다. 돈 벌고 신세 좀 폈다고, 돈 없는 자를 무시하고 돈만 챙기는 천한 인생처럼 불행한 인생은 없을 것이기 때문이다.

악마의 계단

　　　　　　악마가 악행을 저지를 때, 그는 자신의 행동을 악행이라고 생각할까? 아니면 악행이라고 의식하지 못할까? 만화나 영화에 등장하는 악마를 보면, 대개는 자신의 행동이 악행임을 인식하는 것 같다. 그 악행 때문에 남들이 괴로워하는 걸 즐기는 듯 심술궂은 표정을 짓는 경우가 많은 것 같아서다. 『파우스트』에 등장하는 악마 메피스토펠레스의 행위만 보더라도 악마는 자신이 악마임을 잘 아는 것 같다. 자신이 악마임을 안다 함은, 자신이 본성상 악을 행하는 자임을 아는 걸 뜻하니, 스스로 무슨 짓을 하는지 잘 알 게 분명하다.

　그러나 이런 악마는 사실 선한 신의 보충물이 되기 위해 만들어진 존재고, 신의 선함을 증거하기 위해 악행을 한다. 그가 악마임을 잘 알고, 악행을 하는 것은 이 때문이다. 그러나 악마와는 다르지만 가령 드라큘라는 자신이 남의 피를 빠는 것을 '악행'이라고 생각할까? 호랑이가 토끼를 쫓을 때, 그는 자신이 악행을 한다고 느낄까? 아니, 인간은 소나 돼지를 먹을 때 악행을 한다고 느낄까? 본성상 남의 고기를 먹어야 하는 존재는 남의 고기를 먹을 때 자신이 악행을 한다고 느끼지 않는다. 본성상 남의 피를 빨아야 하는 존재라면, 남의 피를 빨 때 그걸 악행이라고 느낄 리 없다. 마찬가지로, 악마가 정말 본성상 악한 존재라면 그의 행동은 한결같이 악행이겠지만, 틀림없이 그는 어떤 경우에도 그걸 악이라고 느끼지 못할 것이다.

반대 방향에서 생각해보면, 사실 인간사의 수많은 불행 가운데, 악한 의도로 벌어진 것은 아주 드물다. 선의로 인해 생겨난 불행이 오히려 훨씬 더 많을지도 모른다. 우리는 자신에게 불행을 가져다준 행동을 '나쁘다'고 느끼고, 그런 행동을 '악행'으로 분류한다. 하지만 그 행동 가운데 대부분은 악의로 행해지지 않는다. 또한 행한 자의 '선의'는 악행에 대한 이해 가능성을 높이고 그에 대한 분노를 줄여줄 수는 있지만, 그 행동의 '나쁜 결과'를 없애지는 못한다. 그래서일까. 누군가 이렇게 말했다. "지옥으로 가는 길은 선의로 포장되어 있다."

오래전 영화지만, 〈뻐꾸기 둥지 위로 날아간 새〉의 래치드 간호사가 그렇다. 래치드는 정신병원의 가장 유능한 간호사로, 환자를 따뜻한 애정으로 돌보는 성실한 인물이다. 그러나 그 성실함이 탈출하려는 주인공 맥 머피를 병원에 더 붙잡아두고, 환자들을 죽음으로 이끈다. 여기서 간호사의 선의나 애정을 부정해선 안 된다. 반대로 그의 선의가 자신의 생각 안에서 어떤 것을 집요하게 고집할 때, 그것이 맥 머피나 다른 환자들에겐 참을 수 없는 최악의 고통을 준다. 그 선의에 의한 고집이, 고지식한 성실함이 환자를 죽음에 이르게 한다. 맥 머피가 간호사의 목을 조르며 덤벼들었던 것은, 그의 행동이 악마적이라고 생각했기 때문 아니었을까? 그것이 어떤 악의에 따른 것이 아니었음을 안다고 해도 말이다. 사실 본성이 악한 자가 어디 있을까? 그런 악마란 신화 속에나 있을 게다. 하지만 자기와 다른 생각, 자기가 보는 것과 다른 세계가 있음을 부정하는 고집이 선의를 동력으로 집요하게 행사될 때, 본성에 없는 악마적 사태가 야기될 수 있음을 이해하는 것은 어렵지 않다. 악마의 계단. 본성적인 악이나 악의가 아니라, 역설적이게도 선의와 아집, 독단과 편협함 속에서 자신이 옳다고 믿는 것을 고집스레 추구하는 자들이 집요함이 더해져 오르는 계단을 이렇게 명명해도 좋을 것이다. 그것은 '지옥으로 가는 계단'의 다른 이름인 셈이다.

   선의와 독단, 고집이 야기하는 나쁜 결과, 간단히 말해 악의 없는 악행과 악의 있는 악행 가운데 혹은 악행임을 아는 악행과 악행임을 모르는 악행 가운데 어떤 게 더 나쁠지 다시 생각해보게 된다. 악행임을 알고 하는 악행은, 그것이 악행임을 알기에 망설임이나 주저함이 있게 마련이고 특별한 이유가 없는 한 지속되기 어려운 반면, 모르고 저지르는 악행은 모르기에 망설임도 주저힘도 없고 쉽게 반복되거나 지속될 수 있다. 선한 의도나 목적을 위해 불가피하다고 믿고 행하는 것 또한 그럴 것이다. 그것은 많은 비난을 사는 경우조차 자신의 의도나 목적에 대한 확신으로 인해 지속되거나 반복되기 쉽고, 그 강도도 쉽사리 높아지며 악행의 전염이나 범위도 쉽게 확장된다. 너무 익숙하여 나쁘다는 생각 없이 행하는 악행도 그렇다. 악마의 계단에는 비약의 통로가 널려 있는 것이다.

가령 이명박은 자신이 행한 수많은 행위에 대해, 심지어 내곡동 사저 구입처럼 남들이 '비리'라고 부르는 그런 악행에 대해서조차 악행이라고 생각하지 않을 것 같다. 매일 하던 일인데 공연히 트집 잡는다고 생각할 것이다. 전 국토를 파헤치고 '삽질'하는 것 역시, '다 해놓고 나면 좋아할 거야'라고 확신하기에, 수많은 반대와 비판에도 '생까고' 밀어붙일 수 있는 것이다. 그가 자신의 정부를 "역사상 가장 깨끗한 정부"라고 한 말은, 그가 자신의 악행이 악행이라고 전혀 생각하지 않음을 보여준다. 선의와 독단, 편협함과 고집스러움이 사태를 더욱 나쁜 지점으로까지 밀고 간 것이다. 그의 명령을 열심히 실행하는 관료들 역시 자신이 악행을 한다고 생각할 것 같지 않다. 악행임을 의식하지 않는 이런 악행의 경우에는 심지어 사람을 죽이는 것 같은 극단적인 악행조차도 쉽게 문턱을 넘게 된다. "국가의 명령으로 참전한 게 죄인가?"라며 군사적 악행에 대한 비난을 반박하는 이른바 '참전용사'들이 그렇다. 용산에서 철거민들을 죽인 사람들도 그럴 것이다.

여기에 적대감이 끼어들면 사태의 등급은 한 단계 더 올라간다. 소련이나 북한에서 정치적 반대파에게 행했던 숙청이나, 일본의 전공투 말기에 우치게바(內ゲバ)라 불리는 운동세력 내부 혹은 사이에서 반대파나 동료까지도 죽였던 일들이 이런 종류의 악행이라고 해야 할 것이다. 한때의 동지들조차, 정치적 적대 속에서 '적'으로 간주하거나 '간첩'으로 간주하여 죽이는 것. 이 경우에도 스탈린이나 김일성 같은 우치게바의 당사자는 자신의 '숙청'을 악행이라고 생각하진 않았을 것이다. 조금 유감스럽

지만, 피할 수 없었던 정당한 일이라고 믿었을 것이다. 하나 더, 감정적인 비장함이 더해질 경우도 생각해봐야 할 것이다. 막강한 적 앞에서 느끼는 위기감이나 희생을 감수하게 하는 비장함은 극단의 선택조차 쉽게 하도록 떠민다. 혹은 자신들이 오랜 기간 간난신고의 세월을, 고통스런 시간을 감내해야 했다는 생각에서 오는 비장함의 정서가 더해질 때, 흔히 생각하기 힘든 행동조차 주저 없이 할 수 있게 된다.

2012년 총선 이후 드러난 통합진보당의 비례대표 선거 부정을 두고, 당사자인 당권파 당원들은 수많은 사람이 비난하는 혐의에 대해 억울하다고 느낄 수도 있다. 그들 말대로 부당한 비판 또한 있을 게다. 하지만 그렇다고 그것이 이미 드러난 부정선거 혐의를 지울 수 없다는 건 분명하다. 부정선거 이전에 그들이 당이나 조직을 운영하고 움직이는 방식에서 느껴지는 섬뜩함을 지울 수 없다는 것 또한 그러하다. 문제가 된 사실을 두고 다른 당에선 사실 더 대규모로 행해진다고 한다거나, 그동안의 관습이라고 변명할 수도 있을 것이다. 그러나 그걸 사람들이 용인하고 받아들여주길 기대한다면, 세상을 몰라도 너무 모르는 것이다. 사람들이 '100퍼센트 완벽한 선거'를 잣대로 자신들을 비판한다고 생각한다면, 스스로를 몰라도 너무 모르는 것이다. 부정선거보다 더 사람들을 당혹하고 분노하게 하는 것은 그 결과 보고서가 나온 이후의 자신들의 행동이라는 것을 그들은 아직도 모르는 것 같다.

지금까지 그들의 언행을 보건대, 확실히 이들은 자신들의 선한 의도를 지나치게 믿으며, 자신들의 목적이 스스로 택한 '약간' 편의적인 방법을 충분히 정당화해주리라고 믿는 것 같다. '진보'라는 목적을 이루기 위해 꼭 필요한 일을 하고 있다고 확신하는 것 같다. 그러니 숱한 우려와 비판에도 불구하고 그들은 자신이 악행을 하고 있을지 모른다는 일말의 의문도 갖지 않을 게다. 그 대신 고집스레 자신들의 신념과 의도의 선함만을 강변하고 있을 것이다.

좀더 인상적인 것은, 부정선거에 대한 보고서가 발표되었을 때, 자신들이 그동안 간난신고의 세월을 보내며 확보한 것을 이런 모욕적인 방법으로 무너뜨리고 있다는 당권파의 비난이었다. 그랬을 것이다. 그들은 국가보안법과 반북 이데올로기의 억압 속에서 긴 시간 인생을 바쳤을 것이다. 그렇게 쌓아온 것이, 더군다나 국회의원이란 자리까지 확보한 바로 그 성공의 순간, 하루아침에 무너져버리다니 억장이 무너졌을 것이다. 그러니 그런 사실을 까발리고 자신들을 비판하는 자에 대한 적대감이 더해졌을 것이다. 그렇게 되면 더이상 못 할 일이 없게 된다. 그들 또한 당 중앙위원회에서 예전의 '용팔이'를 능가하는 난장판을 만들고, 당의 조직과 기능 전체를 정지시키는 대대적인 폭력을 행사한 것에 대해 '나쁜 짓'을 했다고 생각하지 않을 것이다. 모든 이들이 입을 모아 악행으로 비난하는 행동에서 그들은 어떤 악행도 발견하지 못할 것이다. 그렇기에 아마도 쉽사리 자신들의 고집을 포기하지 않을 것이다. 자기들이 빠진 '진보'란 있을 수 없고, 자기들이 무력화된 당이란 무의미할 테니까. 그렇게 그들은 악마의 계단을 단숨에 올라가고 있다.

덕분에 그래도 '진보'라는 이름으로 오랜 시간 함께 운동해왔고, 그들 못지않게 헌신적으로 고통스런 삶을 버티어온 수많은 동지의 삶을 아무 거리낌 없이 한바탕 조롱거리로 만들어버렸다. 비록 지지자가 적지만 '운동'이나 '진보'라는 말에서 스스로 느낄 수 있었던 모든 긍지와 자부심마저 한주먹에 날려버렸다. 운동하던 사람들 각자를 '등이 휠 것 같은 삶의 무게'로부터 버티게 해주던 떳떳함 대신에, 우리가 하는 것이 악행은 아닌지, 악행임도 모르는 채 악행을 행하던 것은 아닌지 하는 의심을 안겨주었다. 저들의 모습이 우리 자신의 일부라면, 저런 마음으로 운동을 할 거라면 차라리 운동을 안 하는 게 더 나을지도 모른다는 근본적 의문을 던져주었다. 이런 의미에서 '간난의 세월' 끝에 얻은 국회의원 자리 몇 개에 미쳐버린 저들의 난장판은, 적어도 우리에겐, 그것이 박살내버린 그 모든 신뢰와 긍지를 대가로 어떤 소중한 시선을 되찾도록 해준 것인지도 모른다. 악마의 계단에서 벗어나게 해줄 작은 열쇠를.

2부

위선의 사회와 뻔뻔함의 사회

재난, 정말 '재난'이란 말 아니곤 전국적인 범위에서, 그리고 모든 영역에서 벌어지는 이 끔찍하고 처참한 상황을 지칭할 말을 찾기 어렵다. '국가적 재난'이다. 다만 홍수나 태풍과 같은 통상적 '재난'과 다른 것은, 이 재난이 그런 재난과 달리 일시적이지 않고 지속적이며, 국지적이지 않고 전국적이라는 점, 하나의 영역에 제한되지 않고 권력이 미치는 모든 영역에 파고든다는 점이다. '정치'가 재난이 된 시내, '동지'가 재난을 야기하는 시대, 그것이 지금 우리가 사는 이 시대의 초상인 것이다.

정치가
재난이 된
시대

　　　　　　푸코에 따르면 '정치적인' 의미로 사용되기 이전, '통치하다'라는 말은 "공간에서의 이동·운동, 물질적 생필품의 조달, 개인에게 부과되는 치료나 약속된 구제, 늘 헌신적이면서도 적극적이고 호의적인 지휘나 명령의 실행 등"을 뜻했다. 그 말이 "자신이나 타인, 타인의 신체, 더 나아가 그 영혼이나 행동방식에 행사될 수 있는 지배"를, 개인 간의 교류 등을 뜻했던 것은 이런 맥락에서였을 것이다(『안전, 영토, 인구』). 그래서 그는 통치란 "목적에 용이하게 이를 수 있도록 정리된, 사물들의 올바른 배열"이라고 재정의한다. 국가와 결부되어 사용될 때에도, 통치란 "가능한 최대의 부가 산출되도록 보장해야 하며, 사람들이 충분한 생계수단을 제공받도록, 또한 인구가 증가될 수 있도록 보장해야 한다" 같은 긍정적인 내용을 갖는다는 점에서 그저 억압적인 지배를 행사하거나 강제적으로 어떤 의지를 관철시키는 그런 종류의 권력과는 구별된다.

여기에 푸코가 덧붙이는 것은 사물들의 올바른 배열에 도달할 수 있는 구체적인 테크닉의 존재다. 군주에 대한 관념이 '자신의 인민을 보살피는' 어떤 보호자라는 의미를 명시하는 경우가 있음에도 불구하고, 사람들의 부나 생계수단, 생명 등을 생산하고 보장할 수 있는 실질적 수단(테크닉)이 없을 경우에는 통치라는 개념과 대응할 수 없다는 것이다. 이런 테크닉을 통해 통치가 목적을 달성한다는 것은 사물이 제자리에 들어서며 올바르게 정렬되고 배열되는 것이고 사람들이 정당한 몫을 받게 되는 것일 게다. 이런 의미에서 이런 통치의 개념은 사물이 있어야 할 자리에 있도록 하고, 사람들이 주어진 몫을 받도록 하는 랑시에르의 '치안' 개념과 정확하게 상응한다.

"국가란 부르주아지의 집행위원회"라는 마르크스의 말을, 국가적 통치를 계급적 이해에 직접 귀속시키는 협소한 해석과 반대로 계급적 특수이해와 구별되는 인민의 보편이익에 연결하는 통념은 이런 맥락에서 이해할 수 있다. 제대로 된 국가란, 그것이 아무리 부르주아적 국가라고 해도 단지 부르주아지의 이익만을 위해서 권력을 행사하지는 않는다. '인구/주민'이라고 불리는 전체가, 통계적인 의미에서 적절하게 생존을 지속할 수 있도록 보장하는 것이 국가적 통치의 임무다.

물론 그 인민이 적대적인 두 계급으로 분할되어 있을 때, 그리고 그 계급이 대결적인 상황에 돌입했을 때, 국가는 그런 단일한 전체성을 지속하긴 어려우며 얼른 자신의 계급적 성격에 맞추어 작동한다. 이런 적대적 대결 상황이 오래 지속될 경우 국가가 통치적 '보편성'의 형식을 유지하기는 어려워진다. 그래서 국가는 계급적 대결이 발생할 경우 통상적으로 단지 특정 부르주아지의 '편을 드는' 것을 넘어 대결을 봉합하고 분열을 보이지 않도록 만드는 역할을 한다. 자신의 계급적 편향성을 보이지 않게 하는 것, 그것은 통치 내지 치안의 불가결한 요소다. '국민'이란 이름에 걸맞은 그럴듯한 단일성을, 보편적인 전체의 형상을 억지로라도 만들어 내는 것이 통치의 기본원리라는 것은 이와 무관하지 않을 것이다.

  이런 관점에서 보자면, 이명박 정부는 정치는 그만두고, '치안' 내지 '통치'라는 개념과도 너무나 거리가 멀다. "후퇴는 없다"는 일념으로 제주해군기지 건설 공사를 강행해, 공동체까지는 아닐지라도 평화롭게 화합하여 살던 강정마을을 전쟁터로 만들어버린 것은 아주 국지적인 하나의 사례에 지나지 않는다. 몇몇 건축업자들의 '살림'을 위해 멀쩡한 강에 대대적인 공사판을 벌여, 있어야 할 자리에서 조용히 평화롭게 살던 생명체를 죽음으로 몰아가고, 그걸 둘러싸고 모든 지역에서 부당한 몫의 할당을 통해 이익에 따라 사람들이 대립하고 대결하게 만든 것 역시 사물의 올바른 배열을 통해 주민들을 하나의 전체로 만드는 통치 개념과는 반대된다. 대통령의 종교적 입장에 따라 '편향된' 조치를 만들어내 종교 간 대립을 조장한 것은 물론, 특정 종교 안에서조차 스스로를 권력자라고 착각하는 사람들의 집단을 만들어낸 것 역시 새로운 대결의 등장이다. 기소권을 독점한 검찰은 최소한의 법적 균형감각은 물론 심지어 계급적 균형감각도 잃고 사적인 방어를 행하거나 사적 폭력을 행사하는 집단이 되어, 법이 갖는 형식적 보편성조차 사적 집단의 진창에 처박아버렸다. 청문회에 올라가는 고위공무원에겐 위장전입과 탈세를 비롯한 이런저런 불법행위가 기본 스펙이 되어버렸고, 반대로 법의 준수라는 엄준한 명령은 '아랫것들', 못살고 약한 자들에게만 의무가 되어버렸다.

크레인 위에서 목숨을 내건 채 정리해고 문제 해결을 요구하나, 이미 그 기업의 사주로선 어떤 해결책도 갖고 있지 못한 채 사회적 대결의 장이 되어버린 한진중공업 문제를 300일이 넘도록 해결 못하고 그저 '시간이 해결해주겠지'라며 방치하며 기다리던 것은 정부의 이런 무능력을 상징하는 사건이라고 할 것이다. 그나마 309일 만에 문제가 타결된 것도, 잘 알다시피 진압을 난감하게 하는 전술적 요인과 김진숙에 대한 대중적인 지지 때문이었고, 그나마 적극적인 몇몇 국회의원이 나서서였다. 끝까지 정부가 한 것은 아무것도 없었다. 맨 마지막에 경찰을 투입해 크레인에서 내려오는 김진숙을 체포하겠다고 하여 그나마 마련된 해결의 장을 깽판 친 것 말고는!

대학 등록금이 세계 최고 수준이라 학생들은 알바시간 사이의 빈 시간에 대학을 다녀도 채무자가 될 수밖에 없게 되었지만 대학을 졸업해도 그 중 3분의 1은 취직을 할 수 없는 현실. 노동하는 '인구'의 반 이상이 비정규직의 고달픈 삶에 시달리고, 자살률은 헝가리, 일본을 크게 웃돌아 또 하나의 확고부동한 '세계 최고'가 되었어도 그것이 소위 '정치인'의 관심거리도 되지 못하는 세상. 물가인상의 비상벨이 몇 년째 울리는데 대통령이란 사람이 "어쩔 수 없으니 소비를 줄이라"라는 걸 물가대책이라고 말하는 나라. 여기 어디에서 푸코가 말한 '통치'를 발견할 수 있단 말인가?

정확하게 반대의 것을 본다. 국가적 통치가 자신이 원하는 바에 따른 권력의 일방적 행사가 되어버렸고, '치안'은 그런 권력에 대한 항의와 저항을 압살하고 억압하는 일방적인 폭력이 되어버린 것. 그리하여 전국 모든 곳이, 일상의 모든 시간이 갈수록 거대한 분열과 대립, 대결의 장이 되어가는 것. 따라서 통치적 행위에 의해 은폐되는 분열과 적대를 드러내는 고전적인 좌파적 정치학이 따로 있을 곳을 잃어버렸다. 국가의 계급적 본질을 폭로하는 것도, 감추어진 계급적 이해를 드러내는 것도 따로 할 필요가 전혀 없다. 지금 문제는 사적이거나 계급적인 것을, 그 본질을 은폐하며 한다는 것이 아니라, 뻔뻔스레 다 까놓고 하고 있다는 것이기 때문이다.

계급적 이해 이전에 대통령과 그 주변 사람들의 지극히 사적인 이해를 노골적으로 까놓고 추구하는 이 유례없는 뻔뻔스러움이 사람들을 당혹하게 한다. '국가를 통치하는 자에게 기대하기 마련인 최소한의 공정성도, 기본적인 가식도 찾아보기 힘들기 때문이다. 이런 점에서 흔히 '정치'나 '통치'라는 말로 지칭되는 것은 애초에 그것이 뜻하던 바와 정반대가 되어버렸다. 그것은 푸코가 생각했던 것과는 반대로 올바로 배열되어 있던 사물을 뒤집어놓고, 평화롭게 '하나처럼' 살던 사람들을 이해관계의 대립 속에 쑤셔넣어 서로 반목하며 싸우게 하고, 취업이나 교육, 물가나 건강 등 '인구'의 생존은 간당간당한 끈에 매달아 매일매일의 삶을 "죽느냐 사느냐"의 문제로 만들어버리는 '전위적인' 조직행동이 되어버렸다.

재난, 정말 '재난'이란 말 아니곤 전국적인 범위에서, 그리고 모든 영역에서 벌어지는 이 끔찍하고 처참한 상황을 지칭할 말을 찾기 어렵다. '국가적 재난'이다. 다만 홍수나 태풍과 같은 통상적 '재난'과 다른 것은, 이 재난이 그런 재난과 달리 일시적이지 않고 지속적이며, 국지적이지 않고 전국적이라는 점, 하나의 영역에 제한되지 않고 권력이 미치는 모든 영역에 파고든다는 점이다. 그러나 이보다 더 근본적인 것은 그것이 흔히는 재난의 해결을 임무로 하는 국가적 통치행위 그 자체에 의해 야기되고 생산된다는 점일 게다. '정치'가 재난이 된 시대, '통치'가 재난을 야기하는 시대, 그것이 지금 우리가 사는 이 시대의 초상인 것이다.

스펙터클의 정치학

프랑스 상황주의 그룹의 리더였던 기 드보르는 『스펙터클의 사회』 첫 문장을 이렇게 시작한다. "현대적 생산조건들이 지배하는 모든 사회에서, 삶 전체는 스펙터클들의 거대한 축적물로 나타난다." 마르크스의 『자본』을 패러디한 이 문장에서, 스펙터클이란 알기 쉽게 말하면 '구경거리'란 뜻이다. 그것은 "일체의 시선과 일체의 의식이 집중되는 영역"이다. 사실 상품으로 생산되는 것들은 어느 것이나 눈에 보이는 양상이 중요하다. 보기 좋은 과일이 비싸게 팔리고, 보기 좋지 않은 과일은 상품이 되지 못해 버려진다. 보기 좋게 하기 위해 사과에 농약도 모자라 왁스를 바른다는 것은 잘 알려진 비밀이다. 스펙터클이 지배적이 된다 함은 시각적인 외양에 의해 지배되며, 그것에 사로잡혀 정작 중요한 것을 보지 못하게 됨을 뜻한다. 스펙터클이란 실제 삶과 시각적 외양이 분리되고,

그 분리된 외양이 지배하는 체제를 뜻한다. 그래서 그는 스펙터클이란 "삶에 대한 시각적 부정"이자, "삶에 대한 부정의 가시화"라고 말한다. 그것은 익숙한 말로 다시 쓰면 '소외된' 삶이다. 스펙터클의 사회란, 삶에서 분리된 스펙터클이 지배하는 사회, 스펙터클에 인간이 예속된 사회를 뜻한다.

스펙터클은 단지 상품에 한정된 개념은 아니다. 죄인을 끔찍한 모습으로 능지처참하는, 푸코가 『감시와 처벌』의 모두에서 '화려한 신체형'이라고 명명했던 절대주의 시대의 사형 장면 또한 화려한 스펙터클이다. 초등학교에서 전면 무상급식을 하면 나라가 망한다고 생각하면서도 '디자인 서울'이란 슬로건 아래 막대한 돈을 들여 다리에 조명을 달고 한강에 분수를 만들며 서울을 '구경거리'로 만들겠다는 오세훈 전 서울시장의 기획은 정확하게 서울을 스펙터클로 만들겠다는 것이고, 그것을 통해 자신을 사람들의 시선이 집중되는 스펙터클로 만들겠다는 전략의 표현이다. 상품을 만드는 데 디자인이 중요해진 것처럼 도시를 상품화하는 데, 아니 자신을 정치인으로 상품화하는 데 디자인이 중요하다는 발상일 게다. 원래의 모습이 무어든 청계천을 개조하여 '보기 좋은 시설'로, 그래서 '보기 좋은 업적'으로 만든 덕에 전임 시장이 대통령이 된 것을 본 사람이라면 누구나 쉽게 생각할 수 있는 것이다.

이는 스펙터클이 좀더 사활적인 중요성을 갖는 것은 소위 '정치'의 영역임을 보여준다. '정치인'들의 주 관심사는 어떻게 하면 자신을, 자신의 언행을 남의 시선을 모을 수 있는 스펙터클로 만들 수 있을 것인가다. 그래서 별 관심도 없으면서도 큰 사고가 난 현장이라면, 즉 시선이 모이는 곳이라면, 어디든지 찾아가서 눈에 띄는 사진 한 장 박고 눈에 띄는 말 한 마디 하려고 애쓰는 것이다. 그럴 건이 없으면, 전면 무상급식을 허용하는 것은 '망국적 포퓰리즘'이라며 턱도 없는, 그렇기에 눈에 확 띄는 발언을 해서라도 시선을 끌어야 한다고 믿는다. 성희롱 발언으로 정치생명을 거의 상실한 국회의원이 새로이 부상한 안철수 같은 사람을 집요하게 공격하고, 개그맨의 개그를 국회의원 명예훼손이라며 고소를 하는 등, 사방으로 날뛰며 광분하는 것도 이 때문일 게다. 어떤 식으로든 사람들의 주목을 받고 입에 오르내리고 싶어하는 것이다.

예전에 G8 정상회담을 보면서 대체 왜 저 많은 돈과 노력을 들여 저런 짓을 하는 걸까 의문이 든 적이 있었다. 이틀 간의 회의 몇 번으로, 이해관계가 얽히고설킨 전 세계의 경제와 정치 문제를 실제로 해결할 수 있을 것이라고는 생각할 수 없었기 때문이다. G20도 그렇다. 지난번 서울에서 열린 G20 정상회의는, 환율전쟁을 피해야 한다는 경제적으로 매우 절박한 상황에 열렸음에도 불구하고 사실은 아무것도 해결하지 못하고 끝나지 않았던가! 그런데도 저렇게 모여 회의를 하는 것은 전 지구적 협의와 통치가 보기 좋게 진행되고 있음을 보여줌으로써 그런 문제는 "걱정하지 말고 우리에게 맡겨두라"는 메시지를 담은 일종의 스펙터클을 만들고 있는 것은 아닐까 생각했있다.

랑시에르라면 '치안'이라고 불렀을 지배자들의 '정치'(통치!)는 무엇보다 스펙터클을 만들고 스펙터클을 이용하는 '스펙터클의 정치'라고 해야 할 것 같다. 그것은 자신들이 생각하는 것과 행동하는 것을 스펙터클화함으로써 세상이 그런 생각과 행동에 따라 움직이고 있음을 보여주는 것이고, 그것에 최대한 시선을 끄는 광채를 내서 지저분한 것들이, '사소한 것들' '별것 아닌 것들'이 보이지 않게 하는 것이다. 광채가 나는 것, 온통 시선을 모으는 스펙터클이 있을 때, 그 주변에 있는 것들은 그나마도 보이지 않게 되지 않던가! 따라서 스펙터클의 정치란 보여주고 싶은 것을 확실하게 보이게 만들고, 보이지 않는 것을 더욱 보이지 않게 하는 그런 종류의 프로세스라고 해야 한다.

*

이런 관점에서 보면 최근의 북한 정부는 스펙터클의 정치에 아주 능란하다는 생각이 든다. 해마다 반복되는 재해로 원조를 받으면서도 자존심 구겨지는 장면은 철저하게 거부한다. 인민의 굶주림 때문에 정부의 자존심을 구기는 일은 있을 수 없는 것이다! 거기다 '3대 세습'이라는 아주 난감한 사태조차 '절묘한' 포격 몇 방으로 한꺼번에 날려버렸다. 북한뿐만 아니라 남한에서도 포격에 불타는 스펙터클 하나로 모든 문제가 한꺼번에 소실되어 보이지 않게 되지 않았던가! 사실 이전부터 북한이 곤혹스런 상황을 핵시설 관련 뉴스 하나로 일시에 날려버린 것을 우리는 빈번하게 목격한 바 있다. 빈곤과 고립에도 불구하고 북한의 정치인들이 잘 버티는 것은 이런 스펙터클의 기술 덕이 아닐까 싶다.

반면 이명박 정부는 다른 능력도 없지만, 스펙터클을 다루는 데서도 아주 미숙하고 무능하게 보인다. 시선을 끄는 것도 좋지만, 얼마 되지도 않는 학생들 무상급식 예산으로 '망국적 포퓰리즘'이라고 떠드는 것으로 좋은 스펙터클을 만들 수 있다고 생각하는 것처럼 무감각하고 어리석은 일은 없을 것이다. 오세훈 전 시장은 덕분에 그 후과를 확실하게 치렀음을 우리는 잘 알고 있다. G20 정상회의의 스펙터클을 만들기 위해 회의장 일대의 지하철역과 정류장을 폐쇄하고 영화관과 백화점도 문 닫게 하여 관계자 이외엔 어떤 사람도 지나가지 않는 텅 빈 도시를 만들어놓곤 G20 정상회의를 성공적으로 치렀다며 좋아하는 것이나, 전국의 경찰도 모자라 군인까지 동원해 마치 1980년 5월 같은 살벌한 풍경을 만들어놓고 그걸 멋진 스펙터클이라고 생각하는 것이 그들의 감각인 것이다! 연평도에선 북한의 포격으로 날아드는 포탄에 노출된 군인과 민간인이 죽어가는데, 총탄 하나 날아다니지 않는 멀쩡한 도시에서 대통령이란 자가 지하벙커에 피신하여 지휘하는 장면은, 자신들은 상황의 심각함을 가시화하는 연출이라고 생각했겠지만, 내게는 병사는 험한 적진에 두고 그저 저만 살겠다고 숨어버리는 비열한 장수를 생각나게 한다(그에 비하면 러시아 여객기가 추락했을 때 비행기를 타고 사고 현장으로 날아간 푸틴은 이런 상황에서 어떤 스펙터클이 필요한지 아주 잘 알고 있다). 부자들의 정부라고 비난을 받거나 서민생활이 어렵다는 여론이 일면, 미디어 대동하고 점퍼 입고 시장에 나가 "내가 잘 아는데"라며 스펙터클을 연출하지만, 일체의 위선과 가식마저 벗어던진 뻔뻔스런 삶으로 말미암은 언행으로 항상 웃음거리가 되고 만다. 여기에 디테, 무지 이선에 사태의 핵심을 알려는 시도조차 하지 않는 무신경은 과감한 발언과 어울려 웃음거리를 증폭시켜 뜻하지 않은 개그를 만들어낸다.

사실 뻔뻔스러움이란 타인의 시선을 개의치 않는 것이란 점에서, 스펙터클의 정치학에 근본적으로 반한다. 그것이 구경거리를 만들어낸다면,

항상 웃음과 조롱 혹은 분노와 비아냥을 야기하는 구경거리를 만들어낸다고 해야 할 것 같다. 이런 점에서 뻔뻔스러움의 정치학은, 미디어에 반복적으로 노출되어야만 '스타'가 되고 정치인이 되는 지금 시대에, 웃기는 반(反)스펙터클의 정치학으로 귀착되고 마는 듯하다.

그러나 남과 북이 갈라진 상황에서 스펙터클의 정치는 기이한 역전의 형태로 전개되는 경우가 적지 않다. 가령 북한이 연평도 포격으로 연출한 스펙터클은 너무도 강력하여 남한에서 문제가 되던 모든 것조차 일시에 날려버렸고, 비정규직 파업처럼 그나마 잘 보이지 않던 사건은 더욱더 보이지 않게 묻혀버렸다. 거대한 스펙터클 앞에서 정작 보여야 할 것이 시야에서 사라져버렸다. 그것은 남한에서 진행되던 수많은 것을 리셋(reset)해버린 것 같다. 2011년 12월 5일, 4대강 반대집회가 시민단체와 정당까지 합세했음에도 마치 새로 시작한 운동의 첫 집회처럼 소규모로 그친 것은 이와 무관하지 않을 것이다. 북한 정치인의 강력한 스펙터클이 이명박 정부의 웃음 나는 빈약한 스펙터클을 대신해주는 것이다. 북한의 붕괴가 다가왔다면서 모든 외교적 수단을 손에서 놓아버린 이명박 정부를 살려준 것은 오히려 북한의 정치인들이었던 것이다. 기이한 '대리-보충'의 관계 속에서 양자가 공존하는 것이다. 정말 하루빨리 통일이 되지 않고선, 오랫동안 반복되어온, 잘 알면서도 피하기 어려운 이 대리-보충적인 스펙터클의 정치에서 헤어나오기 어려울 것 같다.

*

여기에 또 하나 추가할 것은 스펙터클의 세계는 구경거리가 될 만한 것, 눈에 잘 보일 뿐 아니라 모두들 기꺼이 볼 만한 것에게만 입장권을 주는 것 같다. 노르베리 호지의 『오래된 미래』 가운데 아직도 기억에 남는 인상적인 장면 하나가 있다. 라다크 지방의 사람들은 모두 노래를 좋아하고 잘한다고 한다. 잔치라도 할라치면 너나없이 나서서 거침없이 노래 한 마디 하는 것이 일상이었다고. 그런데 도로가 생기고 '근대화'되면서 라디오나 텔레비전이 보급되고, 가수들이 노래하는 것을 듣게 되자 노래를 권해도 사람들이 물러서며 노래를 하지 않게 되었다고 한다. 이유는 "노래를 저렇게 잘하는 사람들이 있는데, 내가 무슨 노래를 해"라는 것이었다. 노래를 전문으로 삼는 가수들, 그 화려한 스펙터클 앞에서 사람들은 주눅 들고 위축되어 노래는 잘하는 사람에게 맡기고 자신은 그저 듣고 구경이나 하는 사람으로 '분리'되어버리고 만 것이다. 스펙터클이 대중을 수동적인 존재로 만드는 것은 이런 이유에서다.

앞서 말한 '스펙터클의 정치'에서는 이런 수동성을 슬그머니 요구한다. "정치는 이렇게 시선을 받는 우리가 다 알아서 할 테니, 당신들은 그저 보고만 있어!" 이런 식의 얘기는 국민의 반대에도 불구하고 미친 속도로 '개발의 삽질'을 다그치는 이명박이 자주 하는 얘기다. "다 해놓고 난 뒤에 보라구. 잘했다고들 할 테니 말야. 청계천 때 그랬듯이 말야." G8이나 G20 정상회의도 그렇다. 여러 나라의 활동가들이 어떤 이슈에 대해 중요하다고 말하고자 해도, 그것은 묵살되거나 들리지 않는다. "그건 우리 정치인들이 알아서 할 테니 그냥 보고만 있어!" 심지어 여러 나라 활동가들이 모여서 회의를 하는 것조차 막는다. 다른 목소리가 끼어들어 보기 좋은 스펙터클을 망치는 게 싫은 것이다. 시선은 자신들이 독점해야 하며,

자기와 다른 생각이 보여선 안 된다. 그것은 이 멋진 구경거리를 망치는 훼방에 지나지 않는 것이다.

그러나 이는 역으로 스펙터클의 정치가 무엇을 두려워하는지 보여준다. 스펙터클이 사람들의 시선을 사로잡기 위한 것이고 시선이 집중되는 것인 한, 그것이 '멋들어진 것'이 되려면 잡스런 것, 훼방놓는 것이 끼어들면 안 된다. 조그만 잡음이나 외침, 항의의 소리라도 끼어들면, 그 스펙터클은 쉽게 금이 가고 깨어지며, 역으로 붕괴의 형태로 반대의 의미를 갖는 스펙터클이 되고 말기 때문이다. G20 정상회의 포스터에 쥐를 그린 재밌는 낙서 하나가 G20 정상회의 전체를 웃음거리로, 그것을 처벌하려던 이명박 정부를 '구경거리'로 만들어버릴 수 있음을 우리는 경험한 바 있다. "망국의 포퓰리즘"을 비웃는 조롱과 유머가 스펙터클을 만들려는 잔머리를 진흙탕 속에 처박아버렸음을 볼 수 있었다. '행불 상수'의 보온병이 전 국민에게 웃음거리를 선사한 바 있음을, 그로 인해 전쟁으로 폼을 잡고 그럴 듯한 스펙터클을 만들려던 시도가 강력한 폭탄이 되어 되돌아가는 것을 볼 수 있었다. 이런 웃음이 몇 번 반복된다면, 끔찍하고 무겁기만 한 전쟁의 스펙터클조차 가벼운 웃음거리가 되는 장면마저 상상할 수 있지 않을까? 거창한 스펙터클의 지배에 우리가 기 드보르처럼 절망하지 않을 수 있다면 그것은, 이처럼 조그만 낙서나 풍자조차 그 스펙터클을 깨기에 충분하다는 걸 알기 때문이다.

정치적 류머티즘
혹은
류머티즘적 정치체제

           2010년 11월, G20 정상회의가 서울에서 개최되었다. 사실 돌아가며 하는 회장 역이지만, 어차피 까놓고 살기에 폼 날 일이 거의 없는 이명박 정부로선 그것조차 대단한 영광이었던 것 같다. 잠시 '세계를 리드하는' 20개국의 대표로서 그들을 '리드하는' 즐거운 공상에 빠진 듯하다. 뭐, 그것이 뻔뻔함과는 다른 위선의 필요성에 눈을 돌리게 한다면, 그것도 나름 의미가 있을 수도 있겠다.

   그러나 그들이 이 '격조'를 위해 선택한 것은 가식에 필요한 최소한의 양심이나 치심(부끄러움을 아는 마음)이 아니라, 그런 공상을 깨는 것의 일소였다. 이를 위해 체류기간을 넘긴 이주 노동자나 아랍계 외국인 등을 '소탕'하듯이 추적하고 체포하여 추방하며 난리를 치더니, 아예 특정 지역에서 모든 시위를 금지하고 진압을 위해 군대를 동원할 수 있는 특별법을 제정했다! 이건 예전에 5·17 직후 전두환이 특정 지역에 선포했던 '위수령'을, 혹은 전국으로 확대했던 계엄령을 그대로 빼다 박았다. 게다가 80년대 더러운 냄새와 미친 듯 추한 요동으로 '지랄탄'이라는 별명을 얻었던 다연발 최루탄에 더해, 2.5킬로헤르츠의 고음을 152데시벨로 쏘아대는 '소음대포'를 사용하겠다고 '공시'했다. 120~130데시벨이면 청력손상의 위험이 있고, 160데시벨이면 순간적인 노출만으로도 고막이 터진다고 하니, 이건 자기 귀를 틀어막은 것도 모자라 이번엔 국민들을 귀머거리로 만들려는 생각인가보다. 그러면서 경찰서마다 "G20 정상회의를 전 국민적 축제로 치르자"며 선전한다. 거대한 무력을 준비하고 법적 폭력을 선포하면서 그것을 '전 국민적 축제'로 치르자는 말을 대체 어떻게 이해해야 할까?

통치자로선 아마도 자신들이 통치하는 곳이 어떤 갈등도 없고 어떤 소음도 없는 세상임을 보여주고 싶은 것일 게다. 그래, 입을 막고 고막을 찢어놓으면 세상은 조용해질 것이다. 시위를 금지하고 시위대를 박살내면, 모든 갈등은 보이지 않을 것이고 연출된 것만 출연하는 그럴 듯한 무대가 만들어질 것이다. 그러나 반대자의 소리를 지우기 위해 사용하는 것은 대포 같은 소음이고, 시위대 없는 무대를 위해 사용할 도구는 '지랄 같은' 최루탄이다. 진흙을 씻어내려고 피와 오줌을 뿌려대는 격이다.

이 난리를 보면서 면역에 대해 생각하게 된다. 면역이란 흔히 외부에서 침입한 세균을 내부의 면역세포가 공격하여 퇴치하는 군사적 행동처럼 간주된다. 그러나 이런 '군사주의적' 모델로는 이식된 기관에 대한 면역반응을 설명하지 못한다. 그것은 적이 아니라 생존에 필수적인 일부인

데 왜 공격하는 것일까? 이런 질문 속에서 면역체계란 '자아'라는 경계를 구별하고 유지하는 메커니즘이라고 재정의되었다(이를 '특이적 면역계'라고 한다). 이식된 장기는 자아의 외부라고 간주되어 공격당하는 것이다. 자아를 유지하는 무의식적 메커니즘인 셈이다.

  그러나 '면역력이 있다'는 말은, 면역이 단지 외부에 대해 공격하는 능력이 아님을 보여준다. 가령 신체의 손상에 비해 통증이 심해 악명 높은 '대상포진'은 어렸을 때 '침입한' 수두 바이러스가 몸에 남아 있다가, 면역력이 약해지면 나타나는 질환이라고들 한다. 이 병만이 아니라 다른 많은 병이 신체의 면역력에 따라 잠재되어 있다가 발병한다고 설명된다. 요컨대 면역력이 있다는 것은 이질적인 어떤 것을 받아들여도 몸에 문제가 없음을 뜻한다. 즉 이질적인 요소, 외부적인 요소를 받아들여 공생할 수 있는 능력이 있음을 뜻한다. 이런 점에서 면역은 외부에서 온 이질적인 것들, 처음엔 불화나 갈등을 일으키지만 시간이 지나면 적응하여 내 몸의 다른 요소와 공생할 수 있게 된 것과 관련된다.

  사실 이질적인 요소, 불화하는 성분이 없는 사회는 어디에도 없다. 이는 우리의 몸 또한 다르지 않다. 100조 개가량의 세포가 모여 이루어진 거대한 공동체가 인간이란 유기체의 몸이지만, 거기에는 20~30조 개가량의 대장균이나 숱한 세균이 들이와 같이 살고 있다. 병이란 새로이 끼어든 이질적인 것과 기존의 것이 적응하지 못해서 발생하는 것이다. 서로가 적응하면, 병은 치명적이길 그치고 완화된다. 심지어 그 몸의 필수적인 일부가 되기도 한다. 특히 여러 개의 면역체계 가운데 하나를 이루는 '노르말 플로라(Normal Flora)'는 이를 아주 잘 보여준다. 노르말 플로라는 원래 외부의 세균이었지만 몸에 들어와 적응하여 우리 면역체계의 일부분이 된 것을 지칭한다. 가령 우리의 침에 섞여 있는 세균, 대장 속의 '유산균' 같은 것이 그것이다. 이는 면역이란 개념이 단지 외부를 몰아내는 것으로는 정의될 수 없음을 보여준다.

좀더 근본적으로 생각해보자면, 이는 면역 이전에 우리 몸의 세포 자체가 탄생한 사건으로까지 거슬러 올라가야 한다. 우리 몸의 세포는 그 자체가, 다른 박테리아에 먹혔지만 죽지 않고 살아남아 공생하게 된 박테리아의 공생체다. 동물세포 속의 미토콘드리아나 다른 세포소기관들은, 원래 독립적인 박테리아였는데 다른 박테리아에게 잡아먹혔지만 소화되지 않은 채 살아남아 그 박테리아와 공생하게 된 것이다. 식물세포의 엽록체도 녹색세균이 잡아먹혔지만 죽지 않고 살아서 엽록체와 공생하게 된 것이다. 생명체의 진화, 우리 몸의 진화는 그렇게 이질적인 것들과 공생하면서 이루어졌다. 서로 먹고 먹히는 관계 속에 있는 것이 모여 세포를 이루고, 그런 세포가 모여 기관이나 몸 전체를 이룬다. 생태계라는 거대한 공동체도 마찬가지다. 공생한다는 것은 그런 이질적인 것이 서로에게 무언가를 주고, 서로에게서 무언가를 얻는 순환계인 것이다.

면역능력의 진화란 이처럼 이질적인 것과 공생하는 능력의 확대와 관련된다. 동물만이 가진, 외부를 공격하며 작동하는 특이적 면역계는 이런 면역능력의 부족 때문에 존재한다. 즉 그런 이질적인 것에 대한 우리의 공생능력이 부족한 지대, 무능력한 지점에서 요구되는 것이다. '자아'가 자기를 방어하고 지키려는 것처럼, 면역체계도 자신이 무능력한 지점에서 자기를 방어하기 위해 만들어진 것이다.

따라서 면역능력이 강할수록 면역체계는 유연해지고, 이질적 요소에 대한 공격성은 완화된다. 역으로 이질적인 요소와 자주 접할수록 면역능력은 강화된다. 너무 깨끗한 환경에서 사는 사람은 면역능력이 약하고 여러 가지 질병에 쉽게 걸려 고생한다. 자아를 내려놓는 데 훈련된 사람이 이질적인 요소와 쉽게 공생하는 것처럼.

반면 면역체계의 과잉반응은 심지어 자기 신체의 일부조차 외부로 간주해 공격한다. 자가면역반응이라고도 하는데, 류머티즘이 그런 경우에 속하지만 이것만은 아니다. 지금은 거의 모든 신체기관에서 이런 자가면역질환이 있다고 알려져 있다. 루푸스병은 분자적인 수준에서 자기 신체에 대해 자가면역반응을 한다. 분자적 수준에서의 자살적 질병인 셈이다. 알레르기반응은 자신이 섭취한 음식물에 대해 면역반응이 발생하는 것이다. 이 역시 자기보호를 위해 외부자를 과잉 공격하는 방어기제가 치르는 형벌이다. '자업자득'이란 말은 바로 이런 경우에 해당될 게다. 면역의 과잉, 그것은 자아의 경계는 갈수록 협소하게 하고, 면역능력도 갈수록 퇴화시킨다.

G20이란 적어도 표면적으로는 '글로벌한' 수준에서 서로가 공존하고 공생하자는 것을 슬로건으로 내건다. 이런 점에서 G8에서 G20으로 확대된 것은, 실세 이유가 무어든 경계기 완화된 것이고 수용하려는 이질성의 폭이 늘어난 것이란 점에서 어떤 '진화'의 요소를 포함한 것처럼 보인다. 20개 국이 아니라 200개 국으로 확대하여 더욱더 이질적일 나라가 함께 지구적인 문제를 해결할 수 있게 된다면, 그만큼 진화된 것이라고 해야 할 것이다.

그러나 그 숫자를 아무리 늘린다 해도, 계엄령에 준하는 특별법과 소음대포나 '지랄탄'을 동원해 이질적인 목소리나 불화의 표출을 억누르고 묻어버려야만 가능한 게 G20 혹은 G200 같은 것이라면, 그런 외연의 확대가 대체 무슨 의미가 있는가 되묻게 된다. 그것은 그저 몸의 외형만을 키우면서 거꾸로 면역체계의 공격성은 강화하는, 그래서 이질적인 것을 더욱더 공격하고 배제해야만 생존할 수 있는 무능력한 신체를 뜻할 뿐이다. 그런 공격과 배제가 이젠 불화하거나 불만을 가진 국민 자체를 겨냥하게 되었음을 뜻하게 된 것이다. 정치적 류머티즘 혹은 류머티즘적 정치체제라는 게 가능하다면, 바로 이런 경우를 두고 하는 말일 것이다. 그런 무능력을 확대하는 글로벌화, 그것은 이주자나 소수자, 이른바 '사회적 약자'나 불만을 가진 자를 더욱더 강하게 배제하고 척결해야 하는 류머티즘의 글로벌화를 뜻하는 것 아닐까? 이런 것이 G20이라면, 그것은 글로벌한 류머티즘의 정치체제를 뜻하는 것이 아닐까? 그렇다면 거기 필요한 것은 동조하여 같이 놀아주는 게 아니라, 자기를 잡아먹는 병임을 알려주고 치료할 생각을 하게 해주는 일일 터이다. 이질적인 것들을 받아들이며 그것과 공생하는 방법을 찾도록 촉발해야 한다.

시민을
야습하는
국가

카프카의 소설이 법에 관한 깊은 통찰력을 담고 있다는 것은 잘 알려진 사실이다. 특히 「법 앞에서」라는 짧은 단편은 수많은 사상가들이 붙인 주석으로 더욱 유명하다. 이 글은 법의 문을 지키는 수위 앞에서, 그 문으로 들어가고자 하지만 감히 밀고 들어가지 못한 채 들어갈 적법한 방법을 찾다가 결국 죽음을 맞는 한 사람의 삶에 관한 얘기다. 법에 부합하는 적절한 절차와 방법을 찾다간 자신을 위해 난 문 안으로도 들어가지 못한다는 걸 알려주려는 것일까? 법 안으로 들어가는 데 삶을 바쳤다간 아무 소득 없이 인생을 소모하고 만다는 것을 알려주려는 것처럼 읽히기도 한다.

어쨌건 그 사람은 법 안으로 밀치고 들어가지 않는다. 그런데 법의 문을 지키는 자와 그 안으로 들어가려는 자가 서로 충돌하지 않게 어떤 거리를 두고 밀고 당기는 「법 앞에서」만으로 법에 대한 카프카의 생각을 읽으려 한다면, 그것은 극히 일면적인 게 될 것이다. 「법 앞에서」는 그 이야기의 시작처럼 법을 찾아가는 사람의 얘기다. 법을 찾아감은 법 안으로 들어가려는 것이다. 법 안으로 들어가려는 자는, 들어가기도 전에 이미 충분히 법 안에 있다. 법이 정한 규칙과 절차를 통해 들어가야 하기에 이미 법에 사로잡혀 있고, 이미 법 안에 있다. 「법 앞에서」는 그처럼 이미 법에 들어가기도 전에 법 안에 있는 사람의 얘기고, 법 앞에 있는 한 들어가지 못해도 이미 법 안에 있는 우리의 얘기다. 법 앞에서 이미 법 안에 있는 한, 법 안으로 들어갈 수 없음을 알려주는.

반면 법이 우리를 찾아올 때는 그런 망설임도 거리도 없다. 『소송』에서 법은 소설이 시작되자마자, K에게 이유도 알려주기도 전에 '체포되었음'을 통보하는 방식으로 덮쳐온다. 「유형지에서」는 법이 수형자의 등에 죄를 바늘로 새기며 그의 죄를 알려준다. 그러나 그것이 보여주는 것은 역으로 법은 나중에 온다는 사실이다. 우리는 법을 의식하지 못한 채, 혹은 알지 못한 채 살고 행동한다. 그 뒤에 법이 덮쳐온다. 등 뒤에서 덮쳐오고, 등 뒤에, 읽을 수도 없는 곳에 죄명을 새긴다. 우리는 죄인이 될 때 법 안에 들어간다. 죄를 알려주며 법은 우리를 죄인으로 만든다. 여기에는 어떤 망설임도 문턱도 없다. 심지어 '거리'마저 없이 느닷없이 찾아온다. 『소송』 모두에서의 '느닷없음'이 바로 이것일 게다.

법을 찾아가는 우리와 우리를 찾아오는 법은 이렇게 다르다. 이런 비대칭성을 보지 못한다면, 법을 이해하는 것에도, 법에 대한 카프카의 생각을 이해하는 것에도 실패할 것이다. 그런데 법조차 삶에 대한 어떤 예의는 가진 것 같다. 가령 『소송』에서 법은 아침이 되길 기다려 K를 찾아간다. 최소한 그가 잠들어 있을 야밤은 피해준다. 그것이 법이 '법'으로서의 권위를 지키고 우리로 하여금 쉽게 넘어서지 못할 절차적인 거리를 유지하는 최소한의 방법일 것이다. 법이 삶보다 앞설 수는 없기 때문일 것이다. 삶의 최소치마저 무시했을 때는, 저항으로 인해 자신이 와해될 수 있음을 알기 때문일 것이다.

그런 점에서 보면, 명동 재개발을 위해 '카페 마리'를 덮쳤던 용역회사나 강남구 포이동의 빈민들을 덮쳤던 용역회사, 그리고 그렇게 하도록 교사한 구청은, 느닷없이 덮쳐오는 법보다도 더 무례하다. 그들이 철거를 위해 사람들이 사는 그 건물을 덮쳤던 것은 개나 고양이도 깊이 잠들어 있을 새벽 3시, 4시의 야밤이었다. 이런 시간대에 누군가를 덮친다는 것은 적이 잠든 틈을 노리는 군사작전이 아니고선 찾아보기 힘들다. 야간의 습격, 그것은 정확히 군사적 야습이었다. 야음을 틈 탄 그런 식의 기습을 기획하고 지시한 것은 용역회사가 아니라 구청이었다. 이는 그들이 상대방을 군사적으로 제압하고 제거해야 할 '적'으로 상정했음을 뜻한다. 구청이 자신의 지역 내에 사는 사람들을 '적'으로 간주한 것이다!

더구나 포이동에서의 '작전'은 화재로 집이 불에 타 사람들이 피난하고 있던 상황에서 습격한 것이란 점에서, 군사적으로도 흔히 볼 수 있는 것이 아니었다. 그것은 자신들과 싸울 능력이 없는 난민인 부상자들의 수용소를 야간에 급습하는 것과 다르지 않았다. 이런 비겁하고 야만적인 공습은 전쟁 상황에서도 좀처럼 생각하기 힘들다. 게다가 재난을 당한 그들을 위해 구호물자나 피난처를 제공했어야 할 구청이, 그나마 간신히 지은 피난처를 야간에 부수며 공격했다는 것은 국가기관에 대한 우리의 통념을, 아니 관료들의 양심에 대한 우리의 소박한 기대를 아주 쉽게 박살낸다. 뻔뻔스러움의 정치가 단지 이명박이나 주변 사람들만이 아니라 구청으로까지 확대되고 있는 것일까?

더욱 가슴 아픈 것은 포이동 재건마을에 새벽에 들이닥친 용역깡패들이 망치로 집을 무작위로 부술 때 한 꼬마아이가 공부방 앞에 서서 "공부방만은 안 돼요" 했지만, 막무가내로 부숴버렸다는 얘기였다. 그 아이의 소박한 꿈도, 가난 속에서도 열심히 공부를 향해 뻗치던 아이의 의욕도 아마 그와 함께 부서졌을 것이다. 정말 용서할 수 없는 것은 용역들 말대로 "술 먹지 않고선 할 수 없는" 이런 일을, 술 한 방울 먹지 않고 기획하고 지시한 자들이 있다는 것이다(우리는 술에 취하지 않고선 행할 수 없었던 군사작전이 1980년 5월 광주에서 있었음을 알고 있다. 그리고 거기에도 술 한 방울 먹지 않고 기획하고 지시한 자가 있었음 또한).

무엇이 우리 같으면 미치지 않고선, 혹은 술에 떡이 되도록 취하지 않고선 생각도 할 수 없는 이 과감하고 비열한 작전을 생각하게 했을까? 무엇이 '시민의 하인'을 자처하는 구청의 공무원들로 하여금 자신의 주인인 시민들을 이렇게 야만적으로 야습하는 짓을 아무런 거리낌 없이 지시하게 했던 것일까? 법이 우리를 덮쳐올 때에조차 쉽게 내던져버리지 못하는 절차와 예의마저 무시해버리고, 정상적인 경우라면 군인들조차 하고 싶어하지 않는 야만적인 공격을 당연한 것인 양 지시할 수 있었던 것일까?

우리는 그 답을 잘 알고 있다. 재개발로 땅값을 올리고 건물값을 올려 돈을 벌려는 개발업자, 자본가가 그 하나일 것이고, 지저분하고 보기 싫은 건물을 뽀개서 '각 나오는' 도로와 폼 나는 건물로 도시의 외양을 만들려는 도시계획가, 도시의 행정가가 다른 하나일 것이다. 이들에게 도시란 사람들이 모여 사는 공간이 아니라 돈을 벌기 위한 공간이고, 폼 나게 만들어논 보기 좋은 시각적 대상물일 뿐이다. 그걸 위해서라면 멀쩡한 건물도 까부수고 다시 짓는 게 당연한 것이다. 그러니 지저분한 판잣집이나 후줄근한 낡은 건물이나 소유권도 허가도 없이 그곳을 점거하며 사는 자들을 제거하는 것이야 '도시 전체를 위해서'라면 아무것도 아닌 일인 것이다. '재개발'은 도시에 폼 나는 외양도 제공하고 그 소유자에게 상승된 땅값을 제공하는 일이니, 누이 좋고 매부 좋은 일 아닌가?

돈을 벌어야 한다는 생각, 돈이 되는 일은 좋은 일이라는 생각, 도시가 폼이 나게 개발되고 '수리'되어야 한다는 생각. 이는 그들의 욕망일 뿐 아니라 욕망을 넘어선 신념이다. 그 욕망과 신념 앞에서 대체 무엇이 장애가 될 수 있을 것인가! 그렇기에 그토록 야만적인 야습을 해서라도, 화재를 피해 지은 피난민의 집을 부수고 "공부방만은!"이라고 절규하는 아이의 소망을 짓밟고라도 재개발의 불도저는 지나가야 하는 것이다.

이 비열한 야습을 감행하는 이런 욕망과 신념이 지금 이 땅 전국 도처를 헤집고 있다. 새만금의 바다에서 전국의 강, 그리고 모든 도시에서. 우리는 비열한 야습국가에 살고 있다. 야만적인 테러진압작전으로 철거민들이 불타 죽어도, 법의 이름으로 그들을 다시 한 번 죽이는 나라. 카프카라면 법을 초과하는 이 국가와 자본의 참상을 어떻게 기록했을까?

두 눈 부릅뜨고 지켜보아야 한다. 저 비겁하고 야만적인 공격을, 그 끔찍한 욕망을 기억해두어야 한다. 그것에 의해 부서지고 죽어가는 것들을 잊지 않도록 가슴에 새겨두어야 한다. 그리고 그 공격에 의해 상처받은 사람들의 손을 함께 잡아야 한다. 그 습격의 장소를 새로운 삶의 장소로 만들어야 한다. 노래하고 춤추고 그림 그리며 새로운 삶의 활기가 피어나는 장소로 변환시켜야 한다. 수많은 시선과 동선이 그 활기에 감염되어 모여드는 특이점으로 만들어야 한다. 승리할 수 없을 때조차, 두리반과 같은 작은 '승리'를 기억하고 상기해야 한다. 그것으로써 웃으며 저 비열한 자들의 욕망과 신념에 균열의 틈을 만들고 꽃이 피는 상처를 만들어야 한다.

망국적 포퓰리즘과 근본적 포퓰리즘

2010년 말 오세훈 전 서울시장이 초등학교 전면 무상급식안을 '망국적 포퓰리즘'이라고 비난하면서, '포퓰리즘'이란 말이 대결을 함축하는 정치적 개념으로 떠올랐다. 이어 이명박 대통령이 올해 (2011) 예산에서 복지예산이 많아 한국이 이미 '복지국가' 수준이라며, 복지에 대한 야당이나 시민들의 요구를 '복지 포퓰리즘'이라고 비난하면서 포퓰리즘은 정치적 비난의 용어로 자리잡게 된 듯하다. 이 경우 '포퓰리즘'이란 대중의 인기를 얻기 위해 대중의 욕망을 그대로 따라가는 것을 지칭하는 말이 된다.

알다시피 포퓰리즘이란 '인민' 내지 '민중'으로 번역되는 '피플(people)'에 '이즘'이란 말을 덧대어 만들어졌다. 직역하면 '인민주의' 내지 '민중주의'가 될 것이다. 이렇게 번역하고 보면 그 말은 다른 의미로 다가

온다. 1970년, "근로기준법을 지켜라!"라며 평화시장 노동자 전태일이 분신자살한 이후, 노동자와 민중의 삶을 이해하기 위해, 그들과 함께하기 위해 수많은 대학생이나 지식인이 '민중 속으로' 들어갔던 것은 잘 알려져 있다. 이러한 시도를 예전에는 '민중주의'라고 불렀다. 자기만의 삶이 아니라, 자신들과 함께 사는 사람들, 자신들의 삶이 가능하도록 버티어주는 사람들, 그렇지만 고통스런 삶을 피하지 못한 사람들에게 눈을 돌리고 그들과 함께하려는 이러한 태도에서 어떤 사람들은 '보살의 마음'을 보았고, 어떤 사람들은 '예수의 마음'을 읽었다.

한편 '인민'을 뜻하는 러시아어 '나로드'에 '이즘'이란 말을 붙인 나로드니즘은 러시아에서 짜르(황제)의 전제정치에 반대하는 이념이나 운동을 지칭하는 말이었다. 사회 변화에 대한 과학적 인식이 없었다는 이유로 마르크스주의자들의 비판을 받기도 했지만, 인민에 대한 애정이나 열정에 관한 한, 레닌조차 칭찬을 아끼지 않았다. 그래서인지 그들의 슬로건 '브 나로드(인민 속으로)'는 1930년대 심훈의 『상록수』 같은 민족주의 소설의 모티프가 되기도 했다.

'민중 속으로' 들어가 그들의 삶을, 고통과 희망을, 욕망을 이해하려는 태도는 정치적 입장이 아무리 달라도 비난하기 힘든 것이다. 민중 속으로 들어간다고 해서 언제나 올바른 길을 걷는 것은 아닐지라도, 그것 없이는 정치가 정치가나 통치자의 자의와 독단으로 귀착되는 것을, 혹은 특정한 집단의 이익이나 이권을 위한 담합으로 귀착되는 것을 피할 길이 없기 때문이다. 그런 점에서 보자면, 민중이나 국민이 원하는 것에 마음을 열고, 그들의 요구에 귀를 기울이는 것은 모든 정치의 출발점이라고 해야 한다.

따라서 지금 문제는 '민중주의'의 과잉이 아니라 그것의 부족이라고 해야 하지 않을까?

물론 번역이란 언제나 어떤 의미를 지우고 새로운 의미를 덧붙이게 마련이고, 그렇기에 '민중주의'나 '인민주의'와 포퓰리즘에 동일한 의미를 부여할 순 없다. 그러나 포퓰리즘이 대중의 욕망을 정치의 기초로 삼으려는 것이라고 한다면, 그것은 쉽게 비난하며 던져버릴 것이 아니라 반대로 모든 정치가 제대로 서기 위해 발 딛고 설 출발점이라고 해야 하지 않을까? 가령 지금처럼 실업자와 비정규직이 엄청나게 늘어나고 먹고사는 것조차 결코 쉽지 않게 된 시절에, '복지'나 생존을 유지하는 문제에 귀 기울이는 게 포퓰리즘이라면, 그걸 나쁘다고 비난하는 이유를 알기는 결코 쉽지 않다. 반대로 대중 대부분이 중단하라고 강하게 요구하는 목소리를 무시하고, 70년대 건설업자의 편협한 관점에서 만들어진 시대착오적 관념을, 무지한 국민들이 이해해주지 않아 고독한 결단으로 오인하는 편집증 환자의 반(反)포퓰리즘이야말로 심각한 문제임을 알기는 어렵지 않다.

물론 폼 나는 분수와 야간조명으로 장식하고, 그럴듯한 모양새로 청계천이나 남산자락을 뜯어고치는 것밖에 생각해본 적이 없는 분들에게 '포퓰리즘'이란 결코 그런 것이 아닐 것이다. 인기에 영합하기 위해 대중이 요구하는 바를 따라가는 것, 그게 포퓰리즘이라고 말할 것이다. 그것이 망국적임을 확신하는 것은 그들 자신이 "해봐서 잘 아는" 것이기 때문일 게다.

나도 이런 포퓰리즘은 망국적이라고 확신한다. 그러나 이런 망국적 포퓰리즘은 자신의 가난이 드러나는 게 창피해 차라리 밥을 굶는 아이들의 급식을 무상으로 제공하는 것이 아니라, 수십조 원대의 4대강 공사비로 재정이 바닥나는 판인데도, 부자들 세금을 깎아주고 법인세 깎아주는 것 같은 짓이 아닐까? 부동산 투기로 돈이 온통 부동산으로 쏠려 주택값이 미쳐 날뛰고 기업들마저 부동산 투기가 일차적인 사업이 된 나라임을 잘 알면서도, 그나마 자신을 지지해주는 강남의 부자들을 위해 이런저런 투기방지책을 전부 제거하고 강남 3구의 투기 지역 지정마저 해제해주는 것, 바로 이런 게 망국적 포퓰리즘이다! 이런 망국적 포퓰리즘은 근본적 포퓰리즘을 위해서도 이 땅에서 사라져야 한다고 믿는다. 그리하여 포퓰리즘의 진정성이 모든 정치의 출발점이 되는 그런 시대가 시작되었으면 좋겠다.

무능한 자들의 전쟁과

철없는 분들의
통일구상

위키리크스의 비밀문서가 공개된 후 전 세계가 난리다. 남들이 관심을 가져줄 비밀조차 별로 없는 나로선, '비밀'을 알게 되는 재미에, 권세 있는 분들이 난리법석 떠는 것을 보는 재미까지 느긋하게 웃으며 구경할 수 있어서 좋았다. 그런데 이번에 드러난 사실 가운데 재미있다기보다는 어이가 없어서 웃음이 나왔던 것이 있었다. 청와대 외교안보수석이나 외교부장관, 통일부장관 등 이명박 정부의 외교안보 관리자들이 북한이 2015년을 넘기지 못하고 붕괴할 것이라고 예상해, 대북협력 정책에 별다른 의욕을 보이지 않았을 뿐 아니라, 대통령 또한 "붕괴할 테니"라며 대북강경론으로 일관하려 했다는 대목이 그것이다.

이런 태도 덕에 남북관계가 전쟁에 준하는 상황으로까지 밀려갔었음은 잘 아는 바다. 그런 상황에서 모든 걸 걸고 전쟁을 벌일 생각이 아니라면, 북한에 대해 이명박 정부가 취할 수 있는 정책은 더이상 없다. 북한에 손해를 가할 수 있는 수단은 이미 오래전에 다 끊어놓아서, "계속 그러면 이거 끊어버릴 거야"라고 압력을 가할 게 아무것도 남지 않았기 때문이다. 정치적으로 북한을 비난하는 것은 전쟁 의사가 없는 군인이나 민간인마저 살상한 상황에서 당연하다 하겠지만, 그것 말고는 취할 수 있는 선택지를 하나도 갖지 못했다는 사실은, 정치적 입장을 떠나 한심할 정도로 무능한 것이다.

이번에 폭로된 비밀문건을 보면 '전략적 인내'라는 이들의 대북정책이 이러한 무능과 깊이 연관되는 것 같다. 북한은 머지않아 붕괴될 것이니 그냥 강경론을 취하면서 붕괴를 '참고 기다리자'는 것이 이들의 전략이었다. 전략에 함축된 목표가 북한의 붕괴고, 전술은 그동안의 교류를 절단하여 붕괴를 늦출 요인을 최소화한다는 것이다. 그러나 이는 남한의 우파에 대한 선거전략은 될 수 있을지 모르지만 현실적인 정치적 상대로서 북한에 대한 외교·안보전략이 될 수 없으리란 것은 분명하다. 그리고 그 결과 그들은 북한의 정치적 내지 군사적 행동에 대처할 수 있는 어떤 수단도 갖지 못한 무능력 상태에 빠져버렸다. 그들의 대북정책은 사실상 대남정책을 위한 것이었다!

문제는 이러한 무능력이 종종 가장 끔찍한 결과를 야기할 수 있다는 데 있다. 진퇴의 시기와 방법에 능란한 장수라면 쓸데없는 싸움도, 쓸데없는 희생도 치르지 않는다(알다시피 무림의 고수는 칼을 쓰지 않고도 적을 제압하며, 훌륭한 장수는 싸움을 하지 않고도 전쟁에서 이긴다). 반면 무능한 장수는 버티거나 밀고 들어가야 할 때 후퇴를 하거나, 아무 때나 무대포로 '전진 앞으로!'를 외치며 목청껏 '돌파하라!'고 요구하며 때 아닌 싸움을 하게 하고 엄청난 희생을 치르게 한다. 이명박 정부가 그렇다. 전쟁 말고는 쓸 수 있는 정치적 선택지가 거의 없는 지금, 어떤 우발적 사태로 다시 충돌이 벌어진다면, 이 무능한, 그렇기에 더더욱 보수적인 '여론 주도층'의 눈치를 살펴야 하는 이 정부로서는, 전쟁을 불사하는 강공책 말고는 할 수 있는 게 없기 때문이다.

*

그저 개인이라면 비록 그 대가를 피할 수 없다고 하더라도, 무능은 어쩔 수 없는 것이기도 해서, 쉽게 비난하기 어려운 면이 있다. 그러나 남에게 많은 영향력을 미치는 자리에 있는 경우라면, 무능은 그저 어쩔 수 없다고 넘어가기 어렵고, 비난 또한 피하기 어렵다. 많은 사람이 그 피해를 본다면 더더욱 그렇다. 그런데 무능에 더해, 김정일의 건강이 안 좋다는 보고 하나로부터 북한 붕괴를 추론하고, 거기서 "통일은 다 됐어"라며 희희낙락하는 저 철없는 순진함을 보면, 비난할 생각이 드는 게 아니라 도대체 이 사람들을 우째야 하나 한숨이 나오고 만다.

저 철없는 영혼들의 '집단지성' 속에서 아마도 이명박은 북한이 붕괴하고 통일이 되는 엔딩을, '해피엔딩'이라고 생각하며 "기대하시라, 개봉 박두!"라고 말하고 싶어하는 것 같다. 그때가 되면 "통일이 머지않았어" "북한 붕괴가 머지않았어"라고 여기저기서 떠들고 다녔던 것이 이 엔딩을 위한 복선이었음이 드러날 것이다. 그때가 되면 다들 욕하던 추한 노인이 사실은 미래를 내다보는 외로운 예언자였음이 드러날 것이다. 이런 몽상이라도 하는 것 같다. 한숨을 쉬는 것보단, 이 순진한 영혼의 춤에 맞추어 같이 춤이라도 추어보면 어떨까?

　그러나 저 어이없는 영혼의 움직임에 장단을 맞추긴 아주 어려울 것 같다. 아무리 생각해보아도 그가 생각하는 것처럼 북한의 붕괴가 쉽지 않을 것 같기 때문이다. 사실 정말 걱정스런 것은 북한에 식량난이든 무슨 난이든 발생해도 정권이 붕괴할 가능성은 거의 없다는 사실이다. 이명박 정부의 관리들은 북한에서 식량난이나 내부적인 진통이 참기 어려울 정도로 격화되고 있으며 이는 정권의 붕괴로 이어지리라고 예상하는 것 같다. 그러나 인민들이 굶어 죽는다고 정권이 무너지진 않는다. 동독 정부가 붕괴한 것은 동독인민들이 대대적으로 외국으로 탈출했기 때문이다. 그러나 북한 정권이 주민들의 대대적인 탈출을 방치할 거라고 믿어도 좋을까? 더구나 동독과 달리 북한 주민들이 탈출할 곳이라는 게 중국과 남한밖에 없지 않은가? 중국 정부가 난민의 대대적인 탈출을, 그것도 북한의 동의 없이 받아들일 수 있을까? 그렇다고 북한 주민이 남한으로 대대적으로 넘어가는 것을 북한이 허용하리라고, 아니 남한 정부가 허용하리라고 생각할 수 있을까? 어느 것도 현실적인 가능성은 없다고 해야 할 것이다. 그렇다면 탈출에 의해 북한 정권이 붕괴할 가능성은, 인민들이 다 빠져나가 통치할 인민이, 생산할 인민이 없어 붕괴하는 그런 일은 일어날 가능성이 없다.

　그게 안 된다면 또 하나, 정권이 붕괴하는 길은 굶주림에 지친 인민이 봉기하여 정권을 넘어뜨리는 것이다. 그러나 어버이 수령에 대한 충성심이야 굶주림 앞에서 와해된다고 가정해도, 당과 국가의 강력한 통제하에 있는 북한 주민들이 정권을 전복할 가능성은 거의 없다고 해야 하지 않을까? 극단적으로 가정한다고 해도, 절대적 고립 속에서 식량난으로 주민의 대다수가 죽어가는 경우는 있을 수 있어도 주민들이 정권을 전복할 가능성은 없을 것 같다.

백 보 양보하여 이명박 정부 관리들 말대로, 위기가 심화되어 북한 정권이 붕괴될 상황이 올 수 있다고 가정해보자. 그럼 북한은 붕괴하고, 남북통일이 이루어지고, 남한의 지배층이 북한을 접수하여 국유재산을 나누어갖는('불하') 그런 '해피엔딩'이 일어날까? 그럴 가능성은 전혀 없다고 단언해도 좋을 것 같다.

먼저, 그런 상황에서 남한이나 미국이 밀고 들어가서 북한을 접수하는 일은, 적어도 중국과의 대결을 내포하는 전면 전쟁을 가정하지 않는 한 생각하기 어렵다. 북한이 붕괴하고 남한이나 미국이 북한으로 밀고 들어가는 것을 중국 정부가 그냥 보고 있을 리 없기 때문이다(그리고 북한이 보유중이라고 주장하는 핵은 또 하나의 결정적 장애일 것이다). 그런 식의 결말은 성공한다고 해도 북한의 붕괴가 아니라 남한과 미국의 '침략'과 '점령'을 뜻하게 될 것이다. 그러나 그 경우에조차 거기서 끝나지 않을 것이다. 이라크나 아프가니스탄의 경우처럼 점령군에 체포되기보다는 자신들이 자랑하는 '위대한 빨치산' 전통을 이어 게릴라전을 벌이는 편이 어떻게 보아도 훨씬 나을 것이기 때문이다. 실제로 중동은 물론 체첸이나 아프리카 어디를 보아도, 군사적 점령이 게릴라전으로 이어지지 않은 경우는 최근의 전쟁 어디에서도 없지 않았던가!

침략과 전쟁이 아니라, 북한 정권의 담당자들이 붕괴 위기에 적극적으로 대처해 권력과 인민을 이양하는 경우도 가정해보아야 한다. 만약 당신이 북한 정권의 권력자라면? 아무리 붕괴 직전 상황이라고 해도, 자신들을 고립으로 몰아넣고 붕괴를 기다리며 어떤 원조도 중단한 남한 정부에, 그들 말로 '미제의 앞잡이'들에게 정권을 넘기고 싶을까? 북한 정권의 붕괴를 위해 주민들의 식량위기에 대한 '인도적 지원'마저 끊어버린 남한 정부에 자국 주민들을 넘길 생각이 들까? 그보다는 이제까지 지속적으로 자신들을 지지해주었고 '사회주의'의 대의를 유지하면서 미국과 '각을 세우고 있는' 중국에 넘기는 것이 훨씬 더 낫다고 생각하지 않을까? 중국으로선 북한 주민을 받아들이며 대의를 과시하며 북한의 영토를 자국의 일부로 통합할 수 있을 테니, 거절할 이유가 없을 것이다. 더구나 중국의 경제규모는 그 정도는 충분히 감당할 수 있는 능력을 갖고 있지 않은가? 따라서 이 경우에는 북한의 붕괴는 '통일'이 아니라 전혀 다른 결과로 이어질 가능성이 더 크다고 해야 하지 않을까?

어떻게 보아도, 북한의 위기가 북한 붕괴로 이어질 것이라는 발상도, 북한의 붕괴가 통일로 이어지리라는 발상도 순진하기 짝이 없다. 북한 인민에게는 정말 불행하게도 북한의 위기가 북한 정권의 붕괴로 이어지지 않을 것이고, 통일을 원하는 많은 사람들에게는 정말 불행하게도 지금과 같은 남북관계에서는 북한의 붕괴조차 통일로 이어지지 않는다. 이 정도 사실을 이해하기 위해 통일문제 전문가가 될 필요는 없을 것이다. 단지 현실적인 감각과 논리적 사고능력 정도만 있으면 충분하다. 김정일의 건강이 안 좋다는 보고 하나로, 혹은 후계체제 구축과정에서 어떤 갈등이 있었다는 보고 하나로 북한의 붕괴와 통일을 예견하는, 희망과 사실을 혼동하는 유치한 착각을 통일정책, 대북정책의 기조로 삼는 어이없는 '집단지성'처럼 무능하고 위험한 것도 없다.

*

여기서 더 양보하여, 이명박 정부의 그 유치한 발상대로 북한이 붕괴하고 통일이 되리라고 가정해보자. 남한의 대통령이란 자리에 앉아서 그런 보고를 받았다면 무슨 생각을 해야 할까? 단순한 통치자의 관점에 서 있다 해도 통일 뒤에 사태가 어떻게 진행될지, 그에 대해 어떻게 대처해야 할지 정도는 생각해봐야 할 것이다. 무엇보다 먼저, 가정한 대로 북한이 붕괴하고 통일이 된다면, 식량난에 일자리도 없는 2천만 북한 주민을 어떻게 해야 할까? 남한의 기업들이 싼 값에 고용해서 거대 이윤을 올리고 국제경쟁력을 높인다? 그러나 지금 남한에서는 잠재 실업률이 20퍼센트를 넘고 비정규직이 정규직의 50퍼센트를 훌쩍 넘겨, 일자리가 부족하니 4대강 까뒤집어서 일자리 백만 개 만들겠다는 등의 공약을 남발하는 실정 아닌가? 4대강이 아니라 모든 산을 깎아 평지로 만드는 거대 토목공사를 벌여도 2천만 주민을 고용할 가능성은 거의 없다고 해야 할 것이다.

노동자로 수용하는 게 불가능하다면, 2천만 주민을 '난민'으로, 국가가 먹여 살려야 하는 수민으로 받아들이는 수밖에 없다. 그러나 그 비용을 대체 어떻게 감당할 수 있을까? '통일세' 걷어 세금으로? 그러기엔 2천만 주민은 감당하기 힘든 거대한 숫자 아닐까? 그렇다고 굶어 죽게 방치할 것이 아니라면, 아마도 경제 전체에 치명상을 입힐 가능성이 크지 않을까? 그것은 한국의 경제 전체가 감당하기 힘든 수렁에 빠지는 걸 뜻할 것이다. 아니, 그렇게 되기 전에, 통일이 되었다는 소리가 나오자마자 그런 사태를 예상한 외국 자본들이 증권시장에서 빠져나가 주가가 급락하고 원화의 가치는 폭락하여 자칫하면 모라토리엄 사태가 닥치는 것은 아닐까?

이는 입장을 떠나서 누가 대통령이 되든 북한이 붕괴될 것 같다는 보고를 받았다면, 밤새워 고민하지 않으면 안 될 문제들일 것이다. 내가 대통령 자리에서 그런 보고를 받았다면 도대체 이를 우찌할꼬 심각하게 고민했을 것 같다. 그러나 지금 이명박 정부는 대통령이나 그 밑에 있는 분들이나 "북한은 끝났고, 통일은 다 되었고, 이젠 딱히 따로 할 것도 없다"면서 손 놓고 신이 나서 떠드는 걸 보면 '어쩜 저렇게 철이 없을까?' 싶다. 그뒤에 닥쳐올 것에 대해선 아무런 생각도 없이 그저 북한이 망했고 우리는 이겼다는 식의 유치한 승리감에 들떠 있으니 말이다. 더구나 그걸 전제로 대북정책이나 통일정책, 외교정책을 "뭐 따로 특별히 할 것도 없다"면서 '기다리면 된다'로 일관했다니, 정말 어이없는 걸 지나서 놀랍기 그지없다.

이런 점에서 보자면, 심각하고 비장한 전쟁 게임도 사실 본질은 개그였다고 해야 할 것이다. 코앞에 다가온 전쟁 위험 앞에서도 사실을 알고 보면 어이가 없어 웃음만 나오게 만드는 그런 코미디. 그러나 그 코미디를 보는 와중에 어느새 전쟁의 참화 속으로 말려들어갈지 모르는 일이다. 왜냐하면 전쟁과 같은 비극은 대부분 전쟁이나 정치에 능란한 정치가가 아니라, 그에 대해 아무것도 모르는, 그저 고함치며 목소리 높이는 방식 외엔 싸움이나 정치의 방법을 알지 못하는 얼치기들에 의해 어이없이 시작되기 때문이다. 그런 점에서 우리는 정말 웃길 정도로 비극적인, 끔찍한 운명 속에 있는 것인지도 모른다. 이 운명을 어떻게 모면할 수 있을 것인가? 이 어이없는 비극을 피하기 위해 무엇을 할 것인가? 모두가 묻지 않으면 안 될 질문이다.

위선이 아쉬운 시대

　　　　　　　마음에 없는 선의의 가면을 쓰는 위선이 지배하는 시대와 더러운 속내를 까놓고 드러내는 뻔뻔함이 지배하는 시대가 있다면, 그중 어떤 게 더 나을까? 위선의 시대에는 더러운 속내를 감추려 하기에, 속을 위험이 있지만 그래도 겉으로 까놓고 나쁜 짓을 하기 어렵다는 '장점'이 있다면, 뻔뻔함의 시대에는 반대로 속을 위험은 없지만 부정과 악행이 노골적으로 진행된다는 점에서 결코 낙관할 수 없는 '단점'을 갖고 있다. 사실 논리적으로 보면 양자는 대칭적인 것처럼 보인다. 그게 그거인 셈이다.

　얼마 전 이명박 대통령의 아들이 대통령 경호실과 '함께' 그린벨트에서 풀려 개발을 앞둔 내곡동에 수십억 원대의 집을 샀던 것이 들통 나서 문제가 된 바 있다. 아무리 대통령의 아들이지만, 집을, 그것도 그런 거액의 집을 사는 데 경호실에서 돈을 대준다는 것은 말도 안 되는 일인 데다, 그나마 자신이 냈다는 돈조차 그가 감당할 수 있는 규모가 아니었다. 황급히 대통령이 자신의 퇴임 이후 살 집이었다며 진화하고 나섰지만, 그것으로 해소될 수 있는 수준이 아니었던 것 같다. 결국은 총선을 앞둔 여당이 나서서 문제를 제기하자, 모든 일을 없었던 것으로 되돌리기로 했다고 한다. 그러고는 "이제 되지 않았냐"며 일갈한다. 마치 공금을 횡령한 사람이 그게 들통 났을 때, "되돌려주면 될 거 아냐!"라고 소리를 지르는 것 같은 장면이다. 그러면 모든 게 해결되는 것일까? 공금을 횡령한 사람이라면 결코 그냥 넘어갈 순 없을 것이다.

워낙 턱없는 비리나 사적인 유용이 넘쳐나서 엔간한 일로는 놀라지 않을 만큼 익숙해졌는데도, 이 사건을 알았을 때는 또다시 놀라지 않을 수 없었다. 이는 단지 우리가 해선 안 된다고 알고 있는 수많은 것이 놀라울 정도로 종합되고 집약된 사건이었기 때문만은 아니다. 무엇보다 기가 막힌 것은 대통령이 되어서도 저런 행동을 하려 했다는 사실이다.

누군가 자식의 이름으로 집을 사는 경우는 아주 흔해서, 왜 그러는지 우리도 다 안다. 그것은 자식에게 집을 사주려는 것이거나 상속세를 물지 않고 상속해주려는 것이다. 대통령 퇴임 전에 자식에게 뭐라도 물려주고 싶었던 것일까? 그게 아니면 정말 자기 살 집을 아들 명의로 산 것일까? 감추려고? (대통령 아들 명의의 부동산 거래가 쉽게 감추어질 수 있으리라고 믿었다면 너무 순진한 거 아닐까?) 그다음엔? 다시 자기 이름으로 되찾는다? 실명제 위반에 더해, 아들에게 증여세를 내게 하며 집을 증여받는 기이한 법적 형식을 제대로 밟을 생각이었을까? 내가 아는 그분은 절대 그럴 분이 아니다!

어쨌건 의도야 알 수 없는 일이다. 요즘은 예술작품에서도 작가의 의도 같은 것을 따지지 않는다. 작품에 드러난 것 그 자체만을, 텍스트 자체만을 분석하여 해석한다. 더구나 불법적인 부동산 거래의 숨은 의도라는 게, 누가 말한들 말하는 대로 믿을 수 있는 게 아니지 않은가! 그건 그냥 '괄호' 쳐두자. 텍스트만으로, 혹은 콘텍스트만으로 해석하고 이해해야 한다. 우리 앞에 있는 (콘)텍스트는 대통령의 아들이 경호실의 예산으로 투기 혐의마저 있는 주택을 샀다는 것이다.

이명박 대통령이 자신의 이익이나 친척, 동창이나 주변 사람들의 이익과 국가의 이익을 잘 구별하지 못한다는 건 알고 있었지만, 그 아들마저 국가예산으로 집을 샀다는 데 대해서는 정말 경악하지 않을 수 없다. 만약 다른 사람이 회삿돈이나 나랏돈을 이렇게 썼다면, 누가 보아도 이건 불법적인 증여나 상속 이전에, 예산의 사적인 횡령이라고 했을 것이다. 그렇게 산 지역이 재개발로 인해 땅값이 크게 오를 지역이었으니, 이건 투기적인 성격 또한 아주 짙은 것이다. 덧붙여 근처에 대통령의 형 이상득 의원의 땅이 있다는 것이 드러났을 땐, 이런 일이 한두 번이 아니었지만 정말 해도 너무한다는 생각을 하지 않을 수 없었다.

거기다 계약서를 쓰며 사용한 방법은 우리가 상상할 수 있는 테크닉을 훌쩍 뛰어넘는다. 아들의 집을 사는 데 경호실의 예산을 동원한 것도 모자라, 같은 시기에 한 사람에게 산 것임에도 아들이 돈을 지불한 부분은 공시지가의 반도 안 되는 어이없는 가격임에 반해, 경호실이 지불한 부분은 공시지가의 4배 이상이었다는 것은, 아들이 적은 돈으로 많은 지분을 사게 하는 동시에 그가 낼 취득세를 줄여주기 위함이었음이 분명하다. 그게 아니라면 강력한 권력을 가진 경호실이 경제적으로 멍청이이거나 정치적으로 '짱구'였다고 해야 하기 때문이다.

하지만 사태는 여기서 끝나지 않았다. 그래도 자식에게 한몫 주려는 부모의 마음이 떳떳해서였을까? 이런 사실이 드러나 사회적 문제가 되었을 때 대통령이나 그 주변에서 보인 태도는 또 한 번 우리를 놀라게 한다. 횡령 혐의에다 부동산을 사면서 할 수 있는 거의 모든 불법적인 방법이 총동원되었음에도, 이 사실이 드러났을 때 청와대의 공식 입장은 "별다른 문제가 없지 않느냐?"는 것이었다. 방미중에 이에 대해 질문을 받은 이명박 대통령은 한국은 언제나 별거 아닌 걸로 공연히 소란을 일으키는 "시끄러운 나라"라서 그렇다고 응수했다고 한다. 선거 앞에서 악화된 여론 때문에 결국 원점으로 되돌리기로 하면서도, 청와대는 평소 같으면 별 문제가 되지 않았을 일인데, 선거 때문에 '물린다'는 항변을 덧붙인 것이었다.

누가 옆에서 이랬다면, 자신의 비리 앞에 한 점 부끄러움 없는 이 노골적인 태도에 대해 뻔뻔하다고 생각했을 것이다. 이것이 이처럼 아무 문제 없이 '자연스러운' 건, 대통령이 된 직후부터 장관이나 비서관 들에게 보여준 '관대한' 태도와도 무관하지 않다. 그건 물론 BBK를 비롯해 수많은 비리를 안고 대통령을 시작했던 자신의 원죄 때문이었겠지만…… 여하튼 청와대의 이러한 태도는 여러 종류의 비리나 탈법, 부정에 대해 굳이 가리려고도 하지 않고 전혀 부끄러워도 하지 않는 뻔뻔한 자신감이 대통령 이하 '공직자' 사회 전반에 흘러넘치고 있음을 다시 한 번 보여주었다.

물론 비리 없는 시대가 어디 있었을까? 이전에도 대통령을 비롯한 권력자들의 비리와 부정은 있었지만, 적어도 그것을 감추면서 선한 자의 모습을 보여주려고, 종종 마음에도 없는 선행을 해보려고 애를 썼던 것 같다. 우리는 그것을 보면서 '위선'이란 말을 떠올리곤 했다. 거기에 '위선의 시대'라는 말을 붙일 수 있다면, 비리나 부정이 드러나도 거꾸로 "뭐가 문제인데?"라고 반문하는 지금 이 시대에 대해선 '뻔뻔함의 시대'라는 이름이 적절할 것이다. 어느 게 더 나을까? "차라리 위선이 아쉽다!"고 느껴지는 걸 보면, 대칭적이라고, "그게 그거"라고 말할 수만은 없는 것 같다.

*

소중한 것은 그것이 결여되었을 때 비로소 눈에 들어온다. 그러나 결여를 통해 어떤 것을 사유한다는 것은 불행한 일이다. 그것은 언제나 뒤늦은 후회를 수반하게 마련이기 때문이다. 최근 '정의'를 다루는 책이 베스트셀러가 되었던 것 역시 이런 이유에서였을 것이다. 그처럼 무겁고 진지한 책이 그렇게 많이 팔렸던 것은 정의의 결여를 그토록 많은 사람들이 느꼈음에 기인하는 것이 분명하다. 노자가 가장 훌륭한 군주란 백성들에게 사랑받는 군주가 아니라 있는지조차 모르는 군주라고 말했던 것도 이런 이유에서였을 것이다.

소중한 것만 그런 것은 아니다. 일상이 되어버린 것은 아무리 더러워도 더러운 줄 알기 어렵고, 아무리 나쁜 짓이어도 나쁜 짓인 줄 알기 어렵다. 심지어 남들이 '나쁜 일'이라고 비난하거나, 법적으로 금지된 것에서조차 나쁜 짓임을 느끼기 어렵다. 가령 위장전입을 하는 것이나 남의 돈을 이런저런 방법으로 뜯어내는 것, 남의 명의를 빌려 금융거래를 하거나 이름을 조작하여 자식에게 증여나 상속을 하는 것이 일상사만큼이나 빈번한 사람들은 그런 일이 문제라는 생각을 하지 못한다. 우리가 부동산 투기를 나쁜 짓이라고 생각하는 것은 그것이 일상적인 일은 그만두고, 빈번하게 경험하는 일이 아니기 때문이다. 따라서 어떤 일에 무감각한가를 보면, 그 사람의 일상이 어떠한지, 그 사람이 보통 어떤 일을 하고 사는지 알 수 있다.

이런 것을 생각하면, 이명박이나 그 주변인들의 내곡동 사저 구입 사건이나 그와 유사한 사건에 대한 노골적인 뻔뻔스러움이 단순한 후안무치 때문만은 아닌지도 모른다. 이 노골적인 뻔뻔함에는 우리가 이해하지 못하는 다른 측면이 있을 수도 있다는 것이다. 이명박은 자신들이 역사 이래 "도덕적으로 가장 깨끗한 정부"라고 말함으로써 수많은 사람을 놀라게 한 적이 있지 않았던가! 우리는 그가 그런 말을 입에 올릴 수 있는 최후의 인간이라고 생각하지만, 그는 반대로 자신이 도덕적으로 아무 문제가 없다고 철석같이 믿고 있는 것이다. 이걸 보면 내곡동 사저 매입 사건의 경우에도, 그게 비리라고 생각하면서 행한 게 아니라 정말 아무 문제없다고 믿고 행동했던 것인지도 모르겠다. 그에 대한 비판에 "대체 뭐가 문젠데?"라고 반문한 것은, 철면피 같은 얼굴로 뻔뻔스레 반박하거나 변명하는 게 아니라, 정말 뭐가 문제인지 전혀 모르고 있어서 그런 것일지도 모른다.

수많은 사람들이 황당해 하고 분노하는 엄청난 비리임에도 불구하고 그가 아무런 문제를 느끼지 못한다면, 이는 단지 후안무치나 뻔뻔한 심성 탓으로 돌릴 일만은 아닌 것 같다. 아마도 그것은 뻔뻔함 이전의 무감각이라고 해야 할 것이다. 그것이 왜 문제인지 느끼지 못하는 무감각. 그것은 그것이 그들이 늘 하던 일이고, 그들의 일상적인 삶이었기 때문일 것이다. "뭐가 문제인데? 늘 하던 일인데 말야. 다들 그렇게들 하고 살잖아?" 이명박 정부 초기, 장관 등 고위공직자를 임명할 때부터 매번 보고 듣던 말도 이 때문인지도 모른다. "그 정도 문제없는 사람이 어디 있나?" 그거야 늘상 하는 일 아닌가! 그런 식의 삶이 그들의 일상이었고, 그들의 공기와 물이었던 것이다!

　그러고 보면 우리 사회에는 두 종류의 사람이 있는 것 같다. 이 '자그마한' 불법이나 '사소한' 비리에도 놀라 소리를 지르는 "시끄러운" 사람들과, 엔간한 비리로는 아무런 문제를 느끼지 못하는 사람들. 그런 짓이 일상인 사람과 그렇지 않은 사람들. 사실 이 두 종류의 사람은 어디나 있을 것이다. 불행은 '사소한' 불법과 비리가 일상인 사람들이 그렇지 않은 이들을 통치하고 지배한다는 사실일 것이다. 정도 차는 있지만, 이 또한 어디나 그럴 것이다. 다만 두려운 것은 5년 내내 이런 꼴을 보다 우리마저도 새로운 일상이 된 이런 사실에 무감각해지는 것이다. 비리가 비리인 줄도 모를 만큼 비리가 일상이 된 사람들이 지배하고 통치하는 사회, 그래서 다른 사람들도 가랑비에 옷 젖듯 거기에 익숙해져가고 무뎌져버린 사회. 그것은 어떤 비리에도 위축되거나 소심해지지 않는 뻔뻔함이 지배하는 사회일 것이다. 뻔뻔함의 사회, 그것은 위선마저 사라진 황량한 사막인 것이다. 지젝이 말하는 "실재의 사막"이 이런 걸까? 차라리 위선이 아쉽게 느껴지는 것은 이 때문일 것이다.

 일상이 된 것은, 아무리 불법적이고 나쁜 일이어도 이렇듯 자각되지 않는다. 그것이 문제임을 자각하게 하는 것은 하이데거 말대로 '섬뜩함(Unheimlichkeit)'을 느끼게 해줄 수 있는, 그래서 자신의 일상 전체가 자기를 등지게 만드는 어떤 사건이 있지 않고선 어려운 일이다. 100일 이상을 거리에서 떠들고 항의하는 "시끄러운" 소음으로도 아무 소용이 없었던 사람에게 어떻게 하면 그런 섬뜩함을 느끼게 해줄 수 있을까? 또다른 사막과의 대면?

위선의 체제와

뻔뻔함의
체제

　　　　　　　　굳이 마르크스의 말을 끌어들이지 않아도, 이해관계가 분열되어 대립하는 사회에서 '모두'를 위한 것이란 존재하기 어렵다. 가령 '예'란 모두를 위하여 모든 사람이 지켜야 할 법도라고 간주되지만, 조선시대 예의 근본을 이루는 삼강오륜(三綱五倫)을 보면, 결코 그렇지 않음을 쉽게 알 수 있다. 삼강은 군주를 받들고 섬기는 게 신하의 도리라는 군위신강(君爲臣綱), 부모를 받들고 섬기는 게 자식의 도리라는 부위자강(父爲子綱), 남편을 받들고 섬기는 게 여편네의 도리라는 부위부강(夫爲婦綱), 이 모두는 '마땅한 도리' '근본적 도리'라는 이름으로 신하를 군주에게, 자식을 부모에게, 부인을 남편에게 종속시킨다.

　　오륜도 다르지 않아서, 가령 군신유의(君臣有義)는 군주와 신하 간에는 '의리'가 있어야 한다고 하는데, 이때 '의리'란 어떤 문제가 있어도 신하는 군주를 버려선 안 되지만 문제가 있는 신하를 군주가 처벌하거나 버리는 것은 별다른 문제가 되지 않는다. 즉 '의'라는 말에 항상-이미 일종의 '비대칭성'이 깔려 있어서, 실질적으로는 신하를 군주에 종속시키는 것이 예요 도리라고 가르치는 것이다. 어느 한쪽을 위하여 다른 한쪽이 봉사하게 하는 것을 '예'라고, 모두를 위한 도리라고 가르치는 것이다.

여기에서 우리는 이미 마술에 걸린 상태에 있다. '예'라는 관념을 비판하거나 부정하면, "그럼 사람들이 모두 제멋대로 해도 좋단 말이야?"라는 반박을 접하게 되고, "하긴, 나도 싸가지 없는 넘들은 싫어"라고 생각하는 순간, 어떤 식으로든 '예'가 있어야 한다는 것을 '당연한 것'으로 받아들이게 된다. 그렇게 받아들이자마자 자신이 살아가는 데 '예'가 정말 긴요한 사람들, 즉 남의 순종 없이는 아무것도 아닌 게 되는 사람들이, 그래서 '예'에 대해 많은 생각을 해야 했던 사람들이 고안해놓은 것이 그 '예'라는 말을 타고 어느새 흘러들어와 '자명한 것'으로 자리잡는다.

그렇지만 마술적인 포획만으로는 부족하다. 예라는 개념이나 의리 같은 개념을 군주, 가장과 같은 지배자들이나 신하, 자식, 여자 같은 '아랫것'들이 모두 따라야 할 어떤 '중립적'인 것인 양 탈색시켜, '일반적'인 논리나 이론에 따라 내용을 부여해야 한다. 그래서 그것이 특정인이나 집단을 위한 게 아니라, 모두에게 '공정하게' 적용되는 개념이고 '도리'라고 말할 수 있게 해야 한다. 왕 또한 마땅히 따라야 할 '도리'가 있고 '예'가 있는 것이다. 마치 왕 또한 그러기로 약속한 것처럼. 그럼으로써 그런 예나 도리, 규칙이 모두에게 똑같이 따를 것을 요구하는 '공정성'을 가진 것 같은 생각을 만들어낸다.

마술적 포획과 절차적 공정성. 이는 국가권력이 사람들을 통치하는 두 개의 극(極)을 이룬다. 전자는 질문되지 않기에 '당연한' 것으로 국가 내부의 사람들을 장악하고, 후자는 모두에게 '동일하게' 적용되는 '공정한' 규칙(법)을 가동시킨다. 이럼으로써 사적인 권력조차 사적인 게 아니라 '공적인' 것으로 나타나고, 편파적인 폭력조차 '공공의 안녕'('공안')을 위한 것으로 나타난다.

이는 단지 핏줄에 따라 군주가 항상-이미 정해져 있는 옛날이야기만은 아니다. 지금의 국가도 상반되는 것처럼 보이는 이 두 가지 방법을 동시에 사용한다. 가령 금융자본이 투기를 막는 여러 가지 조치를 해제해달라고 말하면, 다른 사람들, 아니 대중의 비난을 받을 게 뻔하다. 그러나 '작은 정부'를 외치며, "정부의 규제를 축소하라"고 요구하면, "국가의 규제야 가능한 한 적은 게 좋지"라는 통념의 형태로, 전체를 위한 요구인 것처럼 '승화'된다. 규제가 적은 게 좋은지 아닌지 둘러싸고 논란을 벌일 때조차, 그게 사실은 누구를 위한 요구인지는 어느새 잊혀진 채 '모두'를 위한 것인 양 간주된다. 금융자본을 위한 요구가 어느새 '모두'를 위해 좋은 것인지를 따지는 문제가 되고 마는 것이다. 그리고 그것이 법이나 조례의 개정이란 형식으로 진행되면, '모든 사람'에게 동일하게 규제를 해제하는 것인 만큼, 특별히 누구를 위한 사사로운 것이 아니라고 받아들여진다. 공정한 게임의 규칙이 되는 것이다. 감세정책도 그렇다. 그것은 대개 세금을 많이 내야 하는 자들의 부담을 줄이려는 것이지만, 모든 사람에 대해 세금을 줄이는 형식을 취하기 때문에 나를 위한 것으로 간주되고, 모두를 위해 법적으로 공정한 것인 양 받아들여진다.

이로 인해 국가의 통치정책은 사실 특정한 사람이나 집단 혹은 특정 계급의 이익을 위한 것일 때도 항상-이미 모두를 위한 것, '나'에게도 해당되는 것으로 어느새 치환되며, 그리하여 아무리 '사적인' 것도 '공적인' 것처럼 받아들여진다. 이런 식으로 우리는 마술에 걸린 삶을 산다. 빼앗기는 줄도 모르는 채 빼앗기고, 착취당하는 줄도 모르는 채 착취당한다. 그에 대한 반대나 이견은 '법적인 절차에 따라' 제시해야 한다. 그리고 대부분은 어떤 구체적인 누구도 아닌 '모두'의 이름으로, 텅 빈 '모두'의 형식으로 반박되거나 무시되며 거부된다. 이런 식으로 국가권력은 자신의 '공공성'을 만들어낸다. 매순간 실행되는 것이 이미 전제된 것을 반복하여 만들어낸다. 그것이 국가권력의 자명성을 산출하고, 그것을 통해 국가권력은 의심 없이, 혹은 의심을 견디며 유지된다.

이런 점에서 모든 국가권력은 본질적으로 '위선적'이다. 사실상은 사적인 것도 항상 '공적인' 것처럼 오인하게 만들어야 하고, 개별적인 이익조차 언제나 '보편적인' 이익인 양 만들어야 하기 때문이다. 아무리 급하게 '해 먹어야 할 것이 있다고 해도, 정해진 절차를 따라야 하고, 아무리 편하게 해치우고 싶은 게 있다고 해도 법적인 형식에 따라 행해야 한다. 실질적으로는 아무것도 주지 않음에도 불구하고 바로 당신을 위해 이런 것을 한다고 알게 해주어야 하며, 심지어 인민을 수탈하고 착취할 때조차 수탈이나 착취란 있지 않으며 있을 수도 없음을 명시해야 하기 때문이다.

*

하지만 이런 '본질적' 차원의 위선과 다른 차원에서 위선의 형식이 권력의 행사에서 결정적인 요소가 되는 경우가 있는 것 같다. 무엇보다 국가권력을 '시원적 폭력'에 의해 장악한 경우가 그럴 것이다. 가령 박정희나 전두환처럼 쿠데타로 권력을 장악한 경우, 권력은 절차적인 공정성이 제공해주는 정당성을 갖지 못하며, 일부 집단에 의한 사적인 점취나 약탈로 나타난다. 이 경우 최초의 사적 점취가 일종의 '원죄'처럼 권력의 행사에 항상-이미 권력의 사적 성격과 부당성을 부여한다.

이 때문에 이런 종류의 국가권력은 지나치게 명시적으로, 권력의 공적 성격을 과도하게 드러내고 표시해야 한다. 본질적이고 '자연스러운' 위선이 아니라, 최초의 폭력을 가리기 위한 과도하고 과시적인 위선이 항시적으로 필요하게 된다. 즉 위선적 형식이 권력의 본질에 자리잡는 것으로는 부족하여, 통치의 전면에 드러나고 작동해야 한다. 위선이 권력의 작용에 항시적인 성분이 된다. 이러한 권력의 체제를 본질적 차원의 위선과 구별하여 '위선의 체제'라고 명명할 수 있을 것이다.

박정희와 전두환 정권의 경우가 바로 이런 경우에 속한다. 예컨대 박정희는 쿠데타라는 사적이고 불법적인 방법으로 집권했기에, 그런 행위를 '민족의 운명을 위한' 여러 가지 이유를 들어 공적인 것으로 만들어야 했다. 이를 가시화하기 위해 초기에 악덕기업이나 폭력배 등 명확한 '공공의 적'을 처단하는 조치를 취함으로써, 자신들이 행사하는 권력이 모두를 위한 공적인 성격을 가짐을 과시하고자 했다. 이 과시적인 목적은 정상적인 경우를 넘어서는 과도한 폭력을 필요로 했다. 이는 전두환의 경우도 마찬가지였지만, '광주사태'라는 초기의 치명적인 폭력과 그에 대한 저항으로, 삼청교육대를 비롯한 여러 가지 과도한 과시적 조치를 시행했지만 그다지 잘 먹혀들지 않았고, 끝내 성공하지 못했다.

　박정희 정권에서 위선의 체제를 구성하는 데 좀더 주요하고 성공적이었던 것은 이른바 '경제개발계획'으로 대표되는 경제노선이었다. 잘 먹고 잘사는 나라를 만들어주겠다는 약속을 '조국 근대화'라는 이름으로 권력 장악의 목적인 것처럼 제시하면서, 자신의 권력에 정치적 '공공성'의 옷을 입혔다. 잘 먹고 잘살고 싶다는 욕망을 가진 모두를 일종의 '공범'으로 끌어들이는 마술적 포획이 가동되었던 것일까? 왜 잘 먹고 잘살아야 하는지에 의문의 여지가 없는 한, 그 목적은 그 목적을 받아들이는 각자를 위한 것이 되었고, '민족' 전체를 위한 '보편성'을 획득한 것처럼 보인다. 이는 박정희 체제가 위선의 체제를 구축하는 데 결정적인 '성공'의 요인을 제공했다. 이후 이러한 목적을 위해서라면 노동자의 임금을 최대한 억제하는 것도, 정치적인 자유를 제한하는 것도 정당한 것처럼 간주된다. 물론 그에 대한 비판은 끊이지 않았지만, 역으로 그것이 '민족' 전체의 발전에 반하는 '사적인' 요구처럼 보이게 되고, 그런 비판을 무시하고 밀고 나가는 독재적인 억압은 욕을 먹으면서도 '민족을 위하여' 뭔가 대단한 일을 하는 지도자의 고독한 결단인 양 간주되는 전도가 발생한다. 이로써 속과 겉이 다른 위선이, 열렬한 추종자까지 거느리는, 대중의 이해를 받지 못한 지도자의 고독으로 둔갑될 수 있게 된다. "내 무덤에 침을 뱉어라."

　전두환에게 특히 결여되었던 것은 이처럼 위선의 권력에 '공공성'과 '보편성'을 부여하는 어떤 거시적 '전망'과 일관성이었다. '광주사태'는 국가적 폭력의 사적인 성격을 처음부터 전면화했기에 그들로서는 박정희

체제 이상으로 이런 위선의 체제를 구축해야 했으나, 대중을 설득하기에, 즉 속이기에 충분한 '보편적 위선'을 제시하지 못한 것이다. 따라서 전두환 정권은 성공적인 위선의 체제를 구축하지 못했다. 대대적인 폭력을 전면에 내세웠음에도 불구하고 인민의 저항에 의해 단명하고 만 것은 이 때문이었을 게다.

*

이명박은 이러한 위선의 체제와 구별되는 또 하나의 체제가 정치적으로 지속 가능한가를 실험하는 것 같다. 그것은 어차피 누구나 사적인 이익을 위해 행동하는 것 아닌가 하는, 오직 자신의 이익을 추구하는 것 말고는 생각해본 적이 없는 기업가의 발상을, 어떤 위선적인 치장도 없이 노골적으로 추구하는 방식의 국가적 통치가 가능한가 하는 실험이다. 첫째 권력의 행사를 통해 추구되는 사적인 이익을 공적인 것으로 분식하지 않고 그대로 드러내는 것, 둘째, 거기서 더 나아가 사적인 이익을 위해 국가권력을 노골적으로 이용하는 것. 이것이 바로 위선의 체제와 구별되는 뻔뻔함의 체제를 구성하는 국가의 정치적 형태다.

그런데 이 두 가지 형태가 같은 것이 아님을 유의할 필요가 있다. 전자가 권력을 통해 추구되는 이익의 사적 성격을 은폐하지 않는 것이라면, 후자는 기업경영의 모델 형태를 취하는 '이익'의 프레임 안에서 국가적인 것, '공적인' 것조차 사적인 것으로 일반화하는 것이다. 전자가 국가권력의 행사에서 사적인 이익의 편차 발생은 불가피하다고 보는 것이라면, 후자는 국가권력 자체를 기업과 마찬가지로 사적 이익을 위한 것으로 치환하는 것이다.

이러한 치환의 결과 노골적인 이익의 추구가 국가적 공공성을 대신하게 된다. 사적인 이익을 위해 노골적으로 권력을 이용하는 뻔뻔함이 위선을 대신하여 권력 행사의 전면에 드러난다. 이를 '위선의 체제'와 구별하여 '뻔뻔함의 체제'라고 명명할 수 있을 것이다. 여기서 사적인 이익은 일부 계급이나 집단의 이익과 같은 '특수한' 이익일 뿐 아니라, 권력을 이용할 수 있는 개인의 '개별적인' 이익을 지칭한다. 개인의 이익을 위해 지위와 권력을 노골적으로 이용하는 것, 심지어 가족이나 친척과 관계된 회사를 위해서 인천공항 같은 공기업을 팔아넘기는 것, 자신의 동창이 경영하는 회사를 위해서 전국을 공사판으로 만드는 것 등등. 그리하여 '비리'라고 비난받던 것들을 권력의 운영원리로 승격시키는 것이 그것이다.

뻔뻔함의 체제는 사적 이익을 '비겁하게' 공적인 것으로 치장하는 '위선'과 결별하고 국가권력을 사적 이익의 경쟁의 장으로 만들어버리기에, 권력의 행사가 나를 포함한 '공공'을 위한 것이라는 환상을 만들지 않으며, 그렇기에 마술적인 포획을 포기한다. 권력행사 형식에서의 위선뿐만 아니라 본질적 층위의 어떤 위선도 포기한다. 또한 그러한 이익을 위해 준수되어야 할 법적인 공공성이나 절차적 공정성 같은 것도 굳이 엄격하게 지키려 하지 않는다. 대통령이 임명하는 모든 공직자가 소위 '종합비리 5종 세트(병역비리, 논문표절, 탈세, 부동산 투기, 자녀 이중국적)'를 갖추지 않은 사람이 없었다는 사실에 머물지 않고, 그런 사실이 드러난 경우에도 "그 정도 문제없는 사람이 어디 있느냐"면서 노골화된 자명성을 부여한다. 즉 비리나 불법성을 가리기 위한 변명이나 '비판적 지지'조차 포기하고 불법성을 노골화함으로써 법적·절차적 공정성의 포획 메커니즘마저 포기한다.

위선도 없고, 마술도 없는 체제. 그것이 정말 가능할까? 결코 쉽지 않은 실험이다. 왜냐하면 사적 이익을 공적인 것으로 속이는 위선의 테크놀로지가 없다면, 개개인의 희생이나 착취를 '모두를 위한 것'으로 오인하게 하는 포획의 마술이 없다면, 인민의 지지를 지속케 할 방법이 거의 없기 때문이다. 감시와 통제 그리고 전면적인 폭력만이 체제의 지속을 가능하게 해줄 것이다. 그러나 이는 이미 전두환 정권이 보여준 것처럼, 오래 가기 어렵다. 게다가 그때처럼 전횡적인 폭력을 행사하기도 어렵다.

이런 점에서 이명박의 실험은 이미 일찌감치 끝난 것인지도 모른다. 사적인 친분에 의해, 그리고 비리나 탈법행위에 대한 '개무시' 속에서 이루어진 고위공직자 임용 등에서 시작된 뻔뻔함의 통치는 이명박 자신이 놀랄 정도로 빠르게 인민들의 이탈을 야기했으며, 그 결과 정권이 출범한 지 석 달도 못 되어 수십만 대중이 100일 이상 거리를 점거하는 촛불시위로 이어졌다. 물론 그것은 정권을 무너뜨릴 정도의 돌파력까지는 갖진 못했지만, 이후 체제는 경찰의 무력과 폭력의 수위를 갈수록 확대하지 않으면 유지되기 어려운 것이 되고 말았다. 그런데 애시당초 모든 항의를 무시하고 뻔뻔하게 자기 이익을 챙기는 것으로 시작된 체제였기에, 이러한 상태에 대해서조차 별다른 문제를 감지하지 못했던 것은 어쩌면 당연한 일이었다고 해야 할 것 같다.

이런 뻔뻔함의 체제를 시동했던 것은 하나의 근본적인 오해였던 것 같다. 대기업 CEO 출신이라는 이유로 자신을 대통령으로 만들어준, '경제'

에 대한 대중의 요구, 그래서 '잘 먹고 잘살게 해주면 되잖아'라고 생각하게 했던 그 요구에 대한 오해. 그것은 박정희에게선 하나의 보편적 위선과 짝을 이룬 것이었지만, 이명박은 그것을 노골적인 사적 이익의 추구로 오해했다. 이는 먼저 박정희와 이명박이 '경제'를 보는 입장의 차이에서 기인하는 것일 게다. 불법적인 쿠데타로 집권한 권력자 박정희에게 '경제'는 필수적인 위선의 장막이었지만, 그 시기에 돈을 버는 것을 업으로 삼았던 기업가 이명박에게 경제란 수단과 방법을 가리지 않고 추구해야 할 개인적인 이익이었던 것이다. 그것은 사실 박정희가 가동한 위선의 체제가 그 뒤에선 이명박 같은 '기업인'에겐 자신의 이익, 자신이 속한 기업의 이익을 추구하게 하는 것이었다는 사실을 뜻하기도 한다.

요컨대 박정희에게 '경제'라는 말이 '조국'과 '민족'의 이름으로 추구되어야 할 '공적'이고 '보편적인' 과제를 뜻했다면, 이명박에게 그것은 사적인 이익의 극대화를 추구하는 개인적 욕망을 뜻할 뿐이었다. 대중의 '경제적 욕망'과 더불어 되살아난 박정희의 유령에서 이명박이 본 것 역시 그것이었을 게다. 이는 그로 하여금 사적 이익을 노골적으로 추구하기를 자신의 정치적 과제로 삼게 했을 것이다.

이런 근본적 오해 위에서 이명박은 대통령을 기업 CEO로, 국가를 기업으로, 정치적 공공성을 경제적 개별성으로, 결국은 국가장치를 사적 이익을 추구하는 장치로 바꿔치기하는 일련의 변화를 만들어냈다. 경제적 이익을 추구할 때조차 그것을 정치적 공공성으로 치환해야 한다는 아주 명확한 사실을 이해할 안목도 없었고, 국가권력의 행사에서 마술적 포획은 통치의 본질에 속한다는 것을 알지 못했다. 그는 자신의 수많은 치명적 약점에도 불구하고 자신을 대통령으로 만들어준 '경제적' 요구만을 기억했을 뿐이다. 모든 것을 비용과 이득, 이익과 손해의 이항성으로 환원하는 경제적 관점이 대통령을 일종의 CEO라고 착각한 이 인물의 시야를 장악하게 된다. 돈 버는 데 미쳐 살아온 과거가 이 경제적 눈과 결합하면, 모든 것에서 경제적 이득에 대한 욕망을 읽고, 모든 것을 이득과 손해의 숨김없는 계산 문제로 보게 된다. '어차피 모든 건 손해와 이익의 문제일 뿐'인 것이다. 감추어도 계산해보면 누구나 다 알 수 있는 것이니 굳이 감출 것도 없는 것이다. 이것이 뻔뻔함의 체제가 그렇게 빠른 속도로 수립되고, 수많은 사람들이 당혹할 정도로 극단적 형상을 취하게 되었던 이유라고 해야 하지 않을까?

이명박이, 또다른 오인 속에서, 아마도 자부심을 갖고 있을 게 틀림없을 그의 '불도저'라는 별명은 이런 뻔뻔함의 체제 속에서 출현하고 기능한다. 어떤 비판에도 귀를 틀어막고 어떤 이견이나 반론도 무시하며, 오직 자신이 옳다고 믿는 것을 무슨 수단을 써서든 밀어붙여 관철시키는 것, 해놓고 나면 다들 좋아할 것이라는 순진한 믿음이 그것이다. 그것은 다른 사람의 모든 이견이나 반론을 자신이 셈한 경제적 이익으로 환원하여 '이해'하고, 어차피 이익이 문제라는 생각 속에서 모든 비경제적 요인을 삭제하며, 어차피 이익은 사적인 것이라는 생각에서 어떤 위선적인 형식이나 절차조차도 생략해버리는 과감한 노골성의 전술 원리다. '불도저'라는 말처럼 이를 명료하게 보여주는 것은 없을 게다. 뻔뻔함이 이명박 정권의 얼굴 표정을 특징짓는다면, 불도저는 그것의 신체적 작동을 특징짓는다.

내곡동 저택 구입과정은 대통령 자신이 이런 뻔뻔함의 권력을 누구보다 앞서 사용하는 인물임을 극적으로 보여주었다. 농협이나 선관위 홈페이지에 대한 디도스 공격은, 뻔뻔함의 권력이 통치체제 자체마저 공격하고 잠식하는 방식으로 작동할 수도 있음을 보여주는 극적인 사례일 것이다. 그 결과는 이미 충분히 가시화된 것 같다. 2010년 이래 선거는 통계학적 예측마저 깨면서 이명박과 한나라당에 대한 저항의 전선이 가시화되는 양상을 반복하고 있다. 누구도 넘볼 수 없으리라고 예상되었던 차기 대권주자 박근혜는, 정치에 입문도 하지 않은 안철수에 의해 삽시간에 떠밀리는 굴욕을 겪어야 했다. 한나라당 내부에서 당의 해체를 주장하는 목소리까지 나오리라고 누가 예상했을 것인가?

결국 모든 마술적 포획과 위선의 테크놀로지를 포기한 뻔뻔함의 체제가 지속될 수 있는가 하는 실험은, 부정적인 답과 함께 막을 내릴 것 같다. 하지만 끔찍하게도 길게 느껴졌던 이 정치적 실험이, 혹은 실패로 귀착될 이 뻔뻔함의 체제가 그저 아무 의미 없었다고는 말할 수 없을 것이다. 왜냐하면 어느 경우보다 심하게 '정치'에 대한 짜증과 혐오를 야기했던 뻔뻔함의 체제가, 어느 경우보다 더 정치에 대한 대중의 관심을 증폭시키고 첨예하게 만들었다는 역설적인 사실을 누구도 부정할 수 없을 것이기 때문이다. 아마도 이것이 이 죄악의 상황에서도 우리가 희망을 버리지 않고 살아갈 이유일 것이다.

〈도그빌〉 혹은

사람들을 뻔뻔하게 만드는 것에 관하여

카프카는 소설 『성』에서 '성(城)'이라는 말로 상징되는 관료나 '국가' 같은 것의 권력이 아니라 바로 이웃에 사는 사람들이 행사하는 권력이 존재함을 보여준다. 성의 관료 소르티니의 구애를 아말리아가 거절했다는 소문이 퍼지면서, 이웃 사람들은 아말리아의 아버지에게 맡겼던 구두를 하나둘 찾아가고 다시 그를 찾지 않는다. 또 마을 사람들이 그에게 보낸 신뢰의 징표였던 자치소방대장 지위에서 그를 해임한다. 이런 식으로 아말리아의 가족은 '왕따'가 되어 몰락한다. 아말리아의 아버지는 성의 관료들에게 사면을 구하지만, 지은 죄가 없기에 사면이 불가능해 등이 땅을 향해 한없이 굽은 채 죽고 만다.

라스 폰 트리에의 영화 〈도그빌〉은 이와 약간 다르지만 역시 이웃 사람들에 의해 행사되는 권력의 끔찍함을 보여준다. 이 영화에서 주인공 그레이스는 끔찍한 착취와 폭력에 의해 노예화되지만, 그것 역시 경찰이나 갱 같은 권력자가 아니라, 한때는 마음을 터놓았던 이웃 사람들에 의해서였다. 누군가에게 쫓기며 도그빌에 숨어들어온 그레이스를 마을 사람들은 경계하고 내치려 하지만, '수용의 도덕'을 설교하는 톰의 제안에 의해, 그리고 사람들의 마음을 열기 위한 그레이스의 진심 어린 노력에 의해 그녀는 받아들여진다. 그러나 경찰의 수배전단이 붙으면서, 사람들은 '위험'을 이유로 그레이스에게 좀더 많은 노동을, 좀더 싼 값에 해달라고 요구한다. 뿐만 아니라 경찰이 들어오는 것을 이용해 마을 사람들 중 한 명인 척은 그레이스를 겁탈하고, 둘의 관계를 의심한 그의 처는 그레이스의 삶과 마음이 담긴 일곱 개의 인형을 하나하나 부수어버린다. 버릇없는 척의 아들은 협박으로 그레이스의 손을 자신의 엉덩이로 끌어들이려 하고. 처음엔 일을 시키려 하지 않던 모든 사람들이 하나같이 그레이스를 일로 몰아치고 구박한다. 급기야 탈출하려는 그레이스를 톰마저 포함된 모든 마을 사람들이 공모해 다시 잡아오고, 결국 그레이스는 목에 쇠사슬을 찬 채 노동과 성적 겁탈에 의해 죽음보다 더 끔찍한 삶을 살게 된다.

여기서 경찰은 수배전단을 붙이고, 가끔 찾아오는 역할을 한다는 점에서 『성』의 경우와 다르다. 그러나 마을 사람들의 폭력적인 착취와 억압은 경찰의 권력을 대신하는 것이 아니라, 그것을 이용한다. 착취와 폭력의 강도는 경찰이 행했을 범위마저 크게 초과하며, 최소한의 형식이나 양심, 예의도 없이 노골적으로 행사된다. 그렇기에 마지막의 극단적인 반전조차 과하다고 생각하기 어려울 정도다.

이 영화를 두고 소수자나 외부자에 대한 억압과 폭력의 문제를 말할 수도 있을 것이고, 이처럼 행사되는 권력을 들어 푸코처럼 '아래로부터 행사되는 권력'에 대해 말할 수도 있을 것이며, 데리다처럼 환대와 적대가 사실은 하나의 경계를 공유한다는 사실을 말할 수도 있을 것이다. 하지만 특별히 내게 인상적인 것은 위선과 뻔뻔함 간에 존재하는 연속성과 차이였다. 혹은 위선의 사회나 뻔뻔함의 사회가 박정희 정권이나 이명박 정권 같은 정치적 체제와 다른 차원에서, 즉 대중의 차원에서도 있을 수 있다는 사실이었다.

도그빌은 위선의 마을이었다. 눈이 멀어 앞이 안 보이지만, 그리고 그 사실을 모두 알고 있지만, 그것을 알리고 싶지 않아서 외출을 삼간 채 눈이 보이는 양 말하는 잭을 비롯해 도그빌의 거의 모든 사람이 자신의 속내를 감추고 위선적으로 산다. 이는 도덕적 설교를 즐기는 톰의 경우에도 다르지 않았다. 그들이 처음에 갱에게 쫓기는 외부인 그레이스에 대해 취한 태도도 그러했다. 사람들은 그레이스를 받아들일 마음이 없으면서도 '수용의 도덕'에 대해 말하는 톰의 눈치를 보며, 일을 시켜달라는 그레이스의 부탁에도 시큰둥하다. 모두들 별로 하고 싶지 않은 것을, 남의 눈치를 보느라 마지못해 하는 체한다. 이렇듯 '위선'이란 타인의 눈 속에서 사는 것이다. 그러나 위선은 하고 싶지 않지만 도덕이고 의무이기에 따르는 그런 성실함이나 고지식함과는 거리가 멀다. 오직 남에게 비난받지 않기 위해서, 남의 눈이 보는 한에서 하는 체하는 어설픈 연기 같은 것이다.

이 위선적인 대중의 사회에서 그레이스의 진솔한 열정과 맑은 마음은 마지못해 일을 준 마을 사람들을 차츰 감동시켜 마침내 마음을 열게 한다. 잭이 사실은 눈이 안 보인다는 사실을 고백하고 이제는 보이는 체하지 않겠다고 하면서 그레이스에게 진심으로 감사인사를 할 때, 모든 이들이 동감한다. 이걸 보면, 위선의 사회는 끔찍한 욕망이 노골적으로 드러나고 추구되는 뻔뻔함의 사회보다는 확실히 나은 것 같다. 속내가 어떠하든 자신을 향한 시선 속에서 사람들이 변화될 여지가 남아 있기 때문이다. 그레이스처럼 타인을 감동케 하는 어떤 촉발능력이 있다면, 진심과 애정, 열정이 있다면 규범화를 넘어선 변화조차 가능한 것 같다.

그러나 경찰이 수배전단을 붙이면서 상황은 급전된다. 이전에는 남의 눈으로 자신을 보면서, 그 시선의 장에서 벗어나지 않는 방식으로 연기를 했다면, 이제는 경찰의 눈으로 그레이스를 보면서 그 시선으로 그레이스를 탐하고 착취한다. 그들은 이제 경찰의 시선을 핑계로 자신의 욕망을 노골적으로 드러낸다. 위선을 대신해 노골적인 뻔뻔함이 그들의 삶의 전면에 나서게 된다.

뻔뻔함이란 자신을 향한 어떤 시선도 개의치 않는 시선이고, 오로지 자신이 겨냥하는 것만을 보는 시선이며, 자신이 욕망하는 바에 따라 타자를 이용하고 공격하려는 시선만을 가진다. 따라서 그것은 진심이나 열정 어린 행동에서도 촉발받는 경로를 갖지 못하며, 그렇기에 사건이나 상황 속에서 자신을 바꾸어갈 계기를 갖지 못한다. 뻔뻔함의 사회, 거기에는 오직 뻔뻔한 이해관계의 대립과 충돌만이, 뻔뻔한 욕망과 그것이 돌파하거나 우회해야 할 법적 제약만이 존재할 뿐이다.

무엇이 위선적인 대중을 뻔뻔한 대중으로 바꾸어놓은 것일까? 수배전단으로 끼어들어온 경찰의 시선? 표면적으로는 그것이 변화의 계기가 되었음이 분명하다. 그러나 그것은 감추어둔 욕심이 드러나는 조건이었지,

그 자체가 뻔뻔스레 쫓기는 자를 착취하고 겁탈하게 하는 것은 아니었다. 오히려 그들은 경찰의 시선에 노출되어선 안 된다는 그레이스의 약점을 이용해 그 시선이 만드는 그늘에서, 그 시선에 노출되지 않은 음지에서 그레이스를 착취하고 겁탈했다. 본질적인 것은 이전에는 타인의 시선 속에서 스스로를 방어하며 감추어야 했던 욕심이, 경찰의 시선을 이용하여 타자를 공격하면서 자신을 드러내게 되었다는 사실이다. 이것이 이들을 위선의 장에서 뻔뻔함의 장으로 이동하게 한다. 또한 이웃의 다른 동료들 역시 자신과 마찬가지로 그렇게 하려 함을 알게 되었을 때, 위선의 테크놀로지를 요구하던 시선은, 뻔뻔한 노출을 증폭시키는 동조와 방임의 시선으로 바뀌게 된다. 남들도 다 그렇게 하는데, 안 그런 사람이 없는데, 나만 굳이 위선적 제스처를 취할 이유가 어디 있단 말인가!

사적인 이익의 추구가 은폐할 필요 없이 그대로 노출되어도 좋게 되었을 때, 그런 태도가 이웃에서도 마찬가지로 발견될 때, 그리고 그러한 이익을 위해 이용할 수 있는 권력이나 수단이 그런 욕망과 결합될 때, 사람들은 뻔뻔함의 세계 속으로 들어간다. 아마도 이것이 이명박이 자기 주변의 수많은 사람들을 뻔뻔함의 세계 속으로 끌고 들어간 계기이기도 할 것이다. 이른바 'CEO형 대통령'이란 콘셉트 아래 대통령의 지위를 사적 이익의 극대화를 추구하는 기업가의 그것으로 오인하고, 항상 자신의 마음을 가득 채운 경제적 이익에 대한 열망을 대통령의 욕망과 구별하지 못하는 사람이 그런 욕망을 실현시켜줄 거대한 권력과 수단을 갖게 되었을 때, 거기서 출현할 뻔뻔함의 강도란 도그빌의 그것과는 비교도 할 수 없는 것이 되고 말았다.

더욱 심각한 것은 이런 뻔뻔함이 '공직자'의 정점인 대통령의 자리를 차지할 때, 인근에 있는 '공직자' 모두에게 급속히 전염된다는 것이고, 그럼으로써 뻔뻔함이 하나의 '공적인' 체제로 수립된다는 점일 게다. 하지만 이보다 더 난감한 것은 이런 뻔뻔함이 권력 없는 대중의 수준으로 확산되고 번져가면서 사회 전체가 뻔뻔함의 사회로 변화되는 것일 게다. 그들은 이를 위한 방법 또한 잘 알고 있는 것 같다. 모든 정치적 사안을 관련된 사람들의 이해관계의 문제로 바꾸어놓을 때, 그리하여 그에 대한 비판이나 반대에서 모든 '대의'나 이유를 지우고 이익을 얻는 자와 그렇지 못한 자 간의 문제로, 이익 당사자의 문제로 바꾸어버릴 때, 대중적인 차원에서 뻔뻔함의 사회가 조성된다는 것을! 4대강 사업을 강 주변 사람들의 이익을 둘러싼 문제로 바꾸어 그들로 하여금 반대자에 대항하여 싸우게 하는 것도, 제주도 강정마을의 해군기지 문제를 마을 사람들이 이해관계 때문에 싸우는 문제로 슬쩍 바꿔치기한 것도 모두 이런 뻔뻔함의 테크놀로지에 속한다고 해야 할 것이다. 지역 주민들의 경제적 이해관계가 걸린 문제가 되는 순간, 어떤 대의도, 어떤 공동선이나 공공성도 이해관계의 대립 속에 사라져버리고 만다는 것을 잘 아는 것이다. 뻔뻔함의 체제가 지속되는 것을 용인해선 안 되는 것은 무엇보다 이 때문이다. 대중 자신이 뻔뻔함의 테크놀로지에 말려들어가, 뻔뻔함의 사회를 대중적인 차원에서 조성하게 되는 최악의 사태가 기다리고 있기 때문이다.

그래도 다행인 것은 지금 우리가 사는 사회의 대중들은, 권력자로부터 확산되어오는 뻔뻔함의 물결에 휩쓸려 따라가기보다는 거꾸로 그것을 거스르며 거센 저항의 파동을 만들어내고 있다는 것이다. 지난 4년간 우리가 계속 목도해온 것은 이 상반되는 방향의 물결이 부딪치고 밀고 밀리는 충돌의 과정이었던 셈이다. 하지만 뻔뻔함의 전염성을 과소평가해선 안 된다는 것, 그렇기에 뻔뻔함의 요소를 남김없이 쓸어버리지 않는다면 어느새 다시 우리의 신체와 욕망을 파고드는 바이러스가 될 수도 있다는 사실을 끝까지 잊지 말아야 한다.

뻔뻔함의 정치미학

나는 마르크스주의자라서 프롤레타리아트가 계급적으로 생각하고 행동하는 게 당연하다고 믿는 만큼, 부르주아지의 계급적이고 편파적인 사고나 행동에도 대개 그러려니 한다. 부르주아지 또한 계급적으로 행동하는 것이야 당연하지 않은가 하는 생각에서다. 그런데 계급적이고 당파적인 정권이라도, 아니 그런 정권일수록, 자신의 계급적 기준에 따라 자기들이 만들고 지키라고 요구하는 법이나 규칙 정도는 따르거나, 정 안되겠으면 짐짓 엄숙한 얼굴로 따르는 시늉이라도 하게 마련이다. 그래야 다른 계급의 인민도 그것을 따를 테니까. 종종 그런 시늉에 스스로 취해 자신이 만든 규칙을 지고한 어떤 것으로 오인하며 빠져들기도 한다. 남을 속이다보니 자기 스스로도 속는 것이다. 위선의 체제에서 비장함이라는 미적 범주가 동원되는 이유는 바로 이 때문이다.

이명박 정권은 다르다. 엄숙한 얼굴로 위선적 행위를 하는 비장미와 다른, 자신의 계급적 입장마저 뿌리부터 흔드는 해체적 유머의 미학을 갖고 있다. 그들은 자신들이 제시한 법과 규칙을 스스로 앞장서 어기거나 무시하며 '준법'을 요구한다. 이로써 법에 따르는 행위를 웃음거리로 만들면서, 그런 법이나 규칙 자체를 쉽게 웃어넘기는 해체의 전략을 가동시킨다. 그러고는 가령 자신들이 "도덕적으로 가장 완벽한 정부"라고 말함으로써 모든 사람을 박장대소하게 하는 강력한 유머의 미학을 구사한다.

따라서 법을 안 지키면 엄벌하겠다는 말을 곧이곧대로 믿는 것처럼 유머 없는 고지식함도 없다 할 것이다. 이런 유머감각을 이해하지 못한다면, 위장전입이나 논문표절 같은 범법행위 없이는 고위공직자가 될 수 없는데도 그와 동시에 수천 명의 국민을 위장전입으로 처벌한 현 정권의 정책을 결코 이해할 수 없을 것이다.

하지만 엄격하게 말하자면, 이들이 웃음을 만들어내는 기법은 유머보다는 아이러니의 범주에 속한다고 해야 한다(이런 점에서 이들의 수사학과 상응한다!). 예컨대 법을 엄격히 지킨다 하면서도 공공연히 위법을 저질러 법을 웃음거리로 만드는 것이 아이러니의 전략이라면, 법과 규칙을 지나치게 준수하여 황당한 결과에 도달해 법을 웃음거리로 만드는 것이 '유머'의 방법이다. 가령 법과 도덕을 공공연히 위반하는 악녀 쥘리에트의 성공을 통해 법과 도덕을 준수해야 한다는 관념을 웃음거리로 만들고, 미덕의 화신 같은 쥐스틴을 끝없는 불행에 빠뜨림으로써 미덕을 불행의 씨앗으로 만든 마르키 드 사드의 유명한 작품(『미덕의 불운』)은 전자(아이러니)의 범주에 속한다. 반면 계약상 자신에게 매질하고 학대하게 하는 어떤 규칙을 정해두고, 그것을 엄격하게 준수하는 방식으로 자신을, 그리고 규칙을 준수한다는 사실을 웃음거리로 만드는 레오폴트 폰 자허마조흐의 작품(『모피를 입은 비너스』)은 유머의 범주에 속한다. 이런 점에서 사디즘과 마조히즘은 대칭적이라는 통념과 달리, 서로 다른 미학적 범주에 속한다.

이런 관점에서 보면 검찰이 지난 용산 사건 재판에서 사용한 방법은 확실히 아이러니의 범주에 속한다. 그때 검찰은 사건을 조사한 자신의 기록을 비밀문서로 감추어둔 채 철거민을 기소함으로써, 검찰의 조사에 대해 사람들이 가진 공정성의 통념을 웃음거리로 만들었다. 뿐만 아니라 그것을 공개하라는 재판부의 명령을 법의 수호라는 이름으로 정면에서 거절하고 반박함으로써, 법의 이름으로 법을 웃음거리로 만들었다.

민간인 사찰로 스캔들을 일으켰던 '정권 실세'와 그를 조사한 검찰은 다시 한 번 아이러니한 유머 전략을 사용한다. 사찰 대상이 불온한 인물이나 이적행위 혐의가 있는 인물일 거라는 통념을 깨고, 멀쩡한 기업가를 겨냥한 것부터 우리의 의표를 찌른다. 그에 비하면 같은 여당에 있는 인물을 겨냥한 것은, 어차피 그들 내부에서 발생한 권력 경쟁이라는 맥락에서 쉽게 이해할 수 있다. 정권 실세는 불법사찰 혐의로 검찰에 넘겨졌지만, 검찰은 준법을 설하는 엄숙한 얼굴로 차일피일 조사를 미루며 증거파기의 시간을 기다리다 아니나 다를까 "하드디스크를 다 파괴해서 증거자료로 추정될 만한 것은 다 지워졌다"고 함으로써 사람들을 웃기려 했다. 그러나 이것뿐이었다면 아주 평범한 싸구려 유머에 머물렀을 것이다. 용의자의 온전한 파일을 사실은 검찰이 모두 확보해서 열람했다는 증언을 뒤로 배치하고, 그 증언을 확실히 하기 위해 증거자료를 야당 국회의원에게 넘겨주는 반전 때문에 유머는 새로운 단계로 비약했다. 검찰이 용의자를 대신해 증거를 인멸하고 무효화해주는 이 극한의 아이러니를 대체 누가 예상할 수 있었을 것인가! 검찰과 용의자를 구별 불가능하게 하는 이러한 치환은, 범죄와 그것의 소추를 규정한 법 자체를 무효화하는 근본적 아이러니다.

현 정권의 유머는 총체적이다. 발표를 기다렸다는 듯, 아니 기다릴 것도 없다는 듯 대통령은 바로 그날, 문제의 '실세' 박영준을 지식경제부 차관으로 임명했다. 범법자와 처벌을 짝지우는 단순한 통념을 깨면서 역으로 범법자와 포상을 연결하는 이 놀라운 발상은 법과 범법의 위계를 뒤집으며 법의 존재 자체를 웃음거리로 만든다. 그래도 대통령인데, 아무리 웃음의 미학에 목숨을 걸었다고 해도 이렇게까지 세게 나가리라곤 생각하지 못했다. 악덕과 성공을 짝지웠던 사드만이 이 과감한 발상과 비견될 수 있을 것이다. 그분은 여기서 한 걸음 더 나아가야 함을 알았던 것 같다. 그것으로 부족하다 싶었는지, '왕(王)차관'이란 말을 이용해 나중에 한마디 덧붙인다. "왕씨 차관이 어딨노, 나는 그런 넘 임명한 적 읎다. 일 열쉬미 하면 실세지." 그 말은 맞다. 열심히 자리와 이권을 여기저기 나눠주는 사람이 실세라는 건 틀림없으니까. 탁월한 아이러니에 화룡점정, 결정적인 진실의 점을 찍은 것이다. 사고 친 분이나, 조사한 분이나, 그걸 영전시켜 격려하는 분이나, 장단도 잘 맞고 궁합도 잘 맞는다. 이것이 너무 노골적이고 뻔뻔스러워 열받는다는 사람은, 이 아이러니의 삼중주 속에서 빛나는 유머감각을 보지 못한 것이다.

탁월한 모범은 언제나 강력한 전염의 힘을 갖는다. 행정부에서 이루어진 이 아이러니의 하모니에, 판사들이 화답한다. 같은 날, 용산 사건 담당 판사는 기소된 전국철거민연합 의장에게 7년이란 중형을 선고했다. 검사는 9년을 구형했다는데, 이렇게 엄숙한 얼굴로 법의 존엄을 수호하려는 제스처가 '법치주의' 유머의 일부임은 이해하기 어렵지 않다. 재판정에 드나들어본 사람은 알겠지만, 대개 검사가 이 정도 구형하면 '5년 정도 때려달라란 말인가보다' 하고 예상하게 마련이다. 그러나 선고한 판사는 그 예상을 뒤집고 7년이나 선고했다. 그러나 이것이 유머이길 이해하려면 선고의 이유를 들어보아야 한다. 중형을 구형하고 선고한 것은 전국철거민연합 지역 철거대책위에서 저지른 '죄'가 전부 의장의 책임이기 때문이라는 것이다. 지역 철거대책위와의 관계는 수평적이어서 중앙이 결정하지 않는다는 진술에도 불구하고, 조직에 관련된 모든 일을 '중앙'의 의장에게 귀속시킨 것이다. 하지만 이는 아랫것들의 잘못이나 불법행위에 대해 윗선이나 '몸통'의 책임을 묻지 않고 그저 아랫것에게만 책임을 묻는 이 정권의 행태를 풍자하기 위한 것임을 모른다면 이해하기 힘든 판결이다. 이러한 반어적 판결을 통해 판사는 아마도 수평적 조직은 물론 결코 수평적이라고 할 수 없는 권력자의 비리에 대해 이런 식으로 책임을 묻는다면, 아마 공무원 세계에서 비리는 찾아볼 수 없으리라고 믿하고자 했던 것일까?

판사는 자신의 유머를 사람들이 이해하지 못할까 약간 걱정했던 것 같다. 그래서 7년을 선고한 이유에 대해 이렇게 덧붙였다. "(전국철거민연합 의장이) 일종의 '확신범'으로서 사회적 약자를 위해 노력하고 '고난의 시절'을 보낸 걸 개인적으로 비난할 생각은 없지만 법치주의의 근간을 해치기 때문에 처벌할 수밖에 없다…… 재개발·재건축에서 사회적 약자인 철거 지역 주거 및 상가 세입자들이 적절한 보상을 받지 못하고 생존권을 위협받는 현실에서 개선을 주장하는 피고인의 주장은 경청할 만하다." 약자에게 가해지는 위협적 상황, 약자를 위한 선의와 고난, 나쁜 상황을 개선해야 한다는 주장이 기대치 이상의 중형을 선고한 이유가 된 것이다! 이 역시 '미덕의 불운'을 보여주는 사드의 소설과 비교될 만하다.

이런 유머가 개별적인 사례는 아닌 것 같다. 판사들이 재판에서 구사하는 문학적 유머의 또다른 사례를 우리는 같은 날 다른 기사에서 발견한다. 서울중앙지법 형사22부는 골프장 대표에게 돈을 받았다는 여당 의원에게 무죄를 선고했다. 돈을 준다 해서 받았지만 차용증서는 없었고, 1억 원이란 거금을 계좌이체도 아닌 현금상자로 받았으며, 재산신고 때도 채무로 신고하지 않았고, 준 사람은 "이자나 변제에 대해 말한 적이 없다"고 한다. 누가 보아도 불법 정치자금이나 뇌물임이 분명해 보이는 이 돈에 대해, 판사님은 그것이야말로 오히려 정치자금이나 뇌물로 오인되는 것을 피하기 위해 채택한 방법이라고 해석하면서 통념에 반해 채무로 봐야 한다고 주장하는 놀라운 유머를 구사한다. 판사와 변호사의 위치를 바꾸는 '치환'의 기술을 통해 판사와 변호사의 구별 불가능성을 드러내는 해체주의적 아이러니의 기술!

한편 남한강 이포보 점거농성을 방해하려고 서치라이트와 사이렌으로 끊임없이 농성자들을 피곤하게 하고 잠을 못 자게 하는 경찰의 치졸한 공작은 유머라곤 찾을 수 없는 좀스럽고 짜증나는 것이었지만, 이를 중지시켜줄 것을 요구하자 "긴급 구제조치가 필요없다"고 한 국가인권위원회의 결정은 현 정권의 유머정책에 비추어볼 때 일관성 있다 해야 할 듯하다. 경찰이 내린 결론이라면 통념상 당연한 것이었겠지만, 국가인권위원회가 그런 결론을 내릴 것이라고 예상했던 사람은 거의 없었을 것이기에, 그리고 별것도 아닌 일에 대해서조차 '인권위'라는 이름에 반하는 방식의 반어를 구사한 것이란 점에서 상당한 수준의 유머였다고 봐야 할 것이다. 다른 한편 모처럼 유네스코 문화유산으로 결정된 안동 하회마을이나 문화재 가득한 공주 부여 지역에 대한 우려에 대해서, "유적 가치 떨어지면 개발 가능"하다고 하고, 그에 더해 "유적·유구의 가치가 주민생활·안전·보호보다 가치가 떨어진다고 하면 조사해서 기록으로 남기고 사업을 시행할 수 있다"고 응수했던 문화재청의 유머지수 또한 이에 지지 않는다.

　이 모든 유머는 단순히 웃기려는 것이 아니란 점을 유념해야 한다. 그것은 법 적용이 모두에게 평등해야 한다는 통념이나 통치자의 행위를 일반 대중의 평균적인 행위와 동일시하는 형식적 통념에 대한 비판 속에서 계급적 당파성을 확고하게 각인시키려는 명확한 주제를 갖는 것이 틀림없다. 그래도 오해할까 두려웠던 것일까? 이명박 대통령은 8·15 특별사면으로 비리 정치인이나 선거사범, 경제사범은 전원 풀어주면서 촛불시위나 용산 철거, 파업과 관련된 사람은 단 한 명도 풀어주지 않았다. "비리 기업인들의 광복절"이라는 한 신문기사의 표제는 이를 잘 요약한 것으로 보인다. 이에 비하면 잡아넣은 운동권 인사를 반복해서 풀어주던 전두환 정권의 사면정책은 통념적인 예상에 충실한 것이었음이 드러난다.

이 모든 유머의 총괄은 2010년에 있었던 이명박 대통령의 8·15 광복절 경축사다. 이토록 웃기는 사회를 만들기 위해 자신의 위신이나 명예가 땅에 떨어지고 쥐덫에 치이는 것조차 무릅썼던 대통령이, 전체 연설의 열쇳말로 "공정한 사회"를 자신의 깃발에 적어넣은 것이다! 이는 상식을 뒤집어, 모든 사람이 공정하게 대우받고 법 또한 공정하게 적용되리라고 하는 통념을 완전히 해체하면서, 공정한 사회란, 법을 어겨도 되는 자와 어겨선 안 되는 자가 공존하는 사회로 재정의하는, 정말로 아이러니한 개념으로 만들어버렸다. 이제 그것은 파당성(派黨性)을 염두에 두지 않고는 절대로 쓸 수 없는 새로운 단어가 되어버린 것이다.

웃자. 웃길 때마다 웃자. 그리하면 이 짜증나고 경멸스런 시간도 웃으며 통과할 수 있을 게다. 그러나 웃으면서, 웃을 때마다 잊지 말고 생각하자. 이 웃음의 끝엔 무엇이 있을까?

고소와 반어

혹은
뻔뻔함의 수사학

뻔뻔함의 정치를, 단지 속내를 있는 그대로 드러내는 거칠고 소박한 무기교의 정치라고 생각한다면 상대를 너무 과소평가하는 것이다. 뻔뻔함의 정치에는 그에 상응하는 경제학적 전략이 있고, 정치학적 전술이 있으며, 나아가 수사학적 테크놀로지가 있다. 그것은 있는 것을 가리는 은닉의 언어가 아니라, 드러난 것을 한술 더 떠서 의표를 찌르며 밀고 나가고, 자신의 문제를 상대방의 것으로 바꿔치기해서 덮어씌우는 반어(irony)의 언어를 사용한다.

예를 들어, 2010년 안상수 전 한나라당 원내대표가 봉은사 주지였던 명진 스님을 '좌파 주지'라 비난하면서 봉은사를 총무원에서 '접수'하도록 하는 외압을 행사했다는 얘기가 알려지자, "기억이 없다"면서 너스레를 떨던 안상수가, "기억은 나지 않지만 사과하겠다"고 한 적이 있다. '그렇지 않다'고 부정하는 게 아니라, '기억은 없지만 사과한다'는 놀라운 문장으로 대응한 것이다! 거기에 끼어 거들었다가 거짓말이 들통 나자 증언자를 고소했던 당시 청와대 대변인 이동관은 얼마 후 고소를 취하하면서 명진 스님을 용서하겠다고 한 바 있다. 이 역시 보르헤스 뺨 치는 놀라운 발언이다. 잘못한 사람이 사과하고, 피해자가 용서해야 한다는 통념을 단번에 날려주는 기상천외한 아이러니다.

2010년 6·2 지방선거전이 한창일 때 경기도지사로 재출마했던 김문수는, 모 여론조사기관이 경기도지사 지지율 조사 결과 타 후보의 지지율이 자기보다 높다고 발표했다는 이유로 그 여론조사기관을 명예훼손으로 고소한 바 있다. 이 또한 얼마나 놀라운 발상인가! 여론조사 결과가, 누군가의 명예를 훼손할 것임을 생각지 못하고 조사한 그대로 우직하게 발표하다니, 이 얼마나 나쁜 짓인가! 아니, 좀더 생각해보면, 여론조사에서 김문수를 지지하지 않은 사람들이 더 문제다. 왜 그가 뜻하는 대로가 아니라 다른 사람을 지지하여 엉뚱한 결과를 발표하게 만든 것인가! 그 발상에 따르면 김문수는 그 기관의 조사에 응답한 사람을 전부 고소할 수도 있었다. 자기를 지지한다고 말하지 않아, 잘못된 여론을 만들었고, 그 결과 자신의 명예를 심각하게 훼손시켰다고 말이다. 봉기한 시민들의 과오를 비난한 공산당에 대해, 그럼 이제 당이 인민을 선출하라고 응수했던 브레히트의 시와 맞먹는 시적 아이러니라고 할 것이다.

사실 이는 이들만이 아니라 이명박 정부 들어 거의 모든 공직자가 하던 행동임을 상기한다면, 이명박 정부가 다른 것은 몰라도 문학적 수사학에서는 탁월한 능력을 발휘하고 있다고 인정해줘야 할 것 같다. 쇠고기 문제 때도 그랬고, 그후에도 그랬다. 정부의 생각과 다른 견해를 발표하거나 정부 견해를 비판한다면, 전문가든 일반 시민이든 가리지 않고 전부 명예훼손으로 고소하였다. 시민이나 개인이 권력자나 정부기관에 의해 부당한 조치를 당했을 때 그 권력자나 정부를 고발한다는 통념을 뒤집어 한 방에 날려버리는 탁월한 아이러니 아닌가!

정부의 이런 일관된 고발이 보여주는 정치적 수사학 덕에 이젠 정부 주변의 민간기업도 많은 감화를 받아, 비록 독창성은 없지만, 비슷한 수사법을 사용하게 되었다. 가령 블랙리스트가 있는 것 같다는 트위터 메시지 때문에 회사의 명예가 실추되었다고 김미화를 고소한 KBS가 대표적인 경우다. 명시적인 대립각을 세운 것도, 공식적인 기자회견도 아닌 사견을 표명하는 트위터에 몇 글자 올린 것이었지만 문학적 섬세함으로 이를 예민하게 포착해 블랙리스트를 만든 회사가 그게 있다고 말한 사람을 즉각적으로 고소한 과감한 조치. 이는 이명박 정부의 그간의 노력이 헛되지 않았음을 보여주는 것이라고 하겠다.

물론 아이러니만은 아니다. 알다시피 천안함 사건과 관련해 정부는 정부의 공식발표와 다른 견해를 밝히는 사람은 모두 '유언비어 유포' 혐의로 구속한 바 있다. 유신시대 '긴급조치'라는 이름으로 박정희가 행하던 것을 오랜 시간이 시난 시금 다시 불러냄으로써, 씹을수록 깊은 맛을 내는 오래된 의고적 문체를 정치와 법의 영역에 새로이 도입했던 것이다.

이 모든 수사학적 기여를 감안하면, 현 정부에 '아이러니 정부'라는 문학적 명칭을 부여하는 것은 충분히 근거가 있다. 다만 하나 의아한 것은 2010년 6·2 지방선거에서 형편없는 지지율로 정부와 여당을 모욕했던 국민 전체를 정부가 고소하지 않았다는 점이다. 역시 대중의 눈을 의식하는 '포퓰리즘'이라도 그 정도까지는 자유롭지 못한 것일까? 아니면 정치적인 방법이나 능력으로 처리해야 할 일을 모조리 법정에 넘겨주면 자신들이 스스로는 아무것도 못하는 무능한 존재로 보일까 두려워하는 것일까? 하긴 그들은 문학적 수사학을 위해 자신들의 정치능력 전부를 포기해야 했던 게 사실이지만, 무언가 큰일을 하려면 그 정도 희생이야 감수해야 마땅한 것 아닐까? 그럼으로 나중에 대통령 선거에서 국민이 자신들을 지지하지 않을 경우, 국민을 명예훼손으로 고소할 충분한 전례를 만들 수 있을 테니 말이다. 미래를 위한 투자인 것이다!

나의 업적을
알리지 말라!

뻔뻔한 시대의 영웅

예전에 농담처럼 이순신을 주인공 삼아 소설을 하나 쓰겠다고 떠들고 다녔다. 근접전도 아닌 해전에서, 그것도 전쟁을 끝내는 마지막 해전에서, 쫓겨 가는 왜군의 유탄에 맞아 승전군 최고 장수가 죽었다는 것은 아무리 생각해도 말이 안 되는 것 같았기 때문이다. 생각해보면, 왜군의 침공도 침공이지만 임금이 사는 궁궐에 백성들이 불을 질러버린 상황, 그것은 조선이란 국가가 명이 다했음을 뜻하는 징후 중 하나였다. 그런 시대에 이순신 같은 인물에게는 '난세의 영웅'이 되어 새로운 국가를 만드는 것 아니면 죽음만이 기다리고 있을 뿐이다. 그는 난세의 영웅이 될 인품과 능력 그리고 조건과 명성까지 모두 갖추고 있었다. 그러나 그는 명이 다한 왕조의 전복을 꿈꾸지는 않았던 것 같다. 왕조에 대한 대의에 충실했기 때문인지, 그러기엔 너무 '욕심'이 없었기 때문인지 아니면 국가적 정치 자체가 싫었던 것 때문인지 알 수 없다.

그런데 그는 그것이 뜻하는 바가 무엇인지 또한 잘 알고 있었다. 왕으로서 무능했지만, 아니 무능했기에 선조 또한 이를 잘 알고 있었다. 그래서 전쟁이 끝나기도 전, 계략으로 백의종군하게 된 이순신은 아직 기세를 잃지 않은 왜군 덕에(!) 간신히 죽음만은 모면한 채 죄인으로서 다시 풀려났다. 다시 장수가 되어 막바지의 왜군을 쫓아낼 때, 이순신은, 반역을 시도하지 않는 한 더는 살길이 없음을 알았을 것이다. 그래서 쫓겨가는 왜군의 유탄에 맞아 죽는 것으로 이야기를 끝내는 길을 선택했던 게 아닐까? 아마도 살아서 귀향했다면, 그는 구국의 영웅이 아닌 반역자로 죽었을 게 틀림없었을 것이다.

소설을 쓸 재주도 시간도 없었지만, 나중에 어느 소설가가 이순신을 소재로 소설을 썼다길래 그걸 핑계로 꿈을 접었다. 뒤에 누군가 『칼의 노래』를 사주어서 읽어볼 기회가 있었는데, 다른 건 몰라도 국가인과 근본적으로 다른 무인, 국가권력이나 국가적 정치와는 전혀 거리가 먼 '전쟁인'의 성격과, 국가인(왕)의 근본적 불신 속에서도 전쟁의 참화를 끝내기 위해 싸워야 하는 고독 같은 것에 쉽게 공감했던 것은 이런 이유에서였을 것이다. "나의 죽음을 적에게 알리지 말라"라는 유언에서 단지 도망가는 적의 반격을 막자는 전술적 고려만을 읽는다면, 일반적인 애국적 교훈 말고는 아무것도 보지 못할 것이다. 마지막 전장에서의 승리가 자기 삶의 끝임을 알면서도, 그 역설적 종지부를 그대로 받아들여야 했던, 혼자 죽어가야 했던 무인의 깊은 고민과 고독을 감지하지 못한다면, 죽여야 할 적 때문에 살고 충성해야 할 왕 때문에 죽어야 하는, 그러나 그 모든 것을 알면서도 적과 싸워야 했고 그 적과의 싸움을 끝냄과 동시에 모든 것을 '놓아버려야' 했던 '영웅'의 슬픔과 고독, 안타까움과 '안도'를 보지 못한다면, 이순신의 마음에 대해 아무것도 모르는 것이라고 해야 할 것이다.

뜬금없이 이런 얘기를 꺼낸 것은 개그정권 총수 이명박의, 의표를 찌르는 한마디 때문이다. 집권 3주년을 맞아 비서진을 모아놓고 했다는 그 말은 "우리 업적을 너무 자랑하지 말라"였다. 이순신 식으로 바꾸면 "우리의 업적을 알리지 말라"라고 번역될 이 말에 폭소를 터뜨리지 않을 사람이 대체 얼마나 있을까? 남북관계를 전에 없던 전쟁 같은 상황까지 밀고 간 것이나, 4대강을 레저산업단지로 만들겠다고 온통 파헤쳐놓은 거야 자신의 업적이라고 생각할 테니 접어둔다고 해도, 구제역의 끔찍한 학살에 이어 그 시체들 썩은 침출수가 땅과 물에 스며 전국이 온통 난리고, 물가난, 전세대란에 이어 저축은행 연쇄부도 등 누가 봐도 업적이라고 하기 힘든 거대 사고를 쳐놓고 아직 수습도 못 하는 처지에 "우리 업적을 알리지 말라"라니, 이거야 의도적인 유머가 아니라면 어찌 이해할 수 있을 것인가?

그는 이미 지상의 고통과는 영원히 무관한 천국에서 대통령을 하고 있는 것일까? '뒤에서 묵묵히 일하는' 겸손한 성품은 지상에 올 땐 천국에 두고 나오는 듯하다. 헐값에, 그것도 장장 28년 상환 외상으로 원자로 공사를 따내며 수주조건은 몰래 감추고, G20 정상회의 한다고 회의장 근처에 반대자나 빈민은 물론 모든 시민의 통행을 막아 '폼 나는 외양'으로 국격을 과시하려 하고, 시장에 가서 서민 흉내 내면서 "내가 해봐서 아는데……" 식의 쇼를 하고, 기자회견이나 토론회 한답시고 사람들 모아놓곤 질문 하나 받지 않고 도망치는 모습을 보면, 정치의 요체가 스펙터클 만들기임은 아는 것 같기는 한데, 스펙터클을 자신의 속내를 노골적으로 까놓는 것으로 오인하는 것 같다. 뻔뻔함의 시대에 부합하는 새로운 스펙터클의 개념이라고 해야 할까?

자신의 '업적'이 자신의 죽음의 이유가 되는 역설적 상황이나, 자신이 배신당해 버려질 것임을 알면서도 그곳을 향해 나아가야 하는 고독, 적과 싸우면서도 적보다 용렬한 왕 때문에 고심해야 했던 상황을 어찌 이와 비교할 수 있으랴. 그러나 그런 깊은 고민이나 고독, 슬픔이나 안타까움 같은 것을 싸안으면서 조용히 죽음을 선택한 영웅과 전혀 다른 또 하나의 '영웅적' 길이 있음을, 저 천국의 대통령은 알려주는 것 같다. 실책과 공적도 구별할 줄 모르고 자신이 하는 것은 모두 업적이라고 믿으며, 그런 믿음을 흔드는 말은 듣지 않으면서 자신의 뜻과 다른 의견은 완전히 '생까며' 스스로는 그 '업적'에 도취돼 항상 자랑하고 폼잡고 싶어하면서도, 그 업적을 자랑하지 말라고 비서들에게 당부하는, 겸손마저 폼잡고 자랑하는 대통령(국가인). 자신을 잡아먹을 시대마저 껴안는 깊은 고민과는 반대로, 일말의 자의식조차 없어서 전 국민의 거대한 폭소에도 불구하고 자신이 벌거벗었다는 것을 알지 못한 채 "우리 업적을 자랑하지 말라"며 뻔뻔한 겸손을 떠는 주인공. 그는 모든 영웅을 조롱하고 모든 영웅적 행동을 웃음거리로 만들며, 모든 영웅적 감정을 천하게 만드는 이 시대의 반(反)영웅임이 틀림없다. 여기서 뻔뻔함의 시대에 어울리는 새로운 '영웅'상을 보지 못한다면 그에 대해 아무것도 보지 못한 것이라고 해야 할 것 같다.

언젠가 시간이 있다면, 이순신 대신 이 새로운 반영웅을 소재로 소설을 하나 쓰고 싶다. 이 놀라운 웃음거리를 동시대인만 웃고 말기엔, 지금 치르는 웃음의 비용이 너무나 크기 때문이다.

누가

안철수를
두려워하는가?

　　　　　　이미 적지 않은 시간이 흘렀지만, 지금도 우리는 안철수가 야기한 사건의 흐름 속에 있다. 서울시장 출마를 생각하고 있다는 소식이 나오자마자 정치권에 파란을 일으켰고, 심지어 박근혜의 지지율을 단숨에 능가하는 강력한 힘을 가졌음을 보여주었다. 하지만 단일화라는 대의에 따라 지지율 50퍼센트를 상회하던 사람이 지지율 5퍼센트를 맴돌던 박원순에게 후보 자리를 넘겨주었다. 사심 없는 자만이 보여줄 수 있는 이 가벼움과 단호함 때문에, 그는 퇴장한 후에도 사라지지 않고 역으로 자신은 생각이 없다는 대통령 후보로까지 부상해버렸다. 2012년 1월, 5개 매체의 여론조사에 따르면 모두 박근혜와의 대결에서 안철수가 5~10퍼센트의 차이로 우세한 것으로 나타났다고 한다.
　'안철수 신드롬'이라는 말로 요약되는 이 사건에 대해 우파는 물론 좌파까지, 기존의 정치권 전체가 보여준 태도는 한마디로 '당혹'이었다. 한나라당은 안철수의 급부상에 놀랐지만, "내일은 영희도 나올 판"이라며 태연함을 가장했고, 그가 한나라당을 비판하며 단일화를 선언하자 "좌파들의 단일화 쇼"라고 비난했지만, 자기 당내에서도 정신 못 차리고 있다는 비난을 샀다. 좌파는 시민운동가 박원순으로 단일화된 것에 안도하긴 했지만, 그에 앞서 안철수가 대중의 압도적 지지를 받으며 부상한 것에 크게 놀랐을 뿐 아니라 '열패감을 느낀다'면서 당혹감을 표한 사람도 적지 않았다. 이제까지 삶을 바쳐 열심히 운동했지만, 그 모두가 안철수 한 사람의 출현으로 단숨에 날아가버렸다는 사실에서 느껴야 했던 서운함과 패배감이었을 것이다.

조직화된 운동권을 포함해 좌우의 정치권 전체가, 정치권 밖에 있으며 정치와 여전히 거리감을 표시하는 한 사람의 돌풍으로 날아가버린 이 사건에서 많은 매체들은 "정치판 전체에 대한 대중의 불신"을 읽어냈고, 이를 '탈정치화된 시대의 정치'로 이해하기도 했다. 이미 2008년 촛불시위 때 충분히 확인됐지만 대중과 제도권 '정치' 사이에 거대한 간극이 생겼음을, 그리고 그것이 촛불대중의 공포 속에서 대중과 점점 멀어져가는 이명박 정권의 '정치'에 의해 점점 더 크게 벌어지고 있음을, 안철수 신드롬은 그것이 단지 우려가 아니라 확고한 사실임을 보여준 셈이다. 정치인들 입에서 '(대중이) 무섭다'는 표현이 반복해서 등장한 것은 그들 역시 이를 잘 알고 있음을 보여준다.

당혹 속에서 이른바 '안철수 신드롬'을 이해하기 위한 해석의 시도가 있는 것은 당연한 일일 터이다. 하지만 우파의 분석은 해석이라고 할 게 별로 없었던 듯하다. 당시 서울시장 선거에 출마하겠다고 했던 우파 '시민' 후보 이석연이나 좌파 시민 후보 박원순 모두 한나라당, 민주당 입당이 선거에 불리할 거라고 보아 거리를 두었다는 사실에서 정당정치 붕괴의 징후를 읽는 정도가 눈에 띄었을 뿐이다. '좌파'의 분석은 여러 가지이지만 안철수란 인물을 '합리적 보수'라고 보면서 그에 대한 지지를 대기업의 약탈로부터 중소기업을 보호하는 공정한 자본주의 그리고 '삽질'로 대표되는 토건 자본주의가 아니라 IT 산업의 소프트웨어 자본주의('자본주의 4.0')에 대한 대중의 선망으로 해석하는 견해가 대체로 공통되었다.

여기에 더해, 윤여준이라는 보수적 인물이 처음에 안철수의 출마에 관여됐음을 주목하면서 안철수 신드롬이란, 한국의 보수층이 합리화를 시작한 것이라고 보는 해석도 있었다. "권력자는 법을 지키지 않으면서 약한 자, 국민에게만 법을 지키도록 강요해서는 안 됩니다. 법치주의는 일방통행이 되어서는 안 됩니다"라는 퇴임사가 인상적이었던 전 법제처장 이석연을 '시민단체'를 자처하는 몇몇 보수단체가 '시민 후보'라고 추대한 것이나, 박세일이 한나라당으론 안 된다며 새로운 보수당을 창당하겠다고 독립한 것도 이런 맥락에 있다고 할 수 있다. 하지만 그보다는 안철수에 대한 인신공격성 비난이 대부분이고, 긴장감을 가진 경우에도 점잖을 빼면서 옆에서 빈틈을 노리며 비수를 가는 논설이나 칼럼이 주를 이루는 것을 보면, 그리고 이석연이 중도사퇴하면서 사라진 것을 보면, '보수파의 합리화'를 읽기엔 아직 이른 것 같다. 그보다는 누가 보아도 확연한 위기 속에서 급하게 출구를 찾는 모색 같은 것이라고 읽어야 하지 않을까?

그런데 여기서 하나 구별해두어야 할 것이 있다. 안철수가 대중을 강력한 힘으로 흡인한 이유와, 안철수가 가진 정치·경제적 입장이나 태도가 그것이다. 안철수 스스로 자신의 정치·경제적 입장을 명확하게 표명한 적은 없지만, 그의 행적이나 그가 쓴 책, 강연이나 발언 등에서 추론하여 그의 입장이 '보수적'이라고 보는 것은 충분히 이유 있다. 그러나 그런 정치·경제적 입장이나 태도가 대중을 그렇게 강력하게 끌어들였다고 말한다면, 그것은 잘못된 것이다. 안철수의 입장이 보수적이라고 해도 안철수가 새로운 '정치적 스타'로 부상한 현상은 그것과 아주 다른 바탕 위에서 출현한 것임을 강조할 필요가 있다. 안철수의 정치적 입장과 그를 지지한 대중의 욕망 간에 존재하는 이 간극은, 상황의 전개양상에 따라 대중의 욕망이 그것이 애초에 지향하던 것과 다른 방향으로 흘러갈 가능성을 갖지만, 반대로 대중의 욕망을 감지하면서 안철수의 입장이 변화할 가능성 또한 갖는다. 안철수의 정치적 입장이 명확한 것이 아니라는 점, 그리고 서울시장 선거에서 일찌감치 한나라당을 비판하면서 박원순과 시민운동에 대한 지지의사를 명확히 표명한 것을 보면, 그의 '보수적' 입장에 대중의 흐름을 영토화할 가능성보다 그가 대중의 흐름을 감지하면서 자신의 기존 생각에서 탈영토화될 가능성이 더 크다고 할 수 있지 않을까?

이와 관련하여 안철수에 대한 대중의 지지를, 안철수가 걸어온 행적과 발언에서 추론된 사회상, 즉 '공정한 자본주의'나 '자본주의 4.0' 등에 대한 지지라고 해석하는 것은, 사회과학적 분석의 형식을 취하지만, 이런 종류의 '대중적 신드롬'을, 거기에서 읽히는 대중의 욕망을 오해하는 건 아닌가 싶다. 대중은 어떤 이념이나 관념 때문에 누군가를 좋아하지 않다. 반대로 어떤 이유에선가 누군가를 좋아하게 될 때, 그가 표방하는 이념이나 관념마저 좋아하게 된다. 안철수 신드롬 또한 그렇다. 가령 어떤 정치인이 안철수가 표방하는 그런 자본주의상을 명확하게 표방하고 그것의 실행을 다짐한다고 해서 대중이 그를 지지할 거라고 믿을 수 있을까? 전혀 그렇지 않을 것이다. 대중을 매혹시켰던 것은 '안철수'지, 그가 표방한 어떤 생각이 아니다.

무언가 혹은 누군가가 사람들을 매혹시켰다고 할 때, 매혹의 이유는 대개 '알 수 없는 것'이다. 알 수 없다는 것은 한마디로 말할 수 없다는 것이고, 사실은 매혹의 이유가 하나가 아니라는 걸 뜻한다. 그러나 심지어 이런저런 매력을 하나하나 나열한다고 해서 그것이 매혹의 이유를 설명해주는 것도 아니다. 그보다는 이런 이유와 저런 이유가 그에게서 함께 공존한다는 것이 실질적인 매혹의 이유가 되는 경우가 일반적이다. 가령 한진중공업의 경우, 김진숙이 크레인 위에서 목숨을 걸고 장기간 농성한 것은 2011년 1월 6일부터였지만, 5개월이 지나도록 대중을 매혹하지는 못했다. 거기에 김여진이 더해지면서, 그리하여 김진숙-김여진이라는 두 개의 '별'이 서로의 주위를 회전하면서 하나의 새로운 특이점을 형성했을 때, 그것은 비로소 대중의 흐름을 끌어들이는 강력한 매혹의 힘을 행사하게 되었다. 그것을 김진숙이나 김여진, 둘 중의 하나로 환원하는 것은 잘못된 분석이다.

대중이 안철수에 매혹되어 열광하는 것은 그의 삶이 주는 어떤 감동 때문일 것이다. 무엇이 대중을 감동하게 했던가? 여러 가지 이유가 있을 게다. 기득권에 안주하지 않고, 돈의 유혹에 포획되지 않고 자신이 하고

자 했고 또 해야 한다고 생각한 일을 일관되게 밀고 갔던 것에 감동한 이도 있을 것이고, 성공에 안주하지 않고 새로운 것을 찾으며 살아온 그의 행적에 감동한 이도 있을 것이다. 또 경쟁이나 적대가 지배하는 기업의 세계에서 상생적인 관계를 포기하지 않고 추구해온 것에 감동한 이도 있을 것이고, 숫기 없고 수줍어하면서도 다른 사람 앞에 나서서 진술하게 자신의 소신을 펴는 모습에 감동한 이도 있을 것이고, 사람들의 힘겹고 고통스런 삶을 감싸안으려는 마음에 감동한 이도 있을 것이다. 그러나 단지 그 어느 하나였다면, 그렇게 강력한 매혹의 힘을 형성하지 못했을 것이다. 그런 요인이 한 사람의 삶에 공존한다는 사실이야말로 대중의 열광을 야기하는 그 매력을 형성했다고 해야 한다.

그럼에도 불구하고 이 요인들을 관통하는 어떤 씨실이 있다면, 이런저런 조건에도 불구하고 자신이 옳다고 믿는 원칙에 충실하고 일관되게 살았다는 사실, 거기서 느껴지는 진술함과 우직함 같은 것이 아니었을까? 이런 점에 비추어보면, 대중이 그에게 매혹되었던 이유는 대중이 노무현에 매혹되었던 이유와 크게 다르지 않은 것 같다. 쉬운 성공을 버리면서까지 자신이 옳다고 믿는 원칙을 우직하고 충실하게 견지해나갔던 진술한 삶의 모습. 차이가 있다면 안철수는 '성공'에도 불구하고 그런 삶을 견지했음에 반해, 노무현은 바보 같은 '실패'의 반복에노 불구하고 그런 삶을 견지했다는 사실일 것이다(노무현의 급작스런 부상도, 제도권 정당에 속해 있었지만 정당의 지지가 아니라 그 바깥의 지지를 통해서 대통령 후보가 되었다는 점에서, 그리고 그에 대해 우파는 물론 좌파 역시 예측하지 못했고 당혹했다는 점에서, 그리고 대중의 열광이 '큰 수의 법칙'이라는 통계학의 법칙마저 무너뜨리면서 범람해갔다는 점에서 안철수의 갑작스런 부상과 공통된다).

　이런 삶이란 사실 잘 생각해보면 특별할 것이 없는 삶이다. 누구나 잘 알고 있는 '모범답안'이고 누구나 그렇게 살아야 한다고 믿는 '흔한' 삶의 형상이다. 그러나 우리는 아주 잘 알고 있다. 이런 삶이, 이런 삶을 사는 사람이 얼마나 드물고 희소한지! 더욱이 돈을 버는 경제의 영역에서나, 권력을 다투는 정치의 세계에서 이런 사람은 눈을 거듭 씻어봐도 찾기 어렵다. 그런 점에서 이런 삶을 사는 이만큼 특이한 자도 없다. 모범답안 같은 가장 '평범한' 형태의 삶이 극히 드물다는 점에서 더없이 '특이한' 삶인 것이다. 이는 대중 자신에 있어서도 마찬가지일 것이다. 대중의 일상에서도 그렇게 사는 사람은 희소하고 드물다. 그래서 대중이 안철수에 매혹되는 게 아닐까? 그렇게 살아야 한다고 생각하면서도 자신이, 또한 대부분의 타인이 그렇게 살지 못함을 잘 알고 있기에, 거꾸로 그런 경우를 보면 감동하고 매료되는 것이 아닐까?*

　그렇다면 대중의 열광을, 열화와 같은 지지를 욕망하는 '정치인'들이라면, 이런 삶을 만들어 보여주면 될 것 아닌가? 더욱이 '정치인'들이야 필

---

* 흔히 지나간 1980년대를 '진정성'의 시대라 부르고, 2000년대를 그런 진정성이 사람들을 인도할 수 없게 된 시대라고들 한다. 아마도 그런 면이 분명 있을 것이다. 그러나 이런 관점에서 보자면, 노무현에 열광했던 2002년의 대중이나 안철수에 열광하는 지금의 대중이나 사실은 여전히 진솔하고 우직한 삶의 일관성에 매혹된다는 점에서 여전히 '진정성'이라고 명명되는 삶의 방식에서 크게 벗어나지 않은 것은 아닌가 싶기도 하다. 아니, 사실은 진정성과 그에 대비되는 '속물성'이 그처럼 상충되는 것이 아니며, 대중들의 세계란 언제나 그 양자 모두가 공존하는 세계라고 하는 게 더 정확할지도 모른다. 왜냐하면 대중이 우직하고 진솔한 삶의 일관성에, 이른바 '진정성'에 매료되는 것은 그것이 사실은 매우 희소하기 때문이며, 그들 자신이 그렇게 살아야 한다고 믿으면서도 사실은 그렇게 살지 못한다는 점에 기인하기 때문이다. 이것이 아마도 대중의 정반대되는 양면성을 이루는 것일 게다.

요하다면 얼마든지 태연하게 유용한 장면을 연출하려는 분들 아닌가? 그러나 이런 삶은 누군가에게 보여주려는 순간 사라져버린다는 근본적인 난점을 갖고 있다. 그것은 보여주려 하지 않을 때에만 보이는 것이란 점에서, 연출할 수 없고 연기할 수 없는 삶이다. 보여주고자 한다면 보여주지 않는 방식으로만 보여주어야 하는, 그런 점에서 불가능한 '스펙터클'이다. 더구나 그것은 일시적인 이벤트가 아니라 기나긴 시간을 보여주는 데 '실패'하면서 지속되어야 한다. 그렇다면 보여주겠다는 생각 없이 그런 삶을 살고 지속하면 되지 않는가? 그럴 것이라고 나는 믿는다. 그러나 그런 삶을 지속한다는 것은, 정말 자신의 삶에, 삶의 원칙에 모든 것을 거는 미련한 진솔함으로, 끝없는 실패의 가능성을 받아들이고 몸으로 견디는 것을 뜻한다. 그 긴 시간 동안 그런 연기를 하는 것은, 아마도 그런 삶을 살 수 있는 사람만이 가능할 것이다. 그래서 그것처럼 어렵고 그것만큼 희소한 것이 없는 것일 게다. 이권이나 이익을 위해 기업이든 정치든 하러 나선 사람들로선 결코 할 수 없는 일일 게다.

이른바 '안철수 신드롬'에서 보아야 할 것은 이것 아닐까? 안철수가 보수적인지 진보적인지, 어떤 이념에 가까이 있는지 따지고 재는 한 이 중요한 진실은 보이지 않을 것이다. 안철수가 아니라 안철수의 사회정치적 '성향'이나 '이념'―이런 게 있는지 모르겠지만―만을 보려 하기 때문이다. 안철수 신드롬이 '신드롬'인 한, 안철수라는 사람 속에서조차 그를 신드롬으로 만들어낸 대중을 보아야 한다. 그 대중이 선망하는 것, 욕망하는 것을 보아야 한다. 거기에는 정치인이나 정치권에 절망하여 정치 외부에서 정치의 가능성을 찾는 대중이 있고, 우직하고 일관되게 마땅히 해야 한다고 믿는 바를 실천해온 사람을 알아보는 대중의 능력이 있고, 그것에 매혹되는 대중의 선망이 있다.

반대로 안철수가 '희망'의 특이점이 되었던 것은 이런 마음을 또한 역으로 알아보았기 때문이고, 그런 마음에 스스로 다가가고자 했기 때문이 아니었을까? 그렇기에 그의 '이념'이나 입장, 태도는 고정된 것이 아니라, 이런 욕망의 흐름을 따라, 마음의 흐름을 타고 가면서 가변될 것이며, 그렇기에 그의 '과거'에 속하는 어떤 관념이나 태도의 집합에서 도출된 어떤 '이념'으로 그의 미래를 예단하는 것보다는 그 변화를 따라가면서 긍정적 가능성이 펼쳐질 수 있도록 촉발하는 편에 미래를 걸고 싶다.

정치적 아마추어리즘을 위하여

2011년 11월 15일, 안철수가 1500억 원에 상당하는 재산을 사회에 기부하겠다고 하여 다시 한 번 '안철수'가 세간의 중심으로 떠올랐다. 이건희나 이명박 혹은 재벌들이 이런저런 조건에 떠밀려 마지못해 하는 '강요된 기부'나 자기 가족이 운영하는 재단에 하는 '무늬만 기부'와 달리, 정말 기껍고 흔쾌히 다른 이의 기부까지 촉발하는 '마중물'이 되고자 했다는 점에서 안철수는 기부라는 게 어떤 건지를 동시대 사람들에게 명쾌하게 보여주었다. 동시에 그런 기부에 익숙하시 않은 데다 그런 기부를 다시 '강요'당할까 두려워하는 사람들이나 그 기부로 인해 안철수의 인기가 다시 치솟음으로써 차기 대권을 위협하는 건 아닌가 걱정하는 사람이 적지 않음 또한 명확하게 보여주었다.

그래서인지, 정치적 아마추어의 미래를 근심하는 분들이 다시 나타났다. 안철수가 서울시장에 출마하려 했을 때, "오늘 철수가 나왔으니 내일은 영희도 나올 것"이라며, 좀더 까놓고 말하면 개나 소나 정치하겠다고 나선다며 비웃는 사람도 있었고, 정치는 기업과 다르다며 정치의 세계에서 검증되지 않은 능력을 조롱하던 이도 있었다. 이번에 기부로 다시 그가 떠올랐을 때, 이명박의 경제비서와 경제장관을 했던 최중경은 '과학자'를 빌미로 "과학자는 과학을 해야 한다. 과학자는 절대 정치에 관여하면 안 된다"고 목청 높여 일갈했다. 아인슈타인이 대통령을 꿈꾸는 게 얼마나 바보 같은 짓이겠냐는 말도 덧붙이며. 그럴 리 없겠지만, 최대한 선의로 해석해서 '과학자' 안철수의 안위를 걱정하는 충고로 듣는다 해도, 요체는 자기 잘하던 거나 하지 잘 알지도 못하면서 왜 남의 구역에 끼어들려는 거냐는 얘기일 것이다. 이유야 여러 가지겠지만, 정치 아마추어에 대한 프로 정치인들의 거리감을 표현하는 말이란 점에선 공통적이다.

그러나 이와 반대로 나는, 감히 오해를 무릅쓰고 말하자면, 안철수 같은 사람이 대통령이 되면 좋겠다. 몇 가지 이유가 있다. 첫번째, 나는 안철수 같은 '아마추어'가 정치를 했으면 좋겠다. 프로페셔널이 '일' 삼아 하는 것, 즉 돈 벌기 위해 직업적으로 하는 것이라면, 아마추어란 재미있어서, 좋아서 돈을 써가며 하는 것이다. 지금 우리 사회에 필요한 것은 정치를 '직업'으로 하는, 다시 말해 돈을 '벌기' 위해, 이권을 얻기 위해 정치를 직업으로 삼는 정치인의 프로페셔널리즘이 아니라, 자기가 좋아하는 것을 위해, 자기가 바라는 것을 위해 흔쾌하고 과감하게 돈을 '쓰는' 진정한 아마추어 정신 아닐까? 그래서 그의 기부를 정치적 목적을 위한 행위라고 비난하는 것에 대해서조차, 왜 당신들은 그것도 제대로 못하느냐고 반문하고 싶다. 대권의 꿈을 갖고서도 흔쾌히 기부 한 번 못하는 이들이, 어떤 대가 없이는 남을 위해 무언가를 해볼 생각일랑 안 해본 분들이 지금 우리 사회를 이토록 처참하게 망가뜨리는 거 아닌가? 위선조차 생각할 줄 모르는 뻔뻔스러운 자들의 직업의식이.

두번째, 나는 안철수 같은 '어설픈 초심자'가, 자기의 진심조차 어눌하게밖엔 말할 줄 모르는 사람이 정치를 할 수 있기 고대한다. 정치에 닳고 닳아서 말은 달변이 되고 행동은 능란해진 사람들, 그래서 실은 자기 이권을 챙기는 것이면서도 남을 위한 것인 양 멋들어지게 말하고, 실은 눈앞의 목적을 위해 터무니없는 짓을 하는 것이면서도 국가의 안위를 걱정해서 하는 일인 양 세련되게 말하며, 실은 자기 같은 부자를 위해 하는 짓이면서도 마치 나라 경제 전체를 위한 것인 양, 심지어 가난한 사람들을 위한 것인 양 말할 줄 아는 사람들이야말로 한국에서 '정치인'을 외면하게 만들고, 그들이 늘어놓는 말에 질리게 하는 결정적인 요인이기 때문이다.

세번째, 나는 안철수 같은 '과학자'가 정치를 하게 되길 바란다. 아니, 안철수가 경영자나 기업가가 아니라 '과학자'의 마음으로 정치를 하게 되기를 바란다. 그래서 무엇이 돈이 되는가가 아니라 무엇이 옳은가에 귀 기울이고, 어떤 게 폼이 날까보다는 어떤 게 '합리적'인가를 생각할 줄 아는 사람이 정치를 하기를 바란다. 유리함과 불리함을 따시는 것보다는 옳고 그름을 따지는 사람, 때로는 손해를 보거나 자존심이 상해도 논리적으로 타당한 것이나 사실에 부합하는 것을 받아들일 줄 알고, 일부가 아니라 정말 '모두'의 삶에 도움이 되는 것을 판단할 줄 아는 사람이 정치를 하면 좋겠다. 그리하여 나 같은 '포스트주의자'도 합리성이 결여된 정치에 어이없어하기보다는 합리성의 한계에 대해 비판할 수 있게 되었으면 좋겠다.

　마지막으로, 나는 다음 대통령 선거에서 박근혜 같은 이가 아니라 안철수 같은 이가 당선되기를 바란다. 박근혜가 대통령이 된다는 것은 좌우의 문제를 떠나서, 전통적인 정치가, 그런 정치를 버티고 유지하는 힘이 승리한다는 것을 뜻할 것이다. 권력을 꿈꾸는 자가 권력을 갖게 된다는 것을. 이권을 위해 모여드는 사람들, 권력의 논리에 의해 유지되는 관계, 그렇기에 저 아래 대중이 아니라 오직 저 위의 권력자의 뜻에만 눈과 귀가 쏠려 있는 집단, 그래서 거대한 대중의 100일 넘는 항의가 있어도 아무것도 듣지 못하고 아무것도 보지 못하는 집단이 권력을 다시 휘두르게 된다는 것을.

　반대로 안철수가 대통령이 된다는 것은 권력을 꿈꾸지 않았던 자가 권력을 갖게 된다는 것을 뜻하며, 권력을 탐하던 자들이 권력을 갖지 못하게 됨을 뜻한다. 이권과는 거리가 먼 욕망에 끌려온 사람들, 사회적 대의나 사람들의 꿈을 위해선 모아놓은 재산이나 이권 같은 것을 흔쾌히 쓸 줄 알고, 대중의 욕망과 고통에 귀 기울이고 있으며 그렇기에 기존의 조직과는 아주 다른 방식으로 모이고 조직되는 사람들이 정치를 하게 됨을 뜻한다. 아마도 그것은 2002년 이후 본격화된 대중정치의 새로운 흐름이 제도권의 벽을 넘어들어감을 뜻할 것이다. 이는 이른바 '정치'라는 영역에서 사람들이 이합집산하는 방식을 근본에서 바꾸어놓을 계기가 될 수 있지 않을까? 그래서 그런 실험을 통해 프로 정치가들의 저 안정된 고식(古式)적 구조에 커다란 또 하나의 균열이 생기기를 바란다. 그렇지 않고선 한국에서 정치라는 단어에서 냉소를 걷어낼 길이 없을 터이기 때문이다.

　사람들이 안철수에 열광하는 건 그의 '직업적' 성공 때문이 아니다. 성공한 프로 기업인이야 얼마나 많은가! 그보다는 성공 속에서도 잃어버리지 않은 그의 소박함과 진실함, 어리숙해 보이기까지 하는 그의 아마추어적 진실성 때문일 것이다. 실패의 걱정? 실패할 줄 모르는 프로가 얼마나 끔찍할 수 있는지, '성공'이 얼마나 크게 사회 전체를 망쳐놓을 수 있는지 지난 4년간 거의 매일 경험하지 않았던가! 정작 두려워해야 하는 건, 선인의 실패가 아니라 악인의 성공이고, 아마추어의 미숙한 실패가 아니라 능란한 프로페셔널의 끔찍한 성공이다. 청계천부터 4대강 그리고 한미 FTA까지. 실패에서 배울 줄 안다면 실패란 치를 만한 비용 아닐까? 성공 또한 공짜가 아님을, 반드시 치러야 할 거대한 대가가 있음을 처절하게 체험했기에 하는 말이다.

3부
근대인의 초상

계산은 근대적 삶의 바탕에 있다. 어느 정도 조사하고 예측하기에 쓸데없이 허탕칠 일도 없고, 예약을 하면 힘들게 기다릴 일도 없다. 가격표대로 사고파니 흥정으로 스트레스 받을 일도 없다. 나의 것과 너의 것이 분명해지고, 나의 일과 너의 일이 분명해지며, 나의 공간과 너의 공간이 분명해진다. 그리고 그 영역을 침범하는 것은 무례하고 부당한 일로 간주된다. 내가 책임질 것과 네가 지불할 것이 정확히 계산되고, 내가 할 열과 하지 않아도 될 일이 뚜렷해진다.

지대와
흡혈의
도시생태학

19세기의 사상가 헨리 조지는 산업혁명으로 생산력이 이토록 급격히 '진보'했음에도 불구하고 빈곤이 줄어들기는커녕 오히려 확대되는 건 아닌가 의심해야 하는 상황에 대해 진지하게 질문한 적이 있다. 그가 거기서 찾은 문제는 생산에 아무런 기여도 하지 않는 지주가 지대를 차지하는 토지사유제였다.

사실 토지사유제란 아무 생각 없으면 당연하게 보이지만, 생각을 하면 할수록 이해할 수 없는 제도다. 로크는 소유를 신체적 활동의 확장으로 설명한다. 내 신체에 대해 내가 처분권을 갖는 것은 자명하기에, 내 신체를 움직여(노동) 만들어낸 것 역시 내게 속한다는 것이다. 이는 근대적 소유권의 고전적인 관념이었다. 그러나 토지란 인간이 태어나기 이전부터 이미 있던 것이기에, 인간이 토지에 속하면 속했지 토지가 인간에 속할 순 없다. 그래서 백인의 소유욕과 대면했을 때, '인디언'들은 어떻게 인간이 토지를 소유할 수 있단 말인가 강하게 반문했다.

근대 이전에 토지는 왕이나 군주 같은 존재에 속한 것으로 간주되었지만, 이는 실제로는 어느 개인의 소유물이 아니라 공동체의 공유물이란 사실을, 공동체의 '대표'인 어느 인물에 귀속시키는 형식으로 표현한 것이었다. 토지를 사용하는 사람들은 그 토지에 속한 것으로 이해되었고, 그렇기에 군주들조차 그들에게서 토지를 경작하고 사용할 권리를 빼앗을 순 없었다. 토지가 개인의 소유물이 된 것은, 서양 특히 영국에서 '군주적' 지위를 갖던 귀족이 농민을 강제로 토지로부터 쫓아내고 공유지를 개인 소유물로 강탈함으로써 이루어졌다. 마르크스의 이른바 '본원적 축적'에 대한 비판 속에서 명확히 나타난 이 과정은 '인클로저'라는 말 그대로 토지에 울타리를 둘러치고 남들이 못 들어오게 하는 폭력에 의해 이루어졌다. 이후 토지소유자들은 토지를 소유한다는 이유만으로 부의 생산에 아무런 기여도 하지 않은 채, 생산된 부를 지대로 착취하는 지위를 얻게 되었다. 자본주의에 분노를 갖고 있던 마르크스조차 자본가보다 지주가 더 반동적인 계급이라고 보았던 것은 이 때문이다.

마르크스 당시만 해도 부르주아지와 팽팽하게 겨룰 힘을 갖고 있던 지주가 그후 크게 약화된 건 사실이다. 농업 생산이 지대의 중요한 원천이었기에, 공업이 농업의 생산을 능가할 뿐 아니라 농업을 착취하는 새로운 체제에서, '진보'를 가로막고 빈곤을 확대하는 지주들의 반동적 힘은 상대적으로 약화된 것이다. 그러나 정보의 유통과 사람 및 물자의 이동이 중요해지고 바코드로 입력되는 대중의 소비가 생산과정의 직접적인 일부분이 된 지금, 지주의 반동적인 힘은 새로운 방식으로 확장되어 행사되고 있는 듯하다. 최근 '홍대'라고 불리는 지역에서의 상황은 이를 잘 보여준다.

*

   자본의 논리에 익숙한 나로서도 얼마 전 홍대 앞 리치몬드제과가 대기업이 운영하는 프랜차이즈 커피점 때문에 문을 닫고 쫓겨나게 되었다는 소식을 듣고 놀라지 않을 수 없었다. 리치몬드제과는 맛있지만 비싸서 나 같은 사람은 감히 들어가려 하지 못했던, 그러나 30년 이상 매우 성업하던 제과점이었다. 매월 임대료만 2천만 원 정도 냈다고 하던데, 이 놀라운 월세를 감당하고도 이윤을 낼 만큼 장사가 잘되었던 것일 게다. 그런데 그런 곳마저 더 높은 임대료 요구에 밀려 폐점하게 되었다는 것이다. 그러니 다른 곳은 어떨 것인가? 홍대 인근에 작업실을 가진 홍대 출신 디자이너의 전언에 따르면, 홍대 상점들은 들고 나는 변화가 너무 심해서 다시 가면 상점이 바뀌어 있는 경우가 비일비재하다고 한다. 그 덕을 보는 건 인테리어 업자들이지만, 그만큼 멀쩡한 내장재가 툭하면 뽀개져 쓰레기로 쏟아져 나온다는 말이기도 하다. 이 모든 것의 원인은 끊임없이 상승하는 임대료다.

   '홍대'라고 불리는 지역은 이젠 합정역 근처까지 확장되었으니, 여전히 상승세를 타는 셈이다. 그러나 그 상승세에 가려진 실추된 미래를 보지 못한다면, 안목 있다는 말을 들을 자격이 없다. 왜냐하면 그 높은 임대료 때문에, 홍대를 젊은이들이 모여드는 거리로 만들었던 사람들이 홍대를 떠나지 않을 수 없게 되었기 때문이다. 잘 알려진 것처럼 홍대 일대를 '문화의 거리'로 만드는 데 일차적 역할을 했던 것은 90년대 중반 이후 클럽과 거기에 드나들며 연주하던 음악인들이었다. 거기에 미술대학으로서의 영향력을 가진 홍익대와 그로 인해 인근에 만들어진 예술가들의 작업실과 미술학원 등 예술 관련자들의 공간이 합쳐져 상승작용을 야기했다. 그리고 그들의 예술적 감각이나 이미지가 다른 많은 이들을 그곳으로 불러들였을 것이다. 그러나 바로 그 때문에 집이나 점포의 임대료는 상승하기 시작했고, 좀더 싼 점포를 찾는 사람들로 홍대 지역은 인근으로 확대되기 시작했다. 그러나 동시에 상승하는 임대료를 감당하기 힘든 가난한 예술가들을 필두로, 헝그리 정신으로 적자를 버티며 영업하던 클럽이나 카페가 쫓겨나기 시작했다. 리치몬드제과처럼 홍대가 '뜨기' 전부터 자리잡고 있던, '경쟁력 있는' 곳마저 쫓겨나게 되었음은, 오르는 임대료를 버틸 수 있는 문화공간이 이젠 거의 남아나지 않게 되었음을 뜻하는 것일 게다. 따라서 이미 홍대는 정점을 지나 하강곡선을 그리기 시작했다고 보아도 틀리지 않다.

이는 단지 홍대만의 경우는 아닌 듯하다. 이는 이전에 연극과 예술, 문화의 거리였던 대학로가 밟았던 과정이었고, 신촌 지역이 통과한 여정이었다. 고소 이와사부로의 『유체도시를 구축하라』는 뉴욕의 소호 지역이 정확히 이런 과정을 거쳐갔음을 보여준다. 탈산업화로 황폐화된 공장지대를 가난한 예술가들이 작업실로, 아파트로 개조해서 살기 시작했는데, 그로 인해 문화의 거리가 되면서 갤러리가 들어오고 카페가 생겨난다. 그러나 그에 따라 임대료가 오르자 예술가들은 쫓겨나고 나중엔 더 높은 임대료를 낼 수 있는 비싼 상점들이 화랑마저 밀어내고 들어와 화랑조차 볼 수 없는 지역으로 바뀌어버린다. 이런 식으로 도시의 한 지역이 흥망의 곡선을 그리는 것이다.

이 곡선을 유심히 보면, 흥망의 직접적 요인을 이루는 것은 그곳을 찾거나 떠나는 사람들의 흐름이다. 대중의 흐름. 그런데 어떤 지역을 대중이 '갈 만한 지역'으로 만드는 것은 그들을 잡아끄는 어떤 매력이고, 그 매력을 만드는 것은 누구보다 예술가나 예술적 감각임이 분명하다. 혹은 80년대 신촌 같은 대학가라면 그 시대의 '대학'처럼 지적인 문화를 들 수도 있을 것이다. 그러나 그렇게 만들어낸 문화적 매력은 항상 임대료의 형태로 지주들의 소득으로 흡수된다. 지주들이 그 지역에 오는 대중의 흐름을 착취하는 것이고, 그 흐름을 흡인했던 문화예술인의 감각을 착취하는 것이다! 지주가 농민이 아니라 대중의 흐름을, 예술적 감각을 착취하는 시대가 된 것이다. 그리고 그 착취도의 상승을 감당하지 못해 그들이 그 지역을 떠나는 것으로 귀착된다. 그러나 알다시피 그런다고 임대료가 내려가지는 않는다. 대신 이윤율이 높은 고급상점이 그 자리에 들어선다. 이런 점에서 이는 일종의 '젠트리피케이션(Gentrification)'이다. 젠트리피케이션은 흔히 '재개발'로 번역되지만 상류층을 뜻하는, 아니 애초에 토지를 횡탈했던 영국의 '젠트리'에서 연원한 말이고, 젠트리화하는 것, 젠트리의 것으로 만듦을 의미한다.

*

자생적 젠트리피케이션의 이 곡선을 다시 뜯어보면, 지주와 지대가 문화예술인뿐만 아니라 상업이나 자본마저 기생적으로 착취하고 있음을 알 수 있다. 홍대든 대학로든 어느 지역이 잘나가는 지역으로 뜨게 만드는 데 지주가 한 역할은 정말 아무것도 없다. 지대의 문턱이라는 장애물을 넘어서야만 문화적으로나 상업적으로 활성화될 수 있음을 생각하면, 그들은 처음부터 장애물 역할만을 할 뿐이다. 그러면서 그 장애물을 넘어 무언가가 성공하게 되면, 그 성공의 결과를 전부 지대로 흡혈(!)한다. 홍대나 대학로 같은 지역이 아니어도 독자적인 상품이나 능력으로 성업하게 된 점포의 경우 곧바로 임대료가 상승해 자신이 획득한 이윤의 많은 부분을 임대료로 지주에게 넘겨주게 된다는 사실은 잘 알려져 있다. 이것이 자유주의자들이 입만 열면 떠들어대는 '경쟁력 있는' 생산이나 영업활동을 저해하고 몰락하게 만든다는 것은 긴 설명을 요하지 않는다. 이런 점에서 보면 지주란 일반적인 의미에서 자본주의의 흡혈귀라고 해도 결코 과언이 아니다.

'일하지 않는 자는 먹지도 말라'고 주장하는 자본가나 정치가 혹은 법률가 들이 '근면한' 자들을 이토록 처참하게 착취하는 이 불로소득가들의 만행을 그대로 방치하는 이유는 알기 어렵다. 아마도 소유권에 대한 '신성한' 관념 때문일 텐데, 소유권의 발생적 강탈성은 접어둔다고 해도 주거는 물론 상업마저도 갈수록 어렵게 만드는 이 어이없는 착취를 방치하는 것은 용납할 수 없다. 애초에 '보수적'이었던 헨리 조지조차 소유권은 그냥 두더라도 그 불로소득은 세금으로 걷어 사용하자고 주장한 바 있다. 임대료를 받을 수 없도록 하기 어렵다면, 적어도 그것의 발빠른 상승만은 막아야 한다는 것은 헨리 조지가 아니라 자본주의적인 정치가 대부분이 수긍하는 바다. 그렇다면 어떤 지역을 살려낸 힘을 내쫓는 착취를 저지하고, 도시 생태 곡선의 하강을 막기 위해서라도 임대료 상승을 무의미하게 만드는 누진적인 세금 혹은 상속세에 준하는 막대한 불로소득세를 임대료에 매겨야 하지 않을까? 그래야 막후에서 모든 이를 착취하는 이 흡혈지주, 흡혈쥐 들의 착취로부터 삶의 활기를 만드는 사람들의 능력을, 아니 그 활기를 따라 흘러가는 모든 대중의 삶을 구할 수 있지 않을까?

국제도시와 공동묘지

도시계획가의 환상

유럽의 경우 르네상스 시대부터 도시에 대한 이상적인 형상을 꿈꿔왔다는 사실은 잘 알려져 있다. 원형 내지 정방형의 도형 안에 번듯하게 뻗은 네 갈래 길 그리고 방사상의 도로들. 그러나 이 가운데 실제로 만들어진 건 별로 없다. 그저 그렇게 되었으면 하고 꿈꾸었을 뿐이다. 막강한 권력을 장악한 '절대군주'가 들어서면서, 그들은 자신이 살고 자신이 통치하는 도시를 자신의 그 절대적 위치를 가시화하는 형상대로 만들고자 했다. 화려하고 거대한 궁전을 중심으로 방사상으로 뻗어나가는 도로를 만들었다. 베르사유, 파리, 빈, 포츠담 등. 그 시대는 교황조차 자신이 사는 도시에 비슷한 꿈을 투영하고자 한 시대였다. 하여 교황은 포폴로 광장에 세 개의 간선도로를 모으고 그 중심에는 궁전 대신 오벨리스크를 세워두었다.

아주 오래된 도시 로마가 잘 보여주듯이, 이미 존재하는, 새로운 이상과는 거리가 먼 구불구불한 도로와 제멋대로 늘어선 낡은 집을 제거하기란 처음부터 불가능했다. 그래서 기하학적 꿈이 작도한 도시의 형상과 오래된 잔존물인 실재가 뒤섞여 공존하는 혼합물이 되었다. 바로 서울이 그렇다. 근대의 도시계획은 언제나 이 '불편한' 공존의 틈새에서 시작된다. 나폴레옹 3세 시기 오스망 남작처럼 왕권을 업고서 파리의 오래된 도로와 건물을 부수고 곧게 뻗은 길을 내어 이상적 형상에 따라 도시 전체를 개조한 경우는 차라리 예외에 속한다고 해야 할 것이다.

곧게 뻗은 길과 깔끔한 스카이라인을 기본 구도로 삼는 시각적 형상이 도시의 모습을 형성하는 틀을 제공했다. 하지만 무엇보다 근대 도시계획의 중요한 원리가 되었던 것은 도시 안의 다양한 흐름을 합리적으로 통제하려는 그런 꿈이었다. 그래서 사람들의 흐름, 자동차의 흐름, 상품의 흐름이 아무 데로나 흘러가지 못하도록 홈을 판다. 마치 물의 흐름을 통제해 이용하려는 수로처럼 도로를 만든다. 그리고 도로가 모이고 흩어지는 양상에 맞추어 이런저런 종류의 건물이 배치된다. 그에 따라 사람이나 자동차 등의 흐름을 관리한다. 이처럼 도로와 흐름의 통제가 경찰의 가장 중요한 과제에 속한다는 것은 잘 알려진 사실이다. 영화 〈큐브〉에서 수학적 감옥 '큐브'에 스스로 갇히고자 했던 건축가가 자신과 함께 갇힌, 권력자이길 원하는 경찰관에게 하는 말은 이런 양상을 아주 잘 보여준다. "우리가 도시를 만들면 너희는 순찰을 돌지." 그런 도시 안에 우리가 산다.

도시가 개발, 재개발을 거듭하면서 근대화되면 될수록, 직각으로 교차

하는 곧은 직선의 도로, 그것에 의해 분할된 거대한 블록을 바탕으로 수직으로 올라간 고층건물이 규격화된 기하학적 형상으로 동일화되어간다. 그것의 확장에 따라, 건축가 르코르뷔지에에 의해 마치 음지의 곰팡이처럼 비난받던 비좁고 굽은 골목길과 낡고 오래된 건물, 가난하고 누추한 삶은 철거되고 제거되어간다. 도시계획가의 눈이 도시에 사는 사람들의 발과 몸을 잡아먹고 잠식해가는 것이다. 도시적 삶에 누구보다 애정을 가졌던 제인 제이콥스는 이런 과정이 전개됨에 따라 도시 자체가 황폐화된다는 사실을, 풍부하고 세밀한 관찰을 통해 명확히 지적한 바 있다(『미국 대도시의 죽음과 삶』). 도시계획가들의 꿈이 도시에 사는 사람들의 삶을, 익명의 대중이 거리에서 만나며 만들어내는 복잡다기한 삶의 생기를 제거해가는 것이고, 그에 따라 도시 자체가 죽어가는 것이다.

얼마 전 강연 때문에 인천 송도의 '국제도시'에 가봤다. 지은 지 얼마 되지 않은 초고층 빌딩, 넓고 시원하게 뚫린 대로…… 항공촬영이라도 한다면, 아주 멋들어진 투시도가 만들어질 도시였지만, 초저녁의 도시에 사람은 거의 보이지 않았고, 도로는 차도 거의 없어 썰렁했으며, 저녁을 먹으러 들어간 건물에 음식점은 가득했지만 음식을 먹는 이는 별로 없었다. 마천루와 경쟁하려는 듯한 건물로 가득하지만, 사람은 없어서 걷는 것은 물론 보는 것도 썰렁하고 공허한 인상을 주는 잘 정돈된 텅 빈 도시. 거기서 내가 본 것은 일종의 묘지였다. 거대한 기하학적 묘비로 가득한 초저녁의 쓸쓸한 공동묘지.

묘비가 아무리 멋있게 조각되어 있어도, 묘비는 묘비다. 도시의 건축물이 아무리 '멋들어진' 모습을 하고 있어도 사람들의 생기 있는 움직임이 없다면, 그것은 묘비와 다르지 않다. 잘 구획된 '지구'에 보기 좋게 줄지어 배열된 묘비들. 사실 우리는 그것의 원형을 르코르뷔지에의 '빛나는 도시' 계획안에서 볼 수 있다(르코르뷔지에, 『도시계획』). 그 거대하고 세세한 투시도 어디에도 사람은 한 명도 없다. 도로에 자동차는 그려져 있을지언정. 그가 도시의 도로를 자동차가 달리는 공간으로 생각해 자동차가 덜 멈추고 빨리 달릴 수 있도록 블록을 500미터 정도로 길게 만들고 교차로를 줄이려 했던 것은 잘 알려진 사실이다. 그러나 바로 그것이 사람들이 걸어다닐 수 없는 도로, 사람들의 만남이 극소화되어 걸어다니기 두려운 도로로 만들어버린다. 우연이든 아니든, 도로에 자동차는 있어도 사람은 없던 살풍경이, 이젠 아주 리얼한 것이 되고 말았다.

높이 솟은 최신의 하이테크 빌딩들이 보기 좋게 늘어선 송도 국제도시가 바로 그랬다. 그것은 특정한 시간에만 사람들이 방문하고 그 시간이 지나면 빠져나가 텅 비는 거대한 공동(空洞), 거대한 공동묘지였다. '한강 르네상스'란 이름으로 서울역에서 용산으로 이어지는 한강대로변을 '국제도시'로 재개발하려는 계획이 송도 국제도시와 동일한 모델에 기초한다는 것은 이해하기 힘들지 않다. 그리고 그 재개발을 위한 용산 지역 철거과정에서 실제로 여러 명의 목숨을 앗아간 사건이 발생했음을 우리는 안다. 용산의 '국제도시'가 어떤 것이 될지는 단언할 수 없지만, 이미 이 지역의 재개발이 죽은 사람들을 제때 매장도 못하는 처참함을 배경으로 한다는 것은 분명한 사실이다. 도시계획가가 꿈꾸는 이런 재개발과정이, 이미 그곳에 살던 사람들을 쫓아내거나 심지어 죽이기도 하는 과정임을 생각한다면, 도시계획가가 꿈꾸는 도시의 형상이 사실은 삶의 장소가 아니라 죽음의 장소가 될 수 있다는 생각은 여러 가지 의미에서 단지 은유만은 아닌 것 같다.

하늘엔 유리

땅엔
콘크리트

　　　　　　　　　서양 건축가들은 건축의 본질적 요소란, 토대를 이루는 기단에 기둥을 세우고 그 위에 지붕을 얹는 것이라 생각했다. 그러나 정말 인류의 기원적인 건축물이었을 게 틀림없을 집을 생각해보면, 벽 없이 기둥과 지붕으로 이루어진 건물이란 아무리 생각해도 이상하다. 그래서 고전주의 건축 논쟁에서 한 축을 담당했던 로지에가 그린 '원시적인 집'을 보면, 나뭇가지로 기둥을 만들고 그 위에 지붕을 얹은 허전하고 황당한 모습이다. 원시인의 건축에 가깝다고 할 수 있는 비서구의 오래된 집들을 보면, 어디를 보아도 이런 집은 없다. 가령 가장 간단한 집에 속하는 몽골인이나 인디언의 텐트는 '기둥'이란 없고 다만 지붕과 벽을 유지하기 위한 골조만 있을 뿐이다. 아라비아나 아프리카의 집은 대개 구멍처럼 창문이 뚫린 벽면이 인상적인 것이 대부분이다. 사실 집의 일차적 목적이

비바람과 추위 혹은 더위를 막는 것이 목적인 한, 벽 없는 집이란 바닥 없는 가방 같은 것이다.

벽 없는 건축물은 가시적인 대상일 수는 있지만, 그 안에서 살 수 있는 건물은 되기 어렵다. 건축물에서 벽을 제거하면 벽을 통해 건축물을 이용하는 사람도, 벽을 통해 사유되어야 할 '기능'도 같이 사라진다. 건축물에서 벽을 제거할 때 건축물의 요체는 수평선과 수직선이라는 기하학적 요소로 환원된다. 이런 관점에서 건축물을 두고 기능이란 말을 할 때, 그 '기능'이란 수평적인 지붕을 받치는 수직선-기둥의 기능을, 다시 말해 '구조적인' 기능을 뜻하게 된다.

서양의 건축가들이 놀라울 정도로 고집스레 기단과 지붕, 기둥만을 건축의 기본요소로 고집한 이유는(사실 하나 더 추가되어도 안 될 이유가 전혀 없는데도 말이다), 그들이 그리스 신전을 자신의 기원적 모태라고 굳게 믿었기 때문이다. 그리스 시대 이외에는 서구의 역사 어디에서도 '신전'조차 이런 건축 양식은 찾을 수 없다. 로마의 기독교도들이 지하에서 나와 자신들의 '성전'을 만들 때, 그들이 모델로 받아들인 것은 오히려 사람들이 모이고 물건을 거래하던 집회소 바실리카였다. 건축가들의 눈은 벽으로 둘러친 이 건축물에서도 벽을 보지 못했던 것이다!

이전의 '고전적인' 건축형태에 대해, 혹은 장식적인 건축관념에 대해 격렬히 비판하면서 기능에 따라 형태를 구성하고자 했기에 종종 '기능주의자'로 불리던 근대 건축가들조차 그리스를 모델로 하는 이런 건축관념에서 벗어나려고 하지 않았다. 그래서 르코르뷔지에는 평면의 바닥과 그것을 연결하는 계단, 그리고 지붕과 바닥을 버티는 기둥만으로 만들어진

'돔-이노(Dom-ino)'라는 도식을 통해 건축의 기본요소를 제시한 바 있다. 근대 건축가들이 한결같이 유리에 열광했던 것은 이런 이유에서였다. 유리는 불가피하게 벽을 만들어 붙이긴 하지만 투명하기에 벽이 없는 것처럼 만들 수 있기 때문이다. 그래서 독일 건축가 미스 반데어로에는 유리벽으로 둘러쳐서 지붕과 기둥의 '구조'를 마치 그리스 신전처럼 드러내는 건축물을 즐겨 만들었다. 물론 그렇게 만들었다가, 여름엔 덥고 겨울엔 추워 살 수가 없다는 이유로 '무식한' 의뢰인에게 고소당한 적도 있었지만 말이다. 사실 식물이라면 좋아할 수 있을 집이었겠지만, 사람이 살 만한 집은 아니었던 것이다. 더욱 난감한 것은 기껏 그렇게 유리로 만들어 투명해야 할 벽을 두고, 밖에서 들여다보인다면서 제멋대로 커튼을 쳐서 건물 전체의 형상을 망치는 '무질서한' 사용자들이다. 그래서 미스 반데어로에가 만든 시그램 빌딩에선 커튼의 높이나 커튼 치는 시간까지 지정해서 관리하려 했다고 한다. 그리고 지금, 포스트모던이란 말이 무색하게도 벽 전체가 유리로 되어 매끈하게 번쩍이는 하이테크 건축물이 전 세계 도시를 덮어간다. 유리의 시대는 이제 시작됐다고라도 해야 할 것처럼 말이다.

*

건축물을 마치 조각처럼 형태를 자랑하는 오브제로 만드는 것, 그리고 형태를 위해 사용자의 삶을 희생시키는 것은 오히려 이론적인 성향이 더욱 강했던 근대 건축가들에게서 두드러지게 일반화된 것 같다. 이처럼 '폼 나는' 건축을 꿈꾸는 사람들에게 유리와 더불어 또 하나 최고의 선물이 된 것은 콘크리트였다. 그것은 어떤 모양이든 주형만 잘 만들어주면

맘먹은 대로 구현해주는 재료였을 뿐 아니라, 철근을 집어넣음으로써 벽체 없이도 버틸 수 있는 가능성을 확대해주었기 때문이다. 게다가 콘크리트는 돌멩이를 자르고 모르타르로 하나하나 발라 붙이는 고되고 시간이 많이 걸리는 작업을, 철근을 세워 거기에 콘크리트를 붓고는 며칠 기다리면 되는 간단하고 빠른 작업으로 대체해주었고, 재료와 인력에 들어가는 엄청난 비용을 줄여주었다.

특별히 미적 취향이 있을 것 같지도 않고, 근대 건축가들처럼 이론적 완고함이 있을 것 같지도 않은 금세기의 건설업자들이 콘크리트에 열광했던 것은 아마도 이 '실용적인' 이점 때문이었을 게다. 싼 비용으로 아주 빠른 시간에 건축물을 지을 수 있다는 것, 이는 건물을 짓는 '공급자'의 관점에서 봤을 때 값싸고 수월한 생산을 의미했을 뿐만 아니라 건축물을 사용하는 '수요자'의 관점에서도 소비를 촉진하는 결정적인 이유가 되었으니 말이다. 절약 아닌 '소비'가 의무가 된 이른바 '소비사회'가, 그리하여 국가가 나서서 '공공사업'이란 이름으로 건설과 개발, 재개발을 주도하고 부추기는 사회가 가능했던 것은 틀림없이 콘크리트 덕분일 것이다. 그것이 한국의 근대적 성장과 개발에서도 중요한 동력이 되어왔으며, 아직까지도 그렇다는 것은 긴 설명이 필요없을 것 같다. 아니, 그것은 소비사회를 넘어서 포스트–소비사회인 신자유주의 시대까지 증폭되며 이어지는 것 같다. 서브프라임론을 통해 세계경제 전체를 공황으로 처박았던 2008년과 2009년의 경제위기가 대대적인 주택개발에 기인한다는 것은 잘 알려진 사실이다.

특히 한국정부는 부동산 경기가 가라앉거나 부동산 시세가 떨어지는 것에 지대한 공포심을 갖는 것 같다. 이는 단지 그들 자신이 내세우는 '공급적 관점'(건설업자의 관점!) 때문만은 아닐 것이다. 부동산 경기의 침체는 경제 전체의 침체로 이어지리라는 공포, 그것이 아마도 입으로는 부동산 가격을 잡겠다고 하면서도 사실은 언제나 부동산 가격을 올리고 경기를 자극하는 '공급자 경제학'을 가동시키는 이유일 것이다. 거품은 꺼져선 안 되는 것이다! 그러기 위해선 거품이 꺼지지 않도록 계속 휘저어주어야 한다! 인민들의 부동산-민주주의에 반하는 건설업자들의 부동산-공화국. 그것이 우리가 사는 나라의 초상인 것 같다.

이제 그들은 대지에 콘크리트를 바르는 것으로도 모자라, 혁명적 사업을 새로이 만들어냈다. 어째서 우리는 땅 위에서만 건축을 생각했던 것인가! 그러기엔 한국은 땅이 너무 좁은 나라 아닌가! 건축할 땅이 모자라면, 바다를 메워서라도 만들면 될 거 아닌가? 이런 점에서 새만금 사업은 분명히 발상의 전환을 보여준다. 그리고 장난 같던 선거공약으로 출현했던 대운하 사업이란 발상이, 부동산 개발로 경기를 부양시켜 실추한 인기를 회복해보려는 건설업자 출신 대통령의 집요한 고집과 그것을 통해 이권을 얻으려는 건축업자와 관료의 이해에 의해 추동되면서, 또 하나의 혁명적 발상으로 이어졌다. 이젠 땅이 아니라 전국의 강을 콘크리트로 뒤덮는 거대한 사업을 시작한 것이다. 거대한 반발이 일어날 것을 잘 알기에, 저항이나 법적 논란이 따라오지 못할 미친 듯한 속도로 전국의 강을 헤집어놓고 있다. 콘크리트는 정부 관리들이 앉아서 끊임없이 건물과 도로를 만들 것을 구상하는 이 부동산-공화국의 '물질적' 토대라고 해야 할 듯하다.

*

　다른 한편으로 이는 국가적 개발 마인드를 넘어 국민들 개개인의 마인드 안으로까지 침투해 자신이 사는 마을을 '개발'하고 자신이 사는 집을 재개발하는 것을 돈을 버는 방법이라고 믿는 새로운 신앙체계를 만들어냈다. 경주에 방폐장을 끌어들이고, 자신이 사는 지역에 미군부대를 끌어들이는 사람들, 거대한 방조제로 자신이 사는 땅 전체를 죽음의 땅으로 만들면서 그것을 반대하는 사람들을 비난하는 사람들 그리고 강이 어떻게 되든 거기에 기대어 사는 '것'이나 사람 혹은 거기 기대어 사는 자신의 삶이 어떻게 되든 개발이 되면 잘살게 되리라고 믿는 사람들. 난 이런 이들을 볼 때마다 그 등에 올라탄 박정희의 유령을 본다. 박정희는 우리 가슴속에 이렇듯 살아 있다!

　그것만은 아닐 것이다. 예전에 대학로에 살 때, 나무에 빗물이 배어들도록 남겨둔 조그만 땅마저 덮은, 나무의 밑둥 줄기에까지 곱게 발라진 콘크리트를 본 적이 있다. 그 나뭇가지에 맨 빨랫줄로 보건대, 아마도 비만 오면 땅이 질척대서 빨래 너는 게 불편해 그랬을 것이다. 하지만 자신의 그 작은 불편함만을 보고, 그렇게 콘크리트를 발라버려 살 수 없게 될 나무의 처지는 전혀 보지 못한 좁은 안목을 단지 그 개인만의 것이라고는 할 수 없다. 인간의 편안함을 위해 인간의 발 닿는 모든 곳을 뒤덮은 콘크리트가 모든 도시는 물론 시골길까지도 깔끔하게 뒤덮고 있지 않은가!

　이런 점에서 콘크리트는 근대적 휴머니즘의 훌륭한 동반자임이 분명하다. 그렇게 뒤덮인 콘크리트 바다 위를 빗물은 겉돌며 흘러간다. 땅속에서 사는 것들은 아마도 갈증에 목말라 죽어가고 있을 것이다. 서해에 살던 것들이 거기를 메울 땅과 콘크리트에 묻혀 죽어가고, 전국의 강에, 강가에 살던 것들이 자전거도로가 매끄럽게 이어지는 '각 나오는' 콘크리트 둑에 묻혀 죽어가는 것처럼.

전국의 대학이 개발 열풍 속에 있음은 잘 알려진 사실이다. 새로운 건물의 건축과 개발이 학교의 발전이라고 믿는 이 어이없는 신앙의 물질화된 공간에서, 대학은 그런 개발의 신앙을 가르치는 거대한 목회 공간이 되어가고 있다. 부수고 재개발하는 건설업자의 공화국이 세운 새로운 국교(國敎)는 땅만이 아니라 바다와 강마저 콘크리트로 덮는 대대적인 역사(役事)를 통해 그런 신앙의 현실적 기적을 만들어내고, 국민들은 자기 주변에 투여된 콘크리트의 양이 자기가 얻을 수 있는 이익과 편의의 양을 뜻한다고 믿는 간교한 무의식으로 그 둔중한 신앙을 보충한다.

그래서인지 도시의 모든 새로운 건물이 반짝이는 유리벽으로 둘러친 하이테크 건축물로 채워져가는 지금의 지배적인 경향이, 둔탁한 콘크리트로 세상을 덮는 거대한 공사판과 정확하게 짝을 이루는 것처럼 보인다. 하늘엔 유리, 땅엔 콘크리트! 그것은 빛날 일이 없어도 빛이 나야만 하는 정치적 영광과, 모든 생명체의 평화로운 삶을 파괴하는, 각이 나오는 거대한 군대식 '평화'를 상징하는 것 같다. 유리와 콘크리트의 결합, 근대 건축의 형상을 만든 이 환상의 커플이 우리가 사는 대지 전체를, 나아가 강과 바다마저 장악하는 날, 근대의 종언이 어디서고 거론되는 포스트모던한 이 시대에 실제로는 근대 건축가 그 누구도 감히 꿈꾸지 못했던 정도로 근대화가 완성되는 모습을 우리는 보게 될 것이다.

어린이날을
없애자구?

예전에 나는 주변 사람들에게 어린이날을 없애야 한다고 말한 적이 있다. 예상처럼, 어이없다는 표정 혹은 당혹스런 눈빛이 그 말의 반향으로 되돌아왔다. 어린이날을 없애자니!

믿기지 않겠지만, 『수상록』을 쓴 몽테뉴는 자기 아이가 몇 명인지 정확히 몰랐다고 한다. "나는 두세 명 정도의 아이를 어릴 때 잃었는데, 유감스럽긴 했지만 크게 슬퍼하지는 않았다." 르네상스의 대표적 인문주의자 에라스무스는 '아이들'을 위해 쓴 책에서 좋은 창녀(!) 고르는 법을 가르친다. 예닐곱 살만 넘으면 아이들은 어른들과 똑같은, 다만 크기만 작은 옷을 입었고 어른들과 똑같은 일이나 활동을 하기 시작했으며 어른들과 똑같은 '사랑'을 했다. 목숨 건 사랑을 나누었던 로미오와 줄리엣의 나이가 열다섯 살을 넘지 않았다는 걸 생각한다면, 아이들에게 좋은 창녀 고르는 법을 가르쳤던 에라스무스를 그리 나무랄 것도 없는 셈이다. 이는 남 애기만은 아니다. "이리 오너라 업고 놀자"며 질펀한 '사랑'을 벌이는 성춘향과 이몽룡 역시 그보다 한두 살 더 많았을 뿐이다.

근대에 이르면서 어린이는 순진무구하고 여리며, 그런 만큼 입 맞추고 싶은 사랑스런 대상이 된다. 일해야 하는 '경제적' 존재에서 사랑을 주어야 할 '정서적' 존재로 바뀐 것이다. 그러면서 어린이들은 독자적인 시선의 대상이 되기 시작한다. 이전과는 달리 어린이들이 별도로 그림 안에 그려지기 시작하고, 그림의 중앙을 차지하기 시작한다. 가족사진의 중심에 어린이가 자리잡는 것은 이와 크게 다르지 않은 것이다. 어린이를 위한 옷과 놀이가 따로 만들어지기 시작한다. 크리스마스가 어린이를 위한 축제가 되고, 산타클로스가 등장한 것도 그리 오래되지 않았다. 순진무구한 어린이는 이미 세파에 찌든 어른들의 더러운 세계에서 보호되어야 한다는 생각은 이런 태도의 뒷면이었다. 이후 어린이는 가족의 중심이 되었고, 가족의 모든 활동은 어린이를 중심으로 돌아가게 되었다. 어디 가족뿐이랴. 어린이의 순진무구한 웃음은 이 세상의 모든 것에 우선하는 가치를 갖게 되었다. "어린이를 위하여!" 이는 적어도 겉으로는 근대를 사는 모든 이들이 동의하는 슬로건이다. 프랑스 역사가 아리에스의 말대로 어린이는 '근대의 제왕'이 되었다(『아동의 탄생』).

*

서양 근대문명이 일본에 들어왔을 때 어린이에 대한 이런 태도 역시 함께 들어왔다. 그러나 서구 문물을 보고 배운 정치가들이 아무리 얘기를 해도 일본의 민중에게 어린이는 함께 일하는 존재였지, 보호하며 따로 공부만 시킬 존재가 되진 못했다. 이미 1870년대에 소학교를 만들어 아이들을 가르치고자 했지만 돈을 내는 게 아니었어도 학교에 자식을 보내는 부모는 많지 않았다. 어린이에 대한 전통적인 감각이 하루아침에 바뀔 순 없었던 것이다. 이를 바꾸기 위해선 그들이 무언가 특별한 존재라는 것을 알게 만들 국가적인 이벤트가, 반복적으로 그것을 환기시킬 이벤트가 필요했다. 일상의 리듬을 끊어주며 특정한 행사를 통해 어린이에 대한 새로운 관념을 환기시키기 위해 '어린이날'을 제정하여 공휴일로 만들었던 것은 이런 이유에서였다. 이런 이벤트가 20~30년 반복되면서 사람들의 감각은 서서히 어린이에 대한 새로운 태도를 받아들이게 되었을 것이다.

일본에 유학을 갔던 방정환의 눈에 가장 먼저 들어왔던 것은 아마도 그것이었을 게다. 아이들이 논밭의 힘겨운 노동에 시달리는 조선 출신의 한 유학생에게는 이것이 '문명'의 중요한 징표처럼 보였던 것 같다. 힘이 없어 '조국'을 남에게 넘겨준 식민지 청년의 눈에는, 어린이를 경제적 노동으로부터 분리하여 일찍부터 저렇게 교육하는 것이야말로 식민지적 운명을 벗어나는 출구처럼 보였을 것이다. 거기서 자신의 할 일을 발견한 그는 유학을 일찌감치 포기하고 되돌아온다. 그리고 아는 것처럼 어린이날을 만들고, 어린이를 위한 글을 쓰며, 어린이들이 올바로 교육받을 수 있게 하자는 운동을 시작한다. 험하고 힘든 시대에 그것은 문명을 향한 새 희망을 심는 일이었을 게다.

이런 운동 덕분이었으리라. 적어도 지금 우리는 서구의 어떤 나라에도 결코 뒤지지 않을 만큼 많은 보호, 많은 교육, 많은 사랑을 어린이들에게

퍼붓고 있다. 유치원에 들어가기도 전에 아이들에게 수학과 영어를 가르치는 부모는 아마 전 세계에 유례없을 것이다. 내 아이의 영역을 침범하려는 어떤 것에 대해서도 강력한 방어태세를 갖추고 있다. 이제 어린이가 이 세계의 '제왕'이 되었다는 것을 누가 부인할 수 있을까? 정말 매일매일이 '어린이날' 아닌가? 그렇다면 어린이날이 따로 있을 이유가 어디 있을까?

그렇다고 굳이 어린이날을 없앨 것까지야 없지 않은가? 굳이 애들을 서운하게 해가면서까지 그렇게 말할 것은 없지 않은가? 그러나 지금 어린이날은 단지 364일의 통상적인 어린이날에 더해지는 특별한 하루만은 아니다. 부모가 없거나 '무능'해서 부모의 사랑을 향유하지 못하는 많은 어린이들에게 그날은 자신의 불행을 되새기게 하는 유달리 끔찍한 날일 게 틀림없다. "어제 어린이날이었는데, 너 무슨 선물받았어?"라는, 친구들의 철모르는 질문이 그들의 가슴을 얼마나 아프게 후비며 파고들 것인지……

*

하지만 지금은 약간 생각이 달라졌다. 단지 없애는 것은 잘해봤자 너무 소극적인 것이 분명하고, 잘 안 되면, 아무 실효 없이 욕이나 먹을 섯이기 때문이다.

산업혁명은 어린이의 인생을, 그 부모의 계급에 따라 아주 다른 것으로 바꾸어놓았다. 어린이를 위해 따로 방과 옷을 챙겨주고 장난감과 교육을 제공하는 것은 19세기의 피폐한 노동자 가장으로선 불가능했다. 하나의 방에서 대여섯 명의 가족이 함께 자야 했기에, 집이란 잠 잘 때 아니면 가고 싶은 곳이 아니었던 시절, 노동 이후 노동자의 삶이 선술집 주변을 맴돌았다면, 아이들의 삶은 거리를 활보하게 마련이었다. 슬럼 지역 노동자의 집을 전염병의 진원지로 보았던 부르주아 위생개혁가들에게, 거리란 아이들을 일찍부터 범죄나 타락의 길로 인도할 공간에 지나지 않았다.

부르주아 위생개혁가들이 노동자에게 쉴 수 있는 집이 있어야 한다고 생각했던 것은, 한편으로는 슬럼을 '궁전' 같은 집합주택으로 대체했던 코뮌주의자들의 실험 때문이었지만, 다른 한편으로는 노동자들을 술집에서 가정으로, 아이들을 거리에서 가정으로 불러들이기 위해선 그럴 수 있는 최소한의 주택이 있어야 한다는 생각 때문이었다. 이를 위해 그들은 지금 '분양'이라고 불리는 제도를 만들어 주택자금 대출업으로 이자소득을 올리며 노동자들에게 주택을 파는 방법을 발명해냈다. 거리에서 아이들을 몰아내 깨끗이 '청소'해버리려는 발상이 출현한 것은 이와 동일한 시기였다. 이전에 거리는 '가난한 자들의 놀이터'였지만, 이제 그것은 마차와 자동차가 마음 놓고 달릴 수 있는 곳이 되어야 했다. 실제로 19세기 후반 유럽에서는 거리에서 떠들고 놀거나 축구를 하는 등의 놀이가 지방조례로 금지되었고, "아이들은 집으로!"가 중요한 슬로건이 되었다. 거기서 실패할 경우, 그래서 아이들이 도덕적 타락이나 범죄에 말려든다면 부모가 그 책임을 져야 했다.

한국의 거리 또한 의도적인 '청소'였는지는 분명하지 않지만, 그런 변화의 과정을 겪었음은 분명하다. 70년대까지 거리와 골목이 나를 포함한 아이들의 놀이터였다는 건 그 시대를 산 사람이라면 다들 아는 바다. 그러나 지금은 그렇지 않다. 그곳은 차가 다니는 길이고, 위험하며, 결코 아이들이 놀 수 있는 공간이 아니다.

서양이든 한국이든 이제 아이들은 일찍부터 부모의 기획에 따라 항상-이미 잡힌 스케줄에 따라, 학교나 학원 같은 예정된 공간 사이를 주기적으로 '돌며' 산다. 친구는 모두 그 예정된 스케줄과 공간 안에서 만나고 또 거기서 헤어진다. 아이들의 세계, 그것은 삭막하고 '깨끗한' 거리 사이에 떠 있는 몇몇 섬뿐이다. 다른 섬으로 이동할 때, 그는 모두와 헤어져야 한다. 오직 남는 것은 시작이자 끝인 가족의 섬이다. 그러나 거기에서 형제마저 찾아보기 힘든 지금, 그들은 '제왕의 고독'을 운명처럼 받아들여야 한다. 그리고 그렇게 성장하고, 그렇게 어른이 된다. 제왕의 자리에서 벗어나도 그 운명 같은 고독은 계속 따라다닌다. 그 고독을 달래기 위해 그들은 없는 친구를 대신할 개를 기른다. 개를 먹다니! 그것은 그들이 보기에 친구를 먹는 것이다. 의과대학에서 정신과가 각광을 받는 것이 선진국의 지표처럼 여겨지는 것이 과연 이와 무관할까?

서구사회가 이미 보여주고 있는 이런 미래에서 비극이나 불행을 보는 데 공감한다면, 그렇다면 우리에겐 이 땅의 어린이들, 이 땅의 미래를 위해 정말로 해야 할 일이 있다. 그것은 어린이들의 세계를 섬으로 만들어가는 문명의 힘을 비틀고 다른 출구를 만드는 것이다. 골목과 거리를 자동차가 아니라 아이들이 맘 놓고 다닐 수 있는 공간으로, 함께 어울리며 '불알친구'를 만들 수 있는 공간으로 만드는 것이다. 문을 열고 나가면 쉽사리 친구를 만나 함께 어울릴 수 있는 공간으로 만드는 것이다. 그리하여 상이한 사람들, 이질적인 것들이 서로 상생하는 방법을 터득하여,

상생하는 사회를 만들려는 꿈을 키울 수 있는 공간으로 만드는 것이다.

  물론 꿈이요 공상이다. 그렇지만 어린이날이 어린이의 삶에 대해 다시 한 번 생각하는 날이라면, 그날은 모두 한번쯤 진지하게 이런 즐거운 공상에 빠져들어가는 날이 되어야 하지 않을까? 적어도 그날만은 집 주변의 모든 거리에 자동차 대신 어린이의 흐름이 맘껏 흐르는 모습을, 사람들과 뒤섞여도 결코 약화되지 않는 가족의 영토에서 벗어나 다른 종류의 사람들을 만날 수 있는 모습을, 이미 일상이 되어버린 선물과 '놀이'를 다른 사람과 함께 나누는 모습을, 그리고 이런 날들이 1년에 한 번에서 매달 한 번으로 늘어나는 모습을, 그리하여 매일매일이 진정으로 어린이의 행복한 삶과 미래를 만드는 공상으로 가득 차는 모습을. 그리하여 매일매일이 이런 모습의 어린이날이 되길⋯⋯

근대적 식사와 비근대적 식사

근대성이란 계산과 매우 밀접한 관계가 있다. 근대과학은 자연의 운동을 계산 가능한 것으로 바꾼다. 가령 근대과학의 관점에서는 자석이 쇠를 끌어당긴다는 성질만으로는 충분하지 않다. 그것은 사실 고대 그리스 시대부터 알려져온 것이다. 비록 직접적 접촉 없이 작용하는 힘이란 점에서 오랫동안 비밀에 붙여져왔고, 마술사들 말고는 진지한 이론적 관심을 갖지 않았지만 말이다. 근대과학의 지식 안에 들어오려면, 그 자력의 세기를 알아야 하고 자력의 세기를 결정하는 요인을 알아야 한다. 그래서 그 요인의 크기에 따라 자력이 어떻게 달라지는지 계산할 수 있어야 한다. 반대로 계산 가능하게 된 것은 모두 과학적인 것으로 간주되고 과학 안에 포함된다. 가령 피아노와 바이올린의 소리가 다르다는 것은 누구나 알고 있지만, 그 음색이 주파수로 환원될 수 있으며, 그 주파수는 십여 개의 단순한 주파수로 환원될 수 있을 때, 그것은 과학의 영역으로 들어간다. 근대과학에서 수학이 중요한 것은 이런 이유에서다.

비슷한 관점에서, 일상의 삶에서 근대화된다는 것은 삶이 예측 가능하고 계산 가능해진다는 것을 뜻한다. 언제 어딜 가면 무엇을 할 수 있고 거기에 필요한 비용은 얼마나 될 것이고 등등. 일상생활을 계산 가능하게 만든 가장 결정적인 요인은 뭐니뭐니 해도 돈이다. 아무리 컴퓨터를 좋아하는 사람도, 150만 원짜리 노트북과 300만 원짜리 카메라를 놓고 어떤 걸 가지겠냐고 물으면, 당연히 카메라를 선택할 것이다. 정 컴퓨터가 필요하면, 카메라를 팔아서 컴퓨터를 사면 한 대 사고 남는 게 있을 것이기 때문이다. 고흐의 〈해바라기〉와 피카소의 〈아비뇽의 처녀들〉 중 어떤 게 더 좋은지야 취향에 따라 다르겠지만, 전자가 5억 달러 후자가 8억 달러에 팔렸다고 한다면, 고민할 것도 없이 후자가 더 '좋은' 그림이 된다. 고흐의 열렬한 팬이라도 같은 값에 어느 걸 갖겠느냐고 하면, 99퍼센트는 8억 달러짜리 피카소 그림을 선택할 것이다. 아니, 이런 가격이 화가나 그림에 대한 평가를 오히려 규정하게 될 것이다. "이거 5억 달러짜리 그림이래"라는 말 한마디면 '이것도 그림이야?'라는 생각이 어느새 사라지고 눈을 씻고 다시 보게 되는 일이 얼마나 흔한지는 잘 아는 바다.

이런 계산이 근대적 지식이나 사고방식, 개인의 행동은 물론 사회적인 변화의 방향까지 규정한다. 계산은 근대적 삶의 바탕에 있다. 어느 정도 조사하고 예측하기에 쓸데없이 허탕 칠 일도 없고, 예약을 하면 힘들게 기다릴 일도 없다. 가격표대로 사고파니 흥정으로 스트레스 받을 일도 없다. 나의 것과 너의 것이 분명해지고, 나의 일과 너의 일이 분명해지며,

나의 공간과 너의 공간이 분명해진다. 그리고 그 영역을 침범하는 것은 무례하고 부당한 일로 간주된다. 내가 책임질 것과 네가 지불할 것이 정확히 계산되고, 내가 할 일과 하지 않아도 될 일이 뚜렷해진다. 붐비는 지하철이나 거리에서도 각자가 확보할 수 있는 공간이 존중된다. 누군가에게 몸이 닿거나 너무 가까이 근접했다 싶으면 "미안하다" "용서해라"라는 말을 남발한다. 그래서 일단 근대화된 삶은 편하다. 남들이 나를 침해하지 않기 때문이다.

서양의 문명화과정을 연구했던 엘리아스는 바로 거기서 근대인 사이의 거리를 본다. 그 거리만큼 올라간 벽의 높이를 본다. 존중되는 나만의 영역, 그것은 그 거리를 사이에 두고 타인과 분리된 생활의 벽인 것이다. 그 벽은 함께하는 삶을, 무언가를 함께 나누는 삶을 절단하고 분리한다. 부딪친 것도 아닌데 나에게 "미안하다"고 말하는 사람은 몸이 가까이 다가간 것만으로도 미안해 할 만큼 나에게 거리를 느끼는 것이다.

이는 이제 서구의 경우만이 아니라, 충분히 근대화되고 충분히 '문명화'된 한국의 경우에도 마찬가지의 리얼한 현실이 된 듯하다. 각자의 것, 각자의 영역을 정확하게 구별하고 분리하는 생활의 단적인 징표는 아마도 '더치페이'일 것이다. 영국인이 네덜란드 인을 엿 먹이기 위해 만들었다는 이 말은, 이제 우리의 '신세대'들에겐 새로운 관습이자 예절로 실행되고, 심지어 '덕목'으로 받아들여지는 것 같다. 남에게 부담을 주지 않는, 그런 만큼 자신도 역시 남에 대해 부담을 지지 않으려는 태도. 그것은 내가 먹은 것은 내가 계산하고 내가 주문한 것은 내가 책임진다는, 나와 너를 나누고 계산하는 근대적 합리성의 정확한 단면이다. 덕분에 이젠

'안심하고' 비싼 식당에 가서 친구들과 함께 비싼 음식을 시켜 먹게 되었다고들 한다. 내가 시킨 것만 책임지면 되니 말이다.

예전에 독일에서 유학하던 한 후배에게 들은 말이다. 그는 식당에서 일을 했는데, 둘이 앉아서 밥을 먹을 때는 만지고 물고 빨고 하다가는, 계산할 때가 되면 각자가 먹은 것을 작은 단위까지 계산해서 더치페이하는 것을 보면 정나미가 뚝 떨어진다고 했다. 나는 그 얘기만으로도 정나미가 뚝 떨어진다. 여러 사람이 모여 식사라도 하는 경우에는 한 사람 한 사람 각자 먹은 음식값 계산에 시간 가는 줄 모른다고 한다. 이는 독일만의 얘기는 아니다. 일본에서도 대개 자기가 먹은 것은 자기가 낸다. 대충 모아내는 게 아니라 자기가 먹은 음식값을 각자 구별해서 계산한다. 디저트를 먹은 사람은 디저트값까지 내고 안 먹은 사람은 내지 않는다. 이는 충분히 근대화된 나라의 공통점이다. 이런 더치페이가 이제는 한국에서도 흔한 일이 되었다고 한다. 이제 한국도 그 일상마저 충분히 근대화되었음이 분명하다. 사람들을 개인별로 분리했던 저 근대의 '거리'가 우리 내부에 자리잡은 것이다. 시장이, 자본주의가 일상의 삶 자체를 사로잡은 것이다.

덧붙이면, 함께 하는 식사란 원래 상이한 사람을 하나로 묶어주는 가장 흔한 방법이었다. 제사나 미사 뒤에 음식을 함께 나누어 먹는 '음복'이란 음식을 나누면서 삶을 나누고 음식을 함께 먹으면서 삶을 함께하는 중요한 계기였다. 하지만 더치페이하는 사람들에게 공동식사란, 옆에 앉아 먹으면서도 음식을 나눌 줄 모르고, 함께 식사를 하면서도 결국은 각자의 삶만을, 각자가 먹은 것만을 책임지는 분리의 장일 뿐이다.

물론 매일 먹는 식사를 누군가 항상 사는 것은 불가능하다. 더구나 요즘처럼 음식값은 비싸진 반면 주머니는 텅 비어가는 시대에, 음식을 산다는 것은 결코 적지 않은 부담이기 때문이다. 그러나 '각자 계산'하지 않는다는 것이 언제나 한 사람이 '쏘는' 것을 뜻하는 건 아니다. 그건 사실 이전에도 마찬가지로 쉽지 않았다. 돌이켜 생각해보면, 대개는 어느 정도 '균분'을 하고, 와중에 있는 사람은 있는 대로, 없는 사람은 없는 대로 적당히 가감하면서 함께 냈던 것 같다. 더치페이의 반대는 한 사람이 음식값을 감당하는 게 아니라, 모두가 함께, 각자의 능력에 따라 적당히 내며 함께 참여하는 것이다. 결혼식 같은 잔치나 장례식처럼 음식을 '혼자서' 내야 하는 경우에조차, 부조의 형식으로 여러 사람이 자신이 능력과 의사, 관계에 따라 다르게 참여하며 함께 비용을 치렀던 것이 그것일 게다. 이는 사실 아직도 지속되는 공동식사의 관습이기도 하다.

마르크스식으로 말하면, 중요한 것은 무엇을 먹는가가 아니라 어떻게 먹는가다. 내가 무엇을 먹었는지 혹은 먹을 것인지만을 보는 이의 관심사는 자신이 먹을 음식뿐이다. 내가 정확히 지불할 것이기에 나는 내가 먹을 음식에만 관심을 가지면 된다. 반면 여럿이 먹어도 혼자 먹을 것인지와, 혼자 먹을 때에도 함께 먹을 것인지, 없는 주머니를 털어 어떻게 함께 먹을 수 있을 것인지에 마음이 가 있는 사람은, 단지 음식만 먹는 것은 아닐 것이다. 함께 먹는 음식을 통해 '함께'를 먹는 것이다. 공동의 관계를 만들어주는 잠재된 가능성을 먹는 것이다. 혼자 살아도 함께 사는 삶을 사는 것이다. 더치페이가 단지 음식값의 지불방법만이 아니라 훨씬 근본적인 층위의 삶의 방식과 관련된 것이라고 생각하는 것은 이 때문이다.

생산력과 생산성

야생의 벼는 광합성으로 생산한 에너지 가운데 80퍼센트 이상을 자신을 위해 쓴다. 20퍼센트 정도만 생식을 위해, 쉽게 말해 볍씨에다가 투여한다. 그런데 여러 가지 인공적인 방법으로 만들어낸 '기적의 벼'는 자기가 생산한 에너지의 80퍼센트를 볍씨에 투여한다. 인간으로 치면, 자기 에너지의 80퍼센트를 생식을 위해 즉 '그 짓'을 위해 쓰는 셈이니 색마니 색골이니 하는 말로도 결코 충분치 않은 기이한 '변태'인 셈이다.

하지만 벼를 수확하는 인간의 관점에서 볼 때 이 '변태적인' 벼는 야생 벼보다 무려 4배의 소출을 얻을 수 있다. 그래서 이런 벼를 개발한 것을 일러 '녹색혁명'이라고 명명하기도 했다. 녹색혁명이라는 찬사 속에 몇몇 가난한 나라가 이 종자를 얻어다 논에 심었다. 결과는 참혹했다. 왜냐하면 이 벼는 에너지의 80퍼센트를 씨(생식)에 투여하기 때문에, 그걸 버텨줄 줄기는 약하기 짝이 없고, 유기물을 흡수하고 에너지를 생산할 뿌리나 잎은 빈약하며, 더구나 세균이나 벌레에 대항할 능력이 너무도 취약했기 때문이다. 색을 밝히다가 코피 흘리고 병에 걸려 비실대는 것은 이에 비하면 약과라고 할 것이다.

이런 벼를 제대로 키우려면 비료를 잔뜩 뿌려주고, 농약을 빈번히 쳐주어야 한다. 와중에 큰 바람이라도 한번 불면 약하디 약한 줄기는 휘청대다 꺾어져 단체로 논에 드러눕고 만다. 뱀, 물개 거시기에 코뿔소의 코까지 눈에 불을 켜고 찾아 먹어도, 몸이 성할 리 없는 것이다. 이는 단지 생식에 대해서만 그런 것은 아니다. 신체의 에너지를 신체 전반에 골고루 사용해야 하듯이, 인간이 생산하는 재화 또한 그래야 한다. 그런데 익히 듣던 것처럼 노동자에게 "나누어 먹기 전에 나눌 파이를 크게 키우자"며 경제성장을 위해 생산물의 대부분을 투자하는 경우, 노동자의 신체와 생활은 저 '기적의 벼'처럼 비참하고 참혹하게 된다. 벼처럼 비료를 주는 사람도 없으니 더더욱 그럴 것이다.

마르크스가 생산력이란 개념을 '자연과 인간 간의 관계'라고 정의했을 때, 그가 벼와 인간 사이에서 벌어지는 이런 식의 관계를 염두에 두었을 지는 모를 일이다. 하지만 자본가와 노동자 같은 인간 간의 관계만이 아니라 자연과 인간이 어떤 관계를 맺는가가 생산에서 가장 근본적인 계기를 이룬다는 점을 지적한 것은 지금이라면 새삼스레 주목하고 강조할 필요가 있다. 그러나 우리는 그 생산력이라는 말을 쉽게 '생산성'이란 말로 대체해버린다. 생산성, 그것은 경제학이나 심지어 생태학에서도 빈번히 등장하듯이 투입량에 대한 산출량의 비, 비용에 대한 결과의 양적 비를 뜻한다. 최소 비용으로 최대 결과를 얻는 것을 추구하는 공리주의적 관점이 집약된 공식이다.

자연과 인간의 관계인 생산력을 이처럼 투입량 분의 산출량으로 정의하는 생산성으로 대체할 경우, 생산력 발전이란 생산성의 증가를 뜻하게 된다. 벼의 소출이 새로운 종자를 통해 4배로 늘어난 것이 그것이다. 생산성이란 투입량 분의 산출량으로 계산하니, 추가 비용이 없다고 하면 생산성은 400퍼센트 증가한 것이 분명하다. 비료나 농약값을 계산해도 최소한 200~300퍼센트 정도는 증가했을 것이 분명하다.

그러나 이런 식의 계산, 이런 식의 생산성 개념은 바로 그러한 새 종자를 통해 자연과 인간의 관계가 어떻게 바뀌었는가 하는 점을 놓친다. 벼는 모든 에너지를 자식새끼 만드는 데 투자해서 자기 힘만으론 제 몸 하나도 정상적으로 부지할 수 없는 빈약한 신체를 갖게 되었고, 이로 인해 인간은 농약이나 비료 같은 화학약품을 열심히 뿌려야 하게 되었으며, 그로 인해 땅과 물은 화학적으로 오염되고, 그 결과 논에 개구리나 미꾸라지도 살기 힘들게 되었다는 등등의 사실 말이다. 이게 바로 인간과 자연의 관계 아닌가! 다른 건 접어두고 벼와 인간만 보더라도 인간은 수확량을 늘리기 위해 벼가 생존하는 데 필요한 에너지까지 착취했다. 아니, 이런 목적으로 종자마저 바꿔버린 것이다.

볍씨만은 아니다. 돌아다니던 말이나 소를 잡아 키우는 것으로는 부족해서, 살 빠지지 말라고 좁은 우리에 가둬두곤 항생제와 성장촉진제를 투여하는, 좀더 '생산적인' 방법이 어디서나 사용되고 있다. 덕분에 병아리는 이제 2개월이 아니라 보름이면 내다 팔 수 있는 다 큰 닭이 된다. 4배의 생산성을 얻은 것이다! 도끼나 톱 대신에 기계톱과 포클레인 등을 동원하면 빨라진 속도만큼 생산성이 증가할 것이다.

생산력이란 개념을 생산성이란 말로 대체하고, 자연과 인간의 관계를 투입량과 산출량의 비율로 대체했을 때, 이 모든 사태는 그저 '생산성 증가' '생산력 발전'으로만 보이게 된다. 그리고 이는 자본주의나 사회주의, 그 이전의 봉건제와 본질적으로 다를 게 없다. 그저 양적인 차이만 있을 뿐이다. 그 경우 자본주의를 전복하는 혁명이 생산력을 발전시킨다는 것은 좀더 높은 생산성으로 자연을 착취한다는 것을 뜻하는 게 된다.

그러나 생산력이란 생산할 수 있는 능력이고, 생산을 위해 서로 의존하는 인간과 자연의 관계 혹은 자연 안에서 인간과 인간 아닌 모든 것의 관계를 뜻한다면, 이윤의 극대화를 위해 모든 것을 희생시키려는 자본주의 사회와 상생적인 삶을 추구하려는 코뮌주의 사회에서 생산력이 양적인 차이만 가질 뿐 본질적 차이가 없을 것이라고는 생각할 수 없다. 자본주의에는 자본주의적인 생산력(자연-인간 관계)이 있다면, 코뮌주의에는 거기에 걸맞는 생산력(자연-인간 관계)이 따로 있다, 아니 있어야 하지 않을까? 인간을 위하여 모든 것을 좀더 빠른 속도로 좀더 높은 효율로 희생시키는 관계가 아니라, 공생과 상생을 위해 인간이 적어도 조정자 역할을 할 수 있는 그런 관계 말이다. 생산력의 발전이란 이처럼 공생하며 함께 생산하는 능력의 발전, 그런 능력의 성숙을 의미하는 게 아닐까?

경제학적 진화의 조건

흔히 말하는 진화란 좀더 단순한 것에서 좀더 복잡한 것으로 분화되는 것이며, 이로써 좀더 나은 것으로 '발전'되는 것이다. 이 상식화된 진화론이 다윈보다는 스펜서나 헤켈의 이론이라는 건 이젠 널리 알려져 있다. 다윈의 이론에서 진화란 발전이나 진보가 아니며, 정해진 방향성이 없다. 거기서 진화란 환경에 적응하여 살아남는 것이다. 진화된 종이란 그처럼 적응하여 살아남은 개체군을 사후적으로 지칭하는 것이다. 그렇다면 통념처럼 진화를 어떤 능력이라고 말한다면, 진화란 환경의 변화에 적응하여 살아남는 능력을 뜻하게 될 것이다. 이런 관점에서 보자면, 어떤 개체가 다른 개체보다 더 '진화된' 신체를 가진다 함은 좀더 이질적인 환경에 적응할 수 있는 능력을 갖췄음을 뜻한다고 할 것이다. 그렇다면 살아남는 능력, 변화된 환경에 적응하는 능력이라는 점에서 박테리아를 당할 생물이 없음을 안다면, 박테리아를 가장 진화된 생물이라고 봐야 마땅할 것이다.

다윈의 진화 개념이 지닌 이런 양상은 19세기적 사고방식을 넘어선 매우 현대적인 면모를 보여준다. 여전히 진화론이 살아남은 것은 이런 면모 때문일 것이다. 허나 그런 진화의 관념에는 생존경쟁과 적자생존, 자연도태라는, 경쟁과 적대로 세상을 보는 또다른 19세기적 세계관이 혼합되어 있다. 맬서스의 악명 높은 인구론에서 정식화되었던 그런 세계관이. 실제로 다윈은 여행을 통해 얻은 자료와 경험을 바탕으로 『종의 기원』을 쓰기 직전에 맬서스의 『인구론』을 읽었을 뿐 아니라 스펜서와 맬서스를 생존경쟁이나 적자생존 등의 개념과 관련해서 이론적 전거로 직접 인용하기도 한다.

다윈이 맬서스에게서 차용하여 전제로 삼은 이러한 이론은, 분리된 개인의 경쟁과 적대를 전제로 구성되는 근대경제학과 정확하게 공유하는 것이기도 하다. 그것은 좀더 근본적으로 세상을 만인에 대한 만인의 전쟁이라고 했던 홉스의 유명한 공식에서 기원한다. 즉 시장이라는 전장에서 벌어지는 적대적 전쟁의 논리학을 모델로 한다. 시장과 전쟁, 이 둘은 경제학이 이해한 근대세계의 원리였던 것이다. 그것이 다윈을 통해 생물학으로, 생물 일반의 생존의 논리, 진화의 논리로 확대된 것이다. 이런 점에서 진화생물학에는 홉스의 그림자가 드리워져 있으며, 생물의 진화는 아직도 맬서스의 유령에 사로잡혀 있다.

그러나 미생물학자 마굴리스가 입증한 것처럼 세포 속의 미토콘드리아는 다른 개체에 잡아먹힌 박테리아가 소화불량인 채 살아남아 두 개체가 서로 공생하면서 살아가게 된 것이다. 즉 우리의 세포는 상이한 박테리아가 서로 공생하면서 진화한 공생체라는 것이다. 이와 다른 차원에서지만, 좀더 일찍이 크로포트킨은 생물체 간의 상호부조를 통해서 생물계를 이해하려고 했던 바 있다.

어찌 세상에 경쟁과 적대가 없을까? 그러나 또 어찌 세상에 경쟁과 적대만 있을 수 있을까! 상충되기도 하는 무수한 측면이 공존하는 게 세상 아니던가? 맬서스와 크로포트킨의 차이, 다윈과 마굴리스의 차이는 아마도 그들이 보고자 하는 게 달랐기 때문일 것이고, 보는 방법이 달랐기 때문일 것이다. 그렇게 우리는 세상을 '나누어서' 보게 마련이다. 불행은, 피할 수 없는 그 일면성이 세상의 '원리'가 되고, 그런 주장이 거대한 권세를 얻어 다른 많은 사람들에게도 그렇게만 보게 하는 데서 시작된다.

다윈의 진화론을 거치면서 맬서스의 인구론은 인간세계의 경제적 원리에서 생물 전반의 생존의 원리로 '일반화'되었다. 그리고 다윈의 생물학은 다시, 경제학이나 사회학 등에서 목숨을 건 생존경쟁이 지배하는 시장의 체제에 생물학적 일반성을 부여하는 근거로서 빈번하게 역수입된다. 시장의 논리가 자연법칙이라도 되는 것처럼 간주되며, 거기서 벗어나려는 시도는 인간의 본성, 자연의 본성에 어긋나는 것처럼 비난받는다.

이러한 논리가 가장 자주 명시적으로 사용되는 것은 노동 '시장'의 영역에서다. 빈곤과 실업, 이는 생존경쟁에서 도태된 자에게 자연학적 숙명으로 주어지는 것이다. 그런 처절한 경쟁에서 살아남는 것들이 '진화'된 개체다. 그런 '진화'를 위해선 그 가혹한 생존조건은 제거되어선 안 된다. 생존경쟁의 엄혹한 조건은, 살아남아 진화할 '우수한' 종자와 도태되어 사라져 마땅한 '덜떨어진' 종자를 구별해주며, 우수한 생존능력이 있는 것들로 하여금 자신의 잠재력을 최대한 발휘하게 해주기 때문이다. 도시의 비둘기가 아스팔트 길을 뒤뚱거리며 제대로 날지도 못하는 것은 그들을 추적하고 잡아먹는 가혹한 조건이 사라졌기 때문이라는 것이다. 이것이 이른바 '신자유주의'라는 이름으로 '시장'에 삶과 죽음을 주는 새로운 신의 위치를 부여한 경제학의 주장이기도 하다.

이런 식으로 그들은 지금 유례없이 증가한 실업자나 비정규직 노동자에 대해, 생물학적 논리를 들이민다. 그에 따르면 이들에게 필요한 것은 생존을 구제하는 것이 아니라 이들 스스로 자신의 경쟁력을 키우는 것이다. 따라서 그들에게 주어져야 할 것은 일용할 양식이나 생존에 필요한 소득이 아니라 자기계발 서적이나 그런 유의 계발 프로그램이다. 주린 배를 움켜쥐고 자기계발 서적을 읽으며 영어 공부, 컴퓨터 공부를 하며 좋은 스펙을 쌓는 것, 그것이 그들 개개인의 '진화'를 위해서나 사회 전체의 '진보'를 위해서나 바람직한 일인 것이다! 따라서 청년 실업자나 비정규직이 넘쳐나는 가운데 자기계발 서적이 붐을 이루는 한국사회는 가장 바람직한 '진화'의 조건을 가졌다고 해야 할 것 같다. 어린 시절부터 먹고사는 문제를 국가에서 '공짜로' 해결해주는 무상급식이 '망국적' 포퓰리즘이라고 확언했던 것은 아마 이런 생물학적 법칙을 깊이 통찰했기 때문이었을 게다.

이런 관점에서 살아남아 취직한 자들을 비교하면, 가령 대학교수의 경우, 취직하기 가장 어렵고 먹고살기 가장 힘든 철학자나 역사학자가 가장 탁월한 능력을 가졌고 취직하기 가장 쉽고 먹고살기 좋은 경제학자가 덜

떨어졌다고 해야 하지 않을까? 그렇다면 적어도 그런 경제학을 확신하는 경제학자를 위해서라면, 그들의 '진화'를 위해서라면 그들이 취직할 수 있는 곳을 줄이고 좀더 가혹한 생존조건을 부여해야 하는 건 아닐까? 매달 논문 한 편 못 쓰면 목을 치는 정도의 가혹한 생존조건이야말로 그들로 하여금 매년 십여 편의 논문을 쓰며 강력한 생존능력을 진화시킬 조건이 되어주지 않을까? '포퓰리즘'을 비난하는 정치가들 또한 그럴 것이다. 조그만 비리나 오류, 실책 하나만으로도 해임될 수 있는 가혹한 조건을 제공할 때, 거기서 살아남는 '우수한' 정치적 종자들의 진화와 변성을 보게 될 것이 틀림없다.

경쟁의 생물학과 도태의 시장논리를 신봉하는 경제학자나 정치가가 그런 식으로 강력한 진화의 모범을 보여준다면, 나처럼 진화에 관심이 없던 사람도 슬며시 관심이 동할지도 모를 일이다. 그들이 전체 사회의 '진보'에 기여할 수 있는 길은 바로 그것이 아닐까?

대학,
놀라운 기적의 기업

2009년 9월 15일 창원지법은 고려대학교가 수시선발을 하면서 고등학교에 등급을 매겨 다른 점수를 주어 '차별'적으로 학생들을 선발했던 것에 대해 사실임을 인정하고, 그로 인해 불합격된 학생들에게 위자료 700만 원씩 지급하라고 판결했다. 고려대학교뿐만 아니라 연세대학교 등 이른바 명문대학이 과학고나 외고 등 잘나가는 학교 그리고 강남처럼 잘나가는 지역, 잘사는 지역의 학생을 선발하기 위해 수시전형이나 입학사정관 제도 등을 악용한다는 것은, 입시에 별다른 관심이 없는 내 귀에도 들어올 정도로 공공연한 비밀이었다. 그 감추어진 공공연한 비밀을 법원이 이제야 '사실'이라고 인정한 것이다. 그런데 좀더 인상적인 것은 이 소송을 위해 법원이 대학측에 요구한 자료, 가령 전형에 적용한 계산식의 내용이나 거기에 사용된 상수를 '영업비밀'이라는 이유로 감추고 제출하지 않았다는 사실이다. 좋은 사원이나 좋은 상품 고르듯이 학생을 가려 뽑은 것도 그렇지만, 거기 적용한 방법을 영업비밀이라고 감추었다는 것은 학교에서 학생을 선발하고 학교를 운영하는 일이 '영업'이 되었음을 명시적으로 보여준다. 대학의 운영은 어떤 공적인 목적을 위한 활동이 아니라, 영업활동이 된 것이다.

사실 신자유주의는 모든 것을 '기업'으로 바꾸려 한다. 즉 모든 것을 기업 하는 마인드로, 기업이 운영하는 방식으로 하려 든다. 그래서 심지어 개인마저도 일종의 기업으로 만들라고 요구한다. 다른 개인(기업!)과의 경쟁에서 이기기 위해 자신을 위해 '투자'하고, 자신의 능력을 '계발'하고 '혁신'하라고. 이런 관점에선 개인이란 '인적 자본'이고, (자신의) 이윤을 생산하기 위한 '인적 자원'이다. 그 모든 '투자'나 '계발'의 목표는, 기업과 마찬가지로, 오직 하나다. 좀더 많은 이윤, 좀더 많은 돈을 버는 것. 이는 자본가나 경영자, 전문가나 관리직을 꿈꾸는 사람만이 아니라 노동자도 마찬가지다. 그래서 신자유주의는 노동자들에게 얼마 안 되는 돈마저 자본가나 '기업가'들처럼 '증권'에 투자하도록 부추겼고, '펀드 열풍'을 일으키기도 했다. 노동자마저 부르주아로 만들어버린 것이다. 물론 그 펀드에 투자한 돈은 결국 서브프라임 사태 이후 폭발적으로 꺼진 거품 속에서 몽땅 어디론가 사라져버렸지만.

따라서 신자유주의 시대에 대학이 '기업'화되는 것은 차라리 극히 자연스런 일인지도 모른다. 대학들을 기업처럼 '법인'화하고 대학에 이윤을 극대화하기 위한 경영체제를 도입하는 것, 그래서 이른바 CEO형 총장이 등장해 대학을 본격적으로 '개발'하고, 등록금은 최대한 '절약'하여 건물을 짓는 데 사용하는 것, 교수는 돈이 되는 '프로젝트'를 최선을 다해 수주하는 영업사원으로 만드는 것, 나아가 최대한 '돈이 될' 학생들을 선발하는 것은 이런 맥락에서 벌어지는 일이다. 상지대나 조선대, 덕성여대 등 재단이 문제를 일으켰던 대학들이나, 비리 재단에 다시 학교를 넘겨주며 학교를 또다시 전쟁터로 만든 사학분쟁조정위원회가 대학이 '사유재산'임을 다시금 확언해줬다면, 학교의 명성 때문에 밀려드는 학생들을 영업으로 선발하고 학교를 영업으로 운영하는 이른바 '명문대'들은, 법인화라는 형식적 제도와 무관하게 대학이 이미 충분히 기업화되었음을 다시금 확언해주었다. 대학은 이제 교육-기계가 아니라 돈을 버는 기계가 된 것이다. 따라서 기업으로서의 대학에 적용해야 할 개념은 '문화적 자본'이 아니라 '경제적 자본'이고, 거기 적용해야 할 이론은 자본의 경제학이다.

*

사실 '국민학교'가 국민을 만들기 위한 장치로서 19세기 중반에 탄생했다면, 서구의 대학은 그보다 수백 년 전에 '직업학교'로서 탄생했다. 직업학교, 그것은 자본주의가 지배적인 조건에서라면 기업에 필요한 인력, 즉 쓸 만한 '노동력'을 양성하는 곳이다. 국민을 만들려는 것이 국민국가였다면, 그렇게 만드는 데 드는 비용을 국민국가가 내는 것은 당연했다. 그래서 초등교육은 '의무교육'이란 이름으로 무상으로 행해진다. 그렇다면 쓸 만한 노동력을 만들 필요가 있었던 게 자본가라면, 그렇게 만드는 비용을 자본가가 대는 것은 당연하지 않을까? 개별 자본가가 아니라면 '총자본가'인 국가가 지불하는 것이 어느 모로 보나 자연스럽다. 그러나 자본주의에서 '부자'의 다른 이름인 부르주아는 인색하기 그지없다. 유럽의 대학처럼 국가가 비용을 지불하는 경우도 있지만, 많은 경우 그렇지 않다. 노동자가 되려는 자, 그 자신에게 비용을 전가시킨다. 자본주의에선 죽지 않으려면 고용되어야 하고, 고용되려면 '경쟁력 있는' 노동력이 되어야 하니, 결국 죽지 않으려면 노동력을 생산하는 비용을 노동자가 되려는 자가 직접 지불하라는 것이다. 죽음을 담보로 한 이러한 요구에 대부분의 예비 노동자들은 복종한다.

그런 대학이 이제는 그 자체로 이윤을 추구하는 기업이 되었다. 공장이 벽을 넘어 사회적 영역 전반으로 확대된 시대에, 대학은 잉여가치를 생산하는 공장이 된 것이다. 그런데 대학에 자본의 정치경제학을 적용하려는 순간, 대학은 기업 가운데서도 아주 이상한 기업임이 드러난다. 대학이 기업이라면 학생들은 대학이 이른바 '교육'이라는 이름으로 가공하는 대상, 즉 '노동대상'이다. 고등학교를 졸업한 '순진한' 자원을 선발해서 쓸 만한 노동력-상품으로 가공하는 것. 그것이 지금 대학이 명시적으로 제시하는 자신들의 목표다. 그런데 이 공장의 자본가들은 그 공장을 돌리는 비용을 자신들이나 '총자본'이 아니라 노동대상인 학생들에게 물리고 있다! 곰이나 코끼리에게 조련 비용을 물리는 식이고, 참치에게 자신을 가공하는 비용을 물리는 식이다. 착취당하는 대상이 자신을 착취하는 비용까지 물게 만드는 놀라운 마술! 부르주아지의 유토피아가 있다면 바로 이런 게 아닐까? 대학-기업은 그것을 이 땅 위에 실현했다.

학생들이 노동대상이라면, 노동수단은 강의실이나 이런저런 시설들일 것이다. 노동자는? 강의실이나 칠판, 컴퓨터, 실험실 등 노동수단을 써서 학생들을 가공하는 교수와 강사 그리고 그 '노동'이나 시설을 관리하는 교직원이다. "교수도 노동자다"라는, 상당한 논란을 벌여온 명제는 전교조보다는 대학-기업의 입장에 더 가깝지 않을까? 단, 거기에 대학-기업이 추가하려는 것은 그 노동자들이 소유자인 이사장이나 경영자인 총장 같은 자본가의 지휘하에 노동해야 한다는 사실일 것이다. 전에 공대 교수들이 임용되어 총장과 면담할 때면 총장이 "잘 부탁한다, 열심히 일해달라"고들 한다는 얘기를 들은 적이 있다. 이 경우 "열심히 일해달라"는 부탁은 열심히 가르쳐달라는, 우리가 예상하는 그런 의미가 아니라, 말 그대로 돈이 되는 프로젝트를 많이 수주해서 열심히 일해달라는 말이라고 들었다. 그리고 보면 대학의 어떤 일이 '영업비밀'이란 말을 듣는 순간, 교수는 '영업사원'이라는 생각이 떠올랐던 건 아주 자연스런 일인 셈이다. 노동자와 관련해서도 대학-기업은 선구적이다. 이미 오래전부터 대학은 가르치는 노동력의 반 이상을 임시직, 비정규직인 시간강사로 채워왔음을 우리는 잘 안다. 다른 공장이 평생고용이나 포드주의적 포섭을 할 때조차 대학은 시대를 앞서서 포스트포드주의 혹은 신자유주의적인 '유연한 고용'을 실현하고 있었다.

*

신자유주의적 경쟁 논리 때문이겠지만, 10여 년 전부터 대학이 건물과 시설을 확장하는 데 전념하고 있음 또한 잘 알려져 있다. 대학 총장들은 자신의 업적이 재임 시절 그가 지은 건물 수로 남는다고 흔히 생각한다는 우스갯소리를 들은 적이 있는데, 정말 많은 학교가 이게 예전에 그 학교

맞나 싶을 정도로 많은 건물을 지었다. 건물이나 시설은 '불변자본'에 속한다. 교수나 교직원 같은 '가변자본'에 비해 불변자본이 이렇게 증가하는 것을 정치경제학에서는 '자본의 유기적 구성의 증가'라고 명명한다. 마르크스가 보여준 것처럼, 자본의 축적이 진행되면 자본의 유기적 구성이 증가한다. 유기적 구성이 증가하면, 이윤율이 저하하는 경향이 있다. 그러나 대학-기업에서는 근자에 그토록 빠른 속도로 불변자본 투자가 확대됨에도 불구하고 이윤율이 저하되기는커녕 오히려 증가하는 것 같다. 무엇 때문일까?

마르크스는 유기적 구성이 증가해도 이윤율이 저하하지 않는 것은 저하를 상쇄하는 요인 때문이라고 설명한다. 대학-기업에선 어떤 상쇄 요인이 있는 걸까? 생산성의 고도화? 교수들을 다그치는 제도가 확대되고 있으니 그럴지도 모른다. 그러나 대학교육의 생산성 증가는 생계 관련 상품의 가치저하를 수반하지 않는다. 따라서 이윤율 저하를 상쇄하지 않는다. 다른 요인의 영향도 있겠지만, 이윤율이 저하하지 않는 근본적인 이유는 간단하다. 불변자본의 확장에 필요한 비용을 자본가가 아니라 학생들이 지불하기 때문이다. 건물이 더 필요하다면, 등록금을 올리거나 등록금 가운데 건축비용 비율을 확대하면 된다. 그 비용은 대학-자본가의 주머니에서 나오지 않는다. 자신의 돈을 들여 교육 사업을 하는 '지사'들의 얘기는 『상록수』 같은 고풍스런 과거에 속할 뿐이다. 이윤을 추구하는 기업이 된 대학이, 좀더 훌륭한 경영을 하는 것은 좀더 많은 이윤을 내는 것일 뿐이다.

실제로 한국의 대학등록금은 최근 10여 년간 미친 듯이 가파르게 치솟아, 이미 일본 대학 수준을 추월했고, 미국 대학 수준을 향해 달려가고 있다. 이 등록금 가운데 건축을 위해 비축한 기금의 비율은 학교에 따라 50퍼센트에서 90퍼센트에 이른다(반면 장학금을 위한 기금은 거의 없거나 10퍼센트 미만인데, 이에 대해서는 미국 대학을 전혀 따라가지 않고 있다!). 여기서도 대학-기업은 자본가들의 위대한 유토피아임이 분명하다. 그토록 미친 듯이 건물을 짓고 불변자본을 확장하는데도, 이윤율이 저하하기는커녕 증가하니 말이다.

아무리 불경기라도 끄떡없고, 특별히 경쟁력이 없어도 엔간해서 파산하거나 무너지는 일 없는 높은 이윤율의 '기적의 기업', 그게 바로 대학이다! 무엇이 이 놀라운 기적을 가능하게 해준 것일까?

*

먼저 소극적인 요인을 지적할 수 있다. 모두가 다니기에, 안 다닐 수 없는 게 대학이라는 것. "싫으면 다니지 마!" 따라서 엔간한 일에도 눈 하나 꿈쩍하지 않는 배짱을 부릴 수 있다. 하지만 이것만으론 여느 학교와 다르지 않을 것이고, 다른 나라 대학과도 다르지 않을 것이다. 정말 중요한 '적극적' 요인은 한국사회가 학교에서 무엇을 배웠는지 상관없이 어느 학교를 졸업했다는 졸업장이 향후 인생의 많은 것을 결정하는 학벌사회라는 사실이다. 거기서 결정적인 것은 학교 이름이다. 아무도 그 대학에서 무얼 제대로 가르쳤을지는 생각해보지 않으며 문제 삼지도 않는다. 오직 어느 대학을 나왔다는 사실이 중요하다. 학벌사회, 그것은 대학 이름이 브랜드인 사회다. 드나드는 사람에게 상표처럼 혹은 낙인처럼 대학 이름이 찍히는 사회, 그리하여 그 상표에 따라 노동력의 '질'이 평가되는 사회.

사실 브랜드의 가치는 사용가치나 상품의 질과 크게 관계가 없다. 유명 브랜드이기에 '좋은' 것이고, 그래서 비싼 것이다. 대학-기업이란 교육의 질과는 무관하게 학교 이름으로 먹고사는 기업이고, 대학의 경영이란 그 브랜드를 관리하는 기술이다. 그런 점에서 보면, 노동대상이 스스로 지불하는 학비란 그 브랜드를 얻기 위해 지불하는 일종의 '지대'인 셈이다. 브랜드로 착취하는 자본, 그것이 대학-기업이다.

인구가 감소되어 대학에 들어가려는 학생수가 줄어든다고 해도, 이미 브랜드 가치를 확보한 대학은 아무 걱정도 없다. 다만 걱정되는 것은 가속적으로 진행되는 전 지구화다. 적지 않은 사람이 이미 그 대학-기업의 브랜드 뒤에 사실은 별게 없음을 눈치채고 있고, 그래서 실속도 있고 브랜드 가치로도 그 학교를 훨씬 능가하는 외국의 학교에 직접 진학하려는 학생이 늘고 있기 때문이다. 더 치명적인 것은 전 지구화 속에서 취업이나 활동 또한 전 지구화되고 있는 데 반해, 그 학교들의 브랜드 가치는 국내에서만 통용된다는 사실이다(그래서들 때늦게 '세계 순위'를 올리기 위해 채찍질을 하고 있다). 마치 외국산 명품이 시장에 몰려오는 상황에서 국내에나 알려진 어설픈 브랜드로 버텨야 하는 난감한 상황이 예상되는 것이다.

그래서 대학-기업들마다 교수-노동자에게 '국제 기준에 맞는 실적' 경쟁을 시키고, 착취비용마저 스스로 지불하는 학생-노동대상에겐 건물과 시설 등 불변자본의 외형을 늘릴 비용을 전가해 경쟁력을 치장하고 있다. 그러나 잘나가는 대학의 졸업장도 마땅한 일자리를 얻는 데 별 도움이 되지 않는 상황이 이미 눈앞의 현실이 된 상황에서, 이 어이없는 유토피아적 대학-기업을 언제까지나 이런 '기적의 기업'으로 남겨두어야 하는 것일까?

'사학분쟁조장위원회'와

탐욕의
좀비들

              1993년인가, 대학에서 처음으로 강의를 했다. 물론 시간강사였다. 학교는 원주에 있는 상지대학교. 예전에는 헌병 출신 이사장 김문기의 비리와 횡포로 인해, 이후로는 교수와 학생 들이 투쟁해 김문기를 몰아내고 이루어낸 '민주화'로 인해 잘 알려진 학교였다. 민주화된 덕분에 전과 기록이 있는 나 같은 '좌빨' 이론가도 강의할 수 있었던 것일 게다. 뭐, 시간강의 하는 거야 그때나 지금이나 그리 대수로울 게 없지만, 대학에서 처음 했던 강의여서인지 약간의 설렘이 기억에 남아 있다.

  강의를 맡겨주었던 선배에게 자주 밥을 얻어먹었는데, 종종 학교일로 공부하기 쉽지 않다는 얘기를 들었다. 구(舊) 재단으로부터 학교를 지키기 위해 계속해서 회의와 농성 등 '투쟁'을 해야 한다는 것이었다. 그 당시는 이미 김문기가 쫓겨나 구속된 상태였기에 이젠 해결된 것 아닌가 물었다. 그러나 그는, 사립학교 재단은 학교를 자기의 개인 재산으로 보기 때문에, 학교를 '빼앗긴' 채 그대로 있지 않을 것이고, 언젠가 다시 크게 싸우지 않으면 안 될 거라고 했다. 그럴 수도 있다고 생각했지만, 비리로 쫓겨나 구속까지 된 사람이 학교를 되찾을 수 있을 것이라곤 생각하지 않았다.

그런데 얼마 전 기적 같은, 정말로 기적 같은 일을 목격했다. 바로 그 상지대학교가 김문기와 그 일가에 다시 넘어간 것이다! 교직원과 학생, 지역주민의 한결같은 의지와 투쟁에도 불구하고, '사학분쟁조정위원회'는 비리로 쫓겨나 구속되었던 사람을 다시 불러들여 그에게 학교 이사진을 장악할 수 있는 실질적 권리를 되돌려주었다. 18년 전에 들었던, 투쟁의 뒤끝이었지만 결코 현실화될 리 없다고 생각해 흘려들었던 그 말이 현실로 실현된 것이다!

교육부에서도 난감해하는 일을, 어떤 주저함도 없이 과감하게 해치운 주역은 이른바 사학분쟁조정위원회였다. 필경 사립학교란 설립자의 소유물이라고 철석같이 믿는 사람들이 모여 만든 듯한 이 위원회가, 교육부의 의도나 권고조차 무시하면서 일방적으로 학교를 원래 '소유자'의 손에 다시 넘겨준 것이다. 그들에겐 그 학교에서 어떤 일이 벌어졌으며 또 벌어질지, 그 학교에서 행해지는 교육은 어찌될는지는 아무런 관심사도 아니다. 그들의 관심사는 오직 그 학교의 '소유권'이 누구의 것인지고, 그들이 하는 일은 그 '주인'을 찾아 학교를 넘겨주는 것일 뿐이다. 그들에게 학교는 자신들이 소유한 집이나 땅 혹은 주식이나 채권과 전혀 다르지 않은 것이었다. 불법행위나 비리가 있건 없건 애초의 소유자에게 소유권을 돌려주는 게 자신의 소임이라고 믿는 것일 게다. 이는 상지대만이 아니라 조선대와 덕성여대 경우에도 마찬가지였다고 한다.

덕분에 이제 그 학교에선 교수도 학생도 공부하긴 틀린 것 같다. 저 끔찍한 비리와 횡포를 그저 방관할 수 없는 한, 그들은 다시 재단과 길고 지루한 싸움을 다시 시작할 수밖에 없기 때문이다. 잠재적 상태로 잠들어 있던 대립과 적대를 그 위원회가 전면에 불러낸 것이다. 이런 점에서 보면 그들은 사학분쟁 '조정'위원회가 아니라 사학분쟁 '조장'위원회라고 해야 마땅하다. 간신히 잠잠해진 학교에 다시 분쟁을 불러들이고, 분란과 투쟁을 조장하니 말이다. 아니, 봉인된 악령을 불러내는 기적의 마술사들이다. 누워 있던 좀비들의 환호가 여기저기서 들리는 듯하다. "내가 돌아왔다!(I am back!)"

*

여기서 교육이나 학교가 어떤 것이어야 하는가를 말하는 것이 무슨 소용이 있을까? 교육에서 미래를 보고 학교에 인생을 걸었던 식민지시대 계몽적 지식인 얘기는 어차피 아득한 '옛날얘기'일 뿐이다. 학교란 새로운 삶의 방식이나 좀더 나은 공동의 삶에 대한, 꿈속에서 만드는 공동체 같은 것이어야 하지 않겠냐고 말하기보다 차라리 하이에나에게 채식을 권하는 것이 더 나을 것이다.

사실 우리가 익숙한 서양식 학교에 대해 말하자면, 초등학교에서 대학교까지 하나의 시계열적 연속성을 갖고 있어서 하나의 목적을 가진 것처럼 보이지만, 사실은 상이한 발생적 기원과 혈통을 토대로 한다. 가장 먼저 생긴 학교는 대학교였다. 11~12세기 파리 대학 등이 그것인데, 이는 신학이나 수사학, 수학 등을 가르치는 '직업학교'였다. 그다음 만들어진 것은 '콜레주'라고 불리던 중등학교로서, '청소년'을 오염된 어른들의 세계로부터 분리해 기르기 위한 기관이었다. 인생을 사는 데 필요한 기본적인 지식, 이른바 교양교육이 행해졌다. 지금은 초등학교로 불리는 국민학교는 그로부터 200년 정도 지난 19세기 중반에 처음 만들어졌다. 그것은 글자 그대로 대중을 국민으로 만들기 위한 것이었다.

사람이 태어날 때부터 국민으로 태어나는, 아니 그렇게들 믿고 있는, 지금으로선 '국민을 만들기 위한 학교'라는 말은 이해하기 어려울 것이다. 하지만 국민국가는 19세기에 비로소 탄생했다. 이전의 유럽은 영국, 프랑스 등 몇 개 국가를 제외하고는 봉건영주에 의해 분할되어 있거나, 도시국가 내지 그것들의 연합체였다. 국민국가가 지배적 형태가 된 결정적 계기는 나폴레옹 전쟁이었다. 국민국가 스케일로 군대를 모으고 자원을 동원할 수 있었던 나폴레옹에게 봉건영주국가나 도시국가는 처음부터 상대가 되지 못했다. 그렇게 패배하고 점령당한 뒤에 "우리도 국민국가를 만들어야 한다"는 생각이 불같이 일어난 것은 당연한 일이다. 19세기는 국민주의의 시대가 되었다. 하지만 독일이나 이탈리아가 국민국가가 된 것은 19세기 후반에 들어서였다. 그런데 '통일운동'에 의해 국민국가는 만들었지만, 인민들은 지역마다 다른 언어와 종교 등을 이유로 분열되어 있었다. 그래서 이탈리아가 국민국가를 이룬 1860년 이탈리아의 소설가이자 정치가인 다젤리오는 이렇게 말했다. "우리는 이탈리아를 만들었다. 이제 우리는 이탈리아 인을 만들지 않으면 안 된다." 국민국가의 국민을 만들어야 했던 것이다. 국민을 만들기 위한 일차적인 장치가 바로 국민학교였다. 국민학교교육이 국민의 '의무'가 된 것은 무엇보다 이런 이유에서였다. 대중이 국민이 되는 것은 의무로 강제되지 않으면 안 되었던 것이다. 물론 그 모든 비용을 국가가 지불하는 것은 당연한 일이었다.

국민국가 단위의 자본주의가 지배하는 지금, 학교교육은 크게 두 개의 벡터에 의해 규정되고 있다. 하나는 국민을 만들어내는 것, 또 하나는 자본에 유용한 노동력을 만들어내는 것. '국민학교'에서 시작하여 '직업학교'로 끝나는 것이다. 교양교육은 그 두 개의 방향에 의해 침윤되어 포섭되었고, 그 두 힘에 의해 점차 소멸의 길을 걷는 것 같다. 한때 콜레주 개념의 확장으로 교양교육의 성격이 강화되었던 대학은 이제 직업학교라는 본연의 임무에 충실할 것을 요구받고 있다.

그런데 필요와 기능의 논리에 따라 생각해보아도 이상한 것은 그에 필요한 비용을 이젠 개개인의 대중에게 떠넘겨버린다는 점이다. 국민을 만들어내고자 하는 게 국민국가였기에, 국민을 만들어내는, 이제는 단지 국민학교로 국한되지 않는 교육에 국가가 비용을 대는 것은 당연하다. 마찬가지로 자본에 필요한 노동력, 기업에 유용한 노동자를 만들어내는 비용은 자본가와 기업이 대는 것이 당연한 일 아닐까? 자본가들이 이렇게 강성해지기 이전을 생각해보아도 그렇다. 장인의 시대에 도제를 키우는 비용은 장인이 모두 지불했다. 먹고 자는 생활비용 일체까지. 장인적인 생산이나 이윤의 규모와는 비교할 수도 없이 거대해졌고, 그와 비교할 수 없이 거대한 규모의 노동자를 필요로 하는 것이 지금의 자본가라면, 그 교육비용을 그들이 대는 것은 당연한 일이다. 이는 국가가 세금의 형태로 걷어 공동으로 사용하는 방식으로 행해진다.

따라서 국민이나 유용한 노동력을 만들기 위해 국가가 비용을 지불하는 것은 당연한 일이다. 국민국가와 자본주의의 역사가 '충실하게' 진행된 유럽에서 국가가 국민학교에서 대학에 이르기까지 모든 학비를 부담하는 것은 이런 이유에서 아주 당연하다. '장학금'이라는 말이 학비가 아니라 생활비를 뜻하는 것도 이런 이유에서다. 따라서 국민이나 노동자가 되기 위해 교육받는 것도 국가나 자본가를 위한 '노동'이므로 모든 학생에게 생활비를, '월급'을 지급하라고 요구하는 일이 이탈리아에서 일어난 것도 결코 황당한 일이 아니었다. 교육의 '공공성'이란, 좋은 의미에서든 나쁜 의미에서든, 이런 역사 속에서 형성된 것이다.

*

이런 점에서 본다면, 학교를 단지 개인의 소유물로, 재산으로 보는 입장은 서당이나 향교 혹은 서원을 떠올리게 하는 근대 이전의 '전통적' 학교와도 아무 상관이 없고, 자본주의나 근대의 역사 속에서 만들어진 서구의 학교와도 아무 상관이 없다. 그것은 전혀 다른 혈통을 갖는다. 그것은 모든 것은 소유자의 처분권에 속한다고 보는 근대적 소유관념에서 연원하지만, 좀더 정확하게 보면 모든 소유물은 소유자의 이익을 극대화하기 위한 것이라는 부르주아적 권리관념에서 발생한다.

그런 소유관념에서 기업과 집, 부동산과 학교는 어떤 차이도 갖지 않는다. 교수들을 '쪼인트 까는' 이사장의 횡포 또한, 물론 안 그랬다면 더 좋았겠지만, 소유자의 처분권에 속한다. 또한 그 부르주아적 권리 개념

속에서 학교 측의 착취나 재단의 비리는, 없었으면 더 좋았겠지만, 기업에서 이윤을 극대화하려는 것과 동일한 목표를 갖는다. 따라서 이를 이유로 소유자의 권리를 제한한다거나 심지어 쫓아내는 일은 결코 용납될 수 없다. 이것이 바로 사학분쟁 '조장' 위원들의 생각일 것이고, 사학을 소유한 수많은 소유자들의 신념일 것이다.

나는 국민을 만드는 교육에도, 자본에 유용한 노동력을 만드는 교육에도 동의하지 않는다. 각자가 자신의 삶을 즐겁고 행복하게 살아가는 것을 가르치는 그런 교육이 되어야 한다고 생각한다. 그러나 지금 한국의 학교에서는 이런 문제를 둘러싸고 논란을 벌일 사정이 아닌 것 같다. 끝 모르고 올라가는 등록금, 쥐꼬리만 한 장학금, 은행의 이자놀이가 된 학자금 대출, 학생들이 낸 등록금의 반 이상을 건물 짓기 위한 비용으로 비축해두는 대학, 취직을 위해 모든 것을 바치라고 요구하면서도 그 대가를 지불하긴커녕 그 모든 비용마저 학생 개인에게 떠넘기는 상황, 아무리 좋은 스펙을 쌓아도 졸업자의 반 이상이 취업할 수 없게 된 사태, 그 와중에도 비리와 횡포의 무덤 속에 잠든 탐욕의 좀비들을 다시 불러내는 마술사들. 이는 아무리 좋게 생각해도 풍자적인 농담이 아니라면 끔찍한 지옥도라고 해야 할 것 같다.

그러나 학교의 소유자나 국가의 관리가 이를 지옥이라고 생각할 것 같지는 않다. 그거야 어차피 그러려니 하자. 그러나 훌륭한 노동자가 되는 데, 그럴듯한 스펙을 쌓는 데 정신이 팔려 학생들마저도 이것이 벗어나야 할 지옥임을 잊고 있다면 이는 심각한 문제다. 지옥임을 잊고 있는 한, 벗어날 가능성은 있을 리 없기 때문이다. 그래서 나는 공부를 포기하는 한

이 있어도 투쟁을 포기하지 않는 상지대 교수나 학생 들에게서 또 미친 경쟁의 스펙 쌓기를 포기한 김예슬 같은 학생들에게서 또한 국가관리의 위협에도 불구하고 일제고사를 거부하는 교사와 학생 들에게서 결코 작다고 할 수 없는 희망을 본다.

망명자

바틀비

　　　　　　허먼 멜빌의 소설 『필경사 바틀비』 주인공 바틀비는 변호사 사무실에서 서류를 손수 베껴 쓰는 일을 한다. 그는 말이 없고 정직하지만 "창백하리만치 말쑥하고, 가련하리만치 점잖고, 구제불능으로 쓸쓸한" 인상의 인물이다. 이야기를 전하는 변호사는 이런 인상에 매료되어 그를 고용한다. 그러나 고용하고 사흘 뒤 당혹스런 일이 발생한다. 변호사는 필경한 문서에 틀린 것이 있는지 검토하기 위해 그를 불렀지만, 그에 대해 바틀비는 매우 상냥하고 단호한 목소리로 "안 하는 편을 택하겠습니다"라고 대답한다. 이유를 묻는 질문에 대해서도 그는 동일하게 대답한다. 우체국에 심부름을 보내도, 다른 어떤 일을 시켜도 마찬가지였다. 호의적인 관심으로 출생지를 물어도, 자신에 대해 아무거나 말해달라고 부탁해도 대답은 마찬가지였다. "안 하는 편을 택하겠습니다." 몇 번의 갈등 끝에 급기야 사무실에서는 그에게 더이상 필사를 하지 못하게 한다. 결국 그를 해고하고 나가달라고 하지만 그의 응답은 "안 하는 편을 택하겠습니다"였다. 아무 일도 하지 않고 사무실에 그저 있을 뿐인 바틀비를 견디지 못한 변호사는 사무실을 옮겨버린다. 그러나 그 사무실에 새로 입주한 변호사가 바틀비를 고용했던 변호사를 찾아와 떠나지 않는 편을 택한 바틀비를 처리해달라고 한다. 그 뒤에는 건물주가 찾아와서 바틀비가 사무실에서 쫓겨난 뒤 건물 여기저기에서 출몰한다며 하소연한다. 결국 바틀비는 구치소로 보내지고 나중에 변호사는 그를 찾아가지만, 그는 아무런 말도, 변호사가 제공한 식사도 모두 거절한다. 끝은, 짐작하다시피 죽음이다.

무언가 해야 할 많은 합리적 이유에도 그는 "안 하는 편을 택"한다. 무엇이 그로 하여금 모든 것을 걸면서까지 "안 하는 편을 택하"게 했을까? 알 수 없는 일이다. 열의와 정열로 세상을 사는 사람들로선 이를 이해하기 쉽지 않다. 그러나 삶의 모든 것을 포기하면서까지 포기할 수 없는 어떤 선택이 있을 수 있음은 이해하기 어렵지 않다. 며칠 전 군입대를 하지 않기로 택한 한 청년이 캐나다로 망명했다는 얘기를 듣고서 바틀비가 떠올랐던 것은 이 때문일 것이다. 얼마나 싫었으면 가족과 친구, 삶의 터전이 있는 조국을 떠나면서까지 군대에 가지 않기를 택했던 것일까! 그는 캐나다가 좋아서 그런 선택을 한 것이 아니며, 망명생활이 좋아서 선택한 것이 아니다. 그는 바틀비처럼 "안 하는 편을 택한" 것이다. 망명이란 자신이 살던 곳을 포기하는 것이고, 자신이 살아오던 삶의 모든 것을 포기하는 것이다. 그는 바틀비처럼 삶의 모든 것을 걸고 선택한 것이다. 그렇게까지 해서라도 어떤 것을 하지 않기를 택하려는 사람이 있다는 것을 우리는 그의 선택에서 보아야 한다. 그리고 또 보아야 한다. 우리 사회가 어떤 것을 안 하기를 택하려면 삶의 모든 것을 걸어야 하는 곳임을.

솔직히 말하자면, 사실 나 또한 여러 가지 이유에서 군대에 가지 않는 편을 택하고 싶었다. 그러나 군대에 가지 않을 방법은 그 시절에도 몸을 망가뜨리는 것 아니면 감옥에 가는 것뿐이었다. 어느 것이나 삶의 모든 것을 걸어야 했다. 다행히도(!) 내가 하고자 했던 사회운동은 당시 금지된 것이었고, 따라서 감옥에 갈 것을 각오하지 않고는 할 수 없었다. 하나의 선택으로 하고자 하는 것과 하고 싶지 않은 것을 동시에 '해결'할 수 있었던 것이다. 역으로 군대에 가고 싶지 않다는 생각이 감옥으로 귀착될 선택을 쉽게 하도록 했을지도 모르겠다. 어쨌건 나는 내가 하고 싶은 것 덕분에 군대를 가지 않을 수 있었다. 감옥이냐 군대냐를 두고 번민할 이유는 없었던 것이다.

그런데 가까이에 감옥이냐 군대냐를 두고 번민해야 했던 후배가 있었다. 오랜 번민 끝에 그는 군대 아닌 감옥을 선택했다. 그 번민에 더해 더욱 나빴던 것은, 남에게 해를 주는 어떤 범죄를 저지른 것이 아니었지만, 도둑이나 강도, 강간범과 똑같이 '잡범'으로 취급되어 그나마 정치범이 가질 수 있는 최소한의 자존감과 긍지조차 허용되지 않았다는 점이다. 사실 이런 이들은 내가 감옥에 있었을 때도 적지 않았다. 종교적인 이유로 군대 대신 감옥을 선택한 선량한 청년들. 그들 역시 '잡범'이었다. 그들의 삶에도 빨간줄이 그어져 있을 것이다.

'군대냐 감옥이냐'의 선택지는 군대를 감옥과 맞먹는 곳으로 만든다.

혹자에겐 감옥보다 못한 곳이 군대가 되는 것이다! 이런 선택지의 강요가 군대에 대한 '애정'의 표현이라고 믿어도 좋을까? '대체근무'라 불리는 다양한 종류의 '정상적인 업무'와 군대를 동렬에 놓는 걸 반대하는 것이 '애정'이라면, 그것은 최소한 도착적인 것임에 틀림없다. 여전히 군대가 감옥과 동렬에 놓이는 상황에서 캐나다로 망명한 청년은 새로운 선택지를 창안한 것 같다. "군대냐 망명이냐." 감옥이 모든 희망에 암갈색 페인트를 칠하는 곳이라면 망명은 모든 것을 버리고 새로 시작해야 한다는 점에서, 어둡지만 파란빛을 띠는 것처럼 보이기도 한다. 그것이 감옥을 택하는 것보다 쉬우리라고는 결코 말할 수 없겠지만 말이다.

4부

재난의 정치학과 휴머니즘

이제 우리에게 필요한 건 절망적인 세상에서 가능한 미래를 꿈꾸는 희망의 언어가 아니라, 절망적 상황을 절망으로서 받아들이는 절망의 언어가 아닐까? 거대한 재난을 통해, 그 절망적 재난 속에 담긴 역설을 통해, 저들의 발 빠른 반어를 깨부수는 '재난의 글쓰기'가 필요하게 된 게 아닐까? 니힐리즘에 빠지지 않으면서 재난을 사유할 수 있는, 재난의 긍정적 힘을 사유힐 수 있는 '재난의 사유'가 필요하게 된 게 아닐까?

구제역 사태와

방역의
생명정치학

2010년 11월 29일 안동에서 구제역이 발생한 이래 2011년 초까지 약 350만 마리 이상의 가축이 구제역 확산을 방지하기 위해 죽어야 했다. 여기에 조류독감으로부터 "가금류 보호"를 위해 학살한 가금류 약 550만 마리를 더하면, 몇 달 사이에 900만 마리의 가축이 학살되었다.

조류독감과 구별하여 구제역만으로 계산을 해보아도, 당시 백신접종 대상이 되었던 가축 즉 국내 소 돼지 등의 가축 수가 1300만이었다고 하니, 구제역 방역을 위해 학살한 소 돼지 등의 비율은 전체 가축의 약 27퍼센트 정도가 된다! 100일 만에 전체 가축 네 마리 중 한 마리를 죽인 것이다! 이 얼마나 어이없는 숫자인가! 이 죽음은 전염병이 아니라 인간의 손에 의한 것이니 대대적인 학살이라 아니 할 수 없다.

그러나 이 어이없는 엄청난 죽음을 학살이라고 생각하는 사람은 그리 많지 않은 것 같다. 거대한 학살이 학살로 인식되지 않을 뿐 아니라, 그 '어이없음' 또한 인식되지 않는 것은 그것이 사람 아닌 가축, 우리에게 '고기를 대주기 위한 것'들의 숫자였기 때문일 것이다. 그 피해의 거대함과 심각함을 오직 축산업의 기반 파괴나 3조 원에 달하는 세금의 문제로 인식하는 것은, 이 거대한 피해조차 그 학살로 인해 '인간'이 입은 피해로만 받아들이고 있음을 보여준다. "인간적인, 너무나 인간적인" 계산 아닌가!

만약 이 정도의 규모로 사람이 죽었다면 어땠을까? '원인균'이 발견되기 이전의 거대 전염병을 이와 비교할 수 있을 것이다. 19세기의 가장 끔찍한 전염병이었던 콜레라의 경우, 가령 1831년의 프랑스 파리 시민의 사망률은 16퍼센트 정도였다고 한다. 이번 구제역으로 인해 죽은 가축의 비율과는 비교도 되지 않는 작은(!) 비율이다. 인간의 전염병 가운데 구제역으로 인해 죽은 가축의 비율과 비교할 수 있는 유일한 경우는, 인류 역사상 최악의 전염병이었다는 중세 유럽의 페스트뿐이다.

*

1340년 유럽에서 페스트가 처음 창궐했을 때 페스트로 인한 사망률은 약 30퍼센트 정도였다고 한다. 물론 지역에 따라 달라서 북부 독일이나 영국에서는 20퍼센트 정도였던 반면, 이탈리아나 프랑스 남부 지역 등에선 80퍼센트에 이르는 곳도 있었다고 한다. 구제역으로 죽은 가축에 40만 마리를 더 죽여서 390만 마리를 죽이게 된다면, 30퍼센트의 사망률이라는, 이 페스트와 맞먹는 비율에 이르게 된다.

　그러나 이번 구제역 사태가 페스트와 근본적으로 다른 점은, 페스트가 세균에 의해 인간이 죽어간 것이라면 이번 구제역의 경우는 세균이 아니라 인간에 의해서 그 거대한 수의 동물이 죽어갔다는 것이다. 여기에 페스트가 세균의 직접적인 '공격'에 의해 인간이 죽어갔다면, 이번 구제역에서는 세균에 의한 공격을 '방어'하기 위해 가축이 죽어갔다는 점 또한 덧붙여야 한다. 그런 점에서 전자가 자연적인 사태였음에 반해 후자는 '인간적인' 사태였고, 전자가 의학적 지식의 부재로 인해 죽음이 그처럼 거대하게 확대되어 간 것이라면, 후자는 바로 의학적 지식에 의해 죽음이 그렇게 거대하게 확대되어간 것이다.

　방역을 위한 조치 또한 페스트의 경우와 비교할 만하다. 페스트의 경우 전염을 저지하기 위해, 무엇보다 감염자인 인간을 집에 가두고 움직이지 못하게 했다. 이는 감염자가 있는 마을 전체를 가두고 감시하는 체제를 통해 가동되었다. 마을의 출입을 금지한 것은 물론, 감염자가 있는 마을에선 각자를 집에서 나오지 못하게 했고, 감시자가 집의 창문으로 얼굴을 드러내게 하여 '점호'를 하면서 사망자가 있는지 새로운 감염자가 있는지 아침저녁으로 확인했다. 즉 전염의 이유는 모르는 채 오직 '전염되는 것 같다'는 추측만이 있었기에, 출입이나 이동을 차단하고 살아남을 때까지, 아니 죽을 때까지 가두어두고 감시하는 통제의 방식을 사용한 것이다.

　구제역 또한 기본적으로 가축은 물론 사람들의 이동이나 출입을 차단하는 방법을 사용했다는 점에서는 페스트의 통제체제와 유사했다. 물론 병원균에 대한 의학적 지식이 있었기에, 소독과 백신접종 등 의학적 조치가 더해지긴 했지만, 백신접종은 '경제적 이유'(수출에 유리한 '청정국 지위'를 유지하기 위해!)로 제때에 사용하지 않았고, 소독은 전염의 실질적인 매개자인 인간이 대상이었기에 대강했을 뿐이다. 대신에 마음대로 '처분'할 수 있는 가축을 방역조치의 대상으로 삼았다.

가축은 어차피 사람처럼 움직이지는 않는다. 그러나 사람과 달리 감염된 개체는 물론 아직 감염되지 않은 개체도 죽이는 것을 포함해 모든 '처분'을 행할 수 있다. 그리하여 전염을 막기 위해 감염체가 있는 곳 '인근'에 있는, 즉 감염의 위험이 있는 모든 가축을 죽이는 것으로 전염을 저지하고자 했다. 처음에는 감염체의 주변 반경 3킬로미터에 있는 모든 가축을 살해함으로써 바이러스의 이동을 저지하려 했다. 반경 3킬로미터, 지금 내가 글을 쓰고 있는 지점에서 반경 300미터 정도의 원을 그리면 내가 있는 서울과학기술대학교 전체가 그 안에 들어온다. 가축을 사람으로 치환해서 말하면, 내가 감염되었다는 게 알려지는 즉시, 이 학교 안에 있는 사람은 전부 죽게 된다. 그러나 그것은 3킬로미터가 아니라 300미터다. 반경이 10배로 늘면 면적은 100배 늘어난다. 아마도 노원구 전체가 그 반경 안에 들어가지 않을까. 내가 감염자임이 판명된 순간, 노원구 주민 전체가 이른바 살처분의 대상이 되는 것이다. 서울의 각 구마다 두세 명의 감염자가 발견되었다면, 서울 시민 전체를 살처분하게 되는 방식, 그것이 초기에 방역당국이 구제역을 '저지'하기 위해 행한 방법이었다!

이렇게 죽이는 가축의 수가 너무 많아지면서 "이러다간 가축 다 죽이겠다"는 비판의 소리가 높아지자, 나중에 그 반경을 500미터로 줄이기는

했다. 그렇다고 해도 반경 500미터다! 감염자 한 사람이 한두 개 동에 있는 사람 전체를 죽이기에 충분한 거리인 것이다! 결과는 페스트와 동일했다. 전염은 저지하지 못했다. 하지만 또 하나 다른 것은 페스트가 감염된 환자만 죽었다면, 구제역은 감염되지 않았지만 죽어야 했던 것이 감염된 가축의 몇 천, 몇 만 배에 이른다는 점이다.

*

구제역을 그냥 전염되도록 방치했다면 어땠을까? 수의학자들에 따르면 구제역에 감염된 가축 대부분은 죽지 않는다. 어린 새끼들의 경우에는 죽는 경우도 있지만, 대부분의 성체는 죽지 않고 회복된다. 체중감소를 겪기도 하지만 그것도 몇 달 후면 회복된다. 따라서 구제역을 그대로 방치했다고 해도, 350만 마리가 감염되었을 가능성도 희박하지만, 감염되었다고 해도 실제로 죽는 가축의 수는 35만, 아니 3만 5천 마리도 되지 않았을 것이다. 따라서 이번에 구제역으로 죽은 가축은 대부분이 '전염병'이 아니라 '방역'으로 죽은 것이다. 방역이야말로 구제역으로 인한 대대적인 죽음의 가장 중요한 이유였던 것이다!

그대로 두었다면 구제역은 아마도 전국으로 확산되었을 거고, 많은 가축들이 병을 앓았을 것이며, 와중에 죽는 것들도 있었을 것이다. 그러나 몇 달간의 시간이 지나고 나면 대부분은 병이 나았을 것이고, 줄어든 체중도 다시 원래대로 되돌아왔을 것이며, 부었던 고환도 멀쩡해졌을 것이며, 줄었던 젖소의 젖도 다시 되돌아왔을 것이다. '구제역에 감염된 적 있는 고기'라고 딱지 붙는 일 말고는 모두 제자리로 돌아왔을 것이다. 가축을 팔아먹는 데는 손해를 야기하지만, 소 돼지에겐 아무런 문제가 없는 딱지 하나. 사실 병에 걸려본 적 없는 인간이 어디 있으며, 병에 걸려본 적 없는 가축이, 그런 생물이 어디 있던가. 병에 걸린다는 것이야말로 생명체의 본질적인 특징 아닌가? 또한 병 없는 세상이 어디 있단 말인가? 구제역이든 무엇이든 병은 다시 발생하게 마련이다. 문제는 어디에나 있기 마련인 그 병과 함께 어떻게 살아가느냐 하는 것일 게다. 이런 관점에서 보면, 병에 걸리는 것이 역으로 다시 그 병이 돌아왔을 때 살아남는 길일 것이다. 병에, 구제역에 걸렸다 나으면, 거꾸로 그 병에 면역력이 생기게 마련이다. 그런 식으로 생명체들은 자신의 생명을 강화하고 지속해가는 것 아닌가?

그러고 보면 병을 '막는다'는 방역이란 미명 아래 이처럼 병에 걸린 것, 걸리지 않은 것을 대대적으로 학살하는 것처럼 어이없고 반어적인 것도 없다. 이는 마치 병고를 견디며 자신의 생명력을 키워가는 생명체와 반대로, 병고를 방지하고 막겠다는 목적으로 생명 아닌 죽음을 선고하는 심술궂은 죽음의 신 같다. 그렇지만 우리는 방역이라는 말에 아무런 반감도 갖지 않는다. 방역의 실패, 방역의 부재에 대해 비판할 망정 방역이라는 관념에 대해서는 어떤 근본적 이견도 갖고 있지 않다. 이는 구제역이나 조류독감 같은 동물들의 전염병만이 아니라 신종 인플루엔자나 최근 되돌아온 결핵과 같은 인간들의 질병에 대해서도 마찬가지다.

방치되었을 때 이상으로 대대적인 죽음을 야기했음에도 불구하고 방역에 대한 발상이나 방역을 해야 한다는 생각 자체를 근본적으로 다시 검토하는 일은 일어나지 않을 것 같다. 아니, 오히려 제대로 된 방역체제를 만들어야 한다는 것이 좌우를 막론하고 어디서나 하는 비판적 주문이다. 방역을 위해 가축을 죽이는 것, 즉 살처분이란 방법 자체에 대해서도 근본적으로 다시 검토하는 일은 일어나지 않을 것 같다. 이미 타이완이나 영국 등에서 동물들의 처참한 살처분이 있었음에도 이번에 우리나라에서 다시 반복되었던 것처럼. 살기 위해 혹은 살리기 위해 방역을 하는 것이 아니라, 방역을 위해 대대적인 죽음(죽임!)마저 불사하는 이런 태도를 보면, 마치 '방역'이란 조치에 홀려 있는 것처럼 보인다. 방역이란 이름에 현혹되어, 생명과 죽음을 농단하는 어이없는 조치에 대해 의문을 던지는 법조차 잊어버린 것 같다.

방역을 수행하는 '위생당국'에 대한 사람들의 태도를 보면 더더욱 그렇다. 예전에 중국에서 사스(SARS)가 유행했을 때, 누군가 베이징의 한 유학생 얘기를 들려준 적이 있다. 베이징대 기숙사에 살던 그 유학생은 어느 날 저녁, 친구와 저녁을 먹기 위해 운동복에 슬리퍼 차림으로 외출했다고 한다. 저녁을 먹고 술을 마시고 나서 귀가했는데, 바로 그때 사스에 대한 경보가 발령되어 대학을 비롯한 모든 공공장소의 출입이 금지되었다고 한다. 그 유학생은 그날 기숙사에 들어갈 수 없었고, 이후 사스가 진정되어 경보가 해제될 때까지 2주가량을 운동복에 슬리퍼 차림으로 친구 집에서 머물러야 했다고 한다. 그러나 그는 자신이 운이 좋은 편이라고 말했다고 한다. 기숙사에 있던 다른 사람들은 꼬박 2주 동안 밖에 나오지 못하고 갇혀 있어야 했기 때문이다. 그 얘길 들으면서, 그동안 항의한 사람은 없었는지 물었다. 짐작하지 못했던 건 아니었지만, 역시 어리석은 물음이었다. 이유를 불문하고 모든 출입을 중단시킨 그 조치에 대해 항의

한 사람은 단 한 명도 없었기 때문이다.

만약 경찰이나 군대가 출입을 그처럼 봉쇄했다면, 항의와 저항이 없었을 리 없다. 시간이 지남에 따라 사람들의 항의는 늘어갈 것이고, 저항적인 행동이 시작될지도 모를 일이다. 그러나 위생당국이 방역을 위해 취한 조치에 대해선 아마 어디서도 그런 저항과 항의는 일어나지 않을 것이다. 그건 '나'의 생명, '나'의 건강을 위한 것이라고 믿기 때문이다. 이런 점에서 보면 위생권력은 군대나 경찰 이상으로 사람들을 지배하고 복종시키는 권력임에 틀림없다. 저항조차 생각하지 못할 그런 권력.

*

무엇이 우리로 하여금 방역이란 말 앞에 이처럼 무력하고 의존적이게 만든 것일까? 푸코가 보여주었던 것 같은, 근대의 의학적 권력에 대한 사람들의 복종과 별도로, 방역이라는 배치에 사람들이 저항할 수 없게 만든 것은 무엇보다 세균학자 파스퇴르나 코흐에 의해 이루어진 '병균'의 발견이었다고 해야 한다. 오염된 대기('미아즈마') 등에 의한 것인지, 전염에 의한 것인지를 둘러싸고 벌어지던 논쟁에 종지부를 찍었던 것이 알다시피 세균의 발견이었다. 우리의 눈에 보이지 않는 아주 작은 세균이 있으며, 그것이 '나'에게 치명적인 어떤 병을 옮긴다는 것은 너무도 두려운 일이었다. 파스퇴르 자신 또한 타인과의 악수조차 꺼릴 만큼 두려워했다. 이는 지저분한 슬럼을 통해 프롤레타리아트와 콜레라를, 더불어 성병까지 하나로 묶어 다루고자 했던 이른바 '위생개혁가'들의 운동에 더할 수 없는 이론적 원군이 되었다.

그것은 좀더 나아가 질병에 대해 군사주의적 형태의 일반적 모델을 형성하는 데 기여했다. 보이지 않는 병균이 우리 신체에 침입하고, 면역세포가 그것에 대항하여 전쟁을 벌이는 것이 우리의 면역체계라는 관념이 바로 그것이다. 거기에 약화된 병균을 투입하여 적에 대항하는 아군(항체)의 수를 늘리고 전쟁 연습을 적절히 수행하면, 그 병을 퇴치할 수 있다는 해결책까지 더해지고, 그러한 병의 예방과 관리가 국가권력의 중요한 과제로 자리잡으면서 위생은 경찰권력의 또 하나의 축이 되었다. 이로써 방역은 누구도 거역할 수 없는 절대적 권력을 획득하게 되었고, 근대권력의 요체를 구성하는 생명정치의 중심적인 배치를 형성하게 된다.

사실 수많은 반증이 있었다. 백신이 발견된 후에도 통계상 질병을 예방하거나 치료하는 데 백신의 효과가 무의미했음은 자주 지적되는 바다. 위생경찰의 분투에도 불구하고 20세기 초 독감으로 인해 콜레라 이상으로 많은 사람들이 죽었을 때, 방역을 위한 조치는 무효하거나 무력했다. 하지만 방역과 위생권력에 관한 한 '반증 가능성'의 원리는 전혀 작동하지 않았다. 문제는 언제나 '제대로 된 방역'을 재확립하는 것이었을 뿐이다. 사실 제대로 된 방법이 없다고 해도 병의 확산이나 감염을 저지해야 한다는 생각을 반박할 순 없었을 것이다. 수많은 희생을 치른다고 해도, '나'와 나의 가족의 생명을 위협하는 것에 대해 방어하고 대항해야 한다는 사실은 결코 반박할 수 없는 자명한 관념이었던 것이다. 나를 향해 다가오는 죽음의 위협 앞에서 느끼는 공포감. 지푸라기라도 잡으려는 물에 빠진 사람의 심정 같은 것이었을 게다. "그럼 어쩌자는 거야!" 지금의 구제역처럼 어이없는 방역에 대해 의문이라도 제기하려 할 때, 그 모든 의

문을 막는 데는 이 한마디로 충분하다.

　그러나 가축들에게는 마치 '감기 같은 질병'인 구제역을 막기 위해 '방역'이란 이름으로 350만 마리의 가축들을 학살한 사태 앞에서 우리가 정작 던져야 할 질문은 '방역' 자체를 향해야 하는 건 아닐까? 그런 방역보다는 그냥 병을 앓는 것이 낫지 않을까 질문해야 하지 않을까? 병을 통해 우리 자신의 능력을 확장하는 길도 있지 않은가 물어야 하지 않을까?

*

　사실 군사주의적 모델에서 벗어나 '면역' 개념을 생각해본다면, 면역능력이란 외부에서 침투해오는 병균과의 대결이라기보다는 그것과 공존하고 공생하는 능력이라고 해야 한다. 면역능력은 외부 균의 부재에 의해 정의되는 게 아니라, 외부의 균과 공존하는 능력에 의해 정의되기 때문이다. 외부에서 침투한 균이 없는 신체처럼 면역력이 약한 것은 없다. 반대로 외부에서 침투했지만 나의 신체와 공존하면서 역으로 면역기능을 제공하는 세균 등을 지칭하는 '노르말 플로라'는 유기체의 면역체계를 형성하는 중요한 일부이다.

　이런 점에서 면역체계와 면역능력의 구별이 필요할 것 같다. 능력으로서의 면역이 이질적인 외부와 공생하는 능력이라면, 그런 능력의 한계점에서 구성되는 것이, 다시 말해 무능력한 지점에서 외부의 이질성에 대해 자신을 방어하는 메커니즘이 면역체계라고 정의해야 한다. 역으로 내게 침투하여 '기생'하려는 세균이나 외부자 역시, 나라는 숙주를 공격하여 죽이기 위해서가 아니라 나의 신체를 이용하여 살기 위해 침투하는 것임을 분명히 해야 한다. 그렇기에 외부의 세균이 야기하는 치명성은 그것이 아직 '적응'하지 못했기 때문이며, 시간이 지나고 그것들이 신체에 적응하게 됨에 따라 독성이 완화되어간다는 것을 유념할 필요가 있다. 병이란 상이한 생명체가 만나 서로 죽고 죽이며 싸우는 전쟁이 아니라, 서로를 이용하며 함께 살기 위해 적응해가는 과정 속의 한 국면임을 이해해야 한다.

군사주의적 관념에서 벗어나본다면, '백신'이라는 현상이 가르쳐주는 것은 전쟁 연습을 통해 우리가 적을 이기는 체제를 만들어야 한다는 사실이 아니라, 적절하게 조절된 만남은 이른바 '병원균'과도 공존 가능하게 해준다는 것, 병원균조차 피하고 배제하기보다는 공생 가능한 만남의 방식을 찾아야 한다는 것 아닐까? 그렇기에 병을 막고 차단하려는 방역과는 다르게, 병과 만나는 적절한 방식, 병을 겪으며 살고 병에서 좀더 나은 생명의 기술을 찾아내는 방법을 배우려는 그런 태도의 전환 같은 게 필요하지 않을까? 그게 구제역 사태가, 방역이란 이름의 거대한 학살이 우리에게 가르쳐주는 것이라고 나는 믿는다.

재난의 사유,
재난의 글쓰기

2010년 5월 2일, '수유너머 N'과 그 주변의 친구들 그리고 홍대 앞 생명평화모임 회원들과 함께 정부의 대대적인 구호활동으로 살아나고 있다는 낙동강엘 다녀왔다. 파우스트가 보았다면 감동의 대사를 던졌을 놀라운 '기적'의 현장. 그러나 아직은 시작에 불과한 '기적'의 공사장이었다. 넓고 조용하던 강 위엔 수많은 포클레인이 떠 있고, 나뭇잎 한 장의 도움도 없이 묵직한 덤프트럭이 줄지어 강을 건넌다. "인간이 손대지 않은 자연은 자연이 아니다"라는 놀라운 철학적 명제가 "건설업자가 손을 대지 않은 생태계는 생태계가 아니다"라는 기묘한 경제학적 명제로 구현되고 있었다. 이미 벌여놓은 공사를 되돌리는 것은 국가적 낭비라는 지혜로운 판사님들 판결에 따라, 재판이 시작되기 전에 되돌릴 수 없을 정도까지 공사를 밀고나가야 한다는 법적 사유가, 북한의 '속도전'

이나 천리마운동을 우습게 만드는 미친 속도로 가열찬 공사를 진행시키고 있다. 단테의 말처럼 "모든 소심함은 여기서 죽는다". 아니, 이렇게 바꿔 말해야 한다. "모든 신중함은 여기서 죽는다."

물론 이렇게 하다보면 오류도 있을 수 있을 것이고, 이렇게 해놓으면 난감한 일이 발생할 수도 있다. 더구나 애써 만든 댐을 부수고 간척지를 되돌리는 선진국의 많은 사례가 중요한 교훈을 주고 있지 않은가? "문제가 있으면 그때 가서 철거하면 되잖아." '나는 공사한다, 고로 존재한다'는 건설공화국의 철학적 주체는 이런 사태를 미리 예견하고 있을 것이다. "좋잖아! 공사하면서 돈 벌고, 나중에 문제 생기면 그거 철거하고 복원하며 돈 벌고." 이런 점에서 그들은 철학적이기 이전에 이미 경제학적이다. 그냥 두면 아무런 '가치'를 갖지 않는 자연이지만, 개발하고(파괴하고!) 복원하면 경제를 돌리며 이중으로 GNP를 증가시키는 것이다! 또한 그들은 정치적 사유 또한 동반하고 있다. "그래야 건설경기에 기대어 버텨온 이 나라 경제도 돌아가고("서브프라임 터지는 거 못 봤어? 버블이 터지면 어떤 꼴 나는지?") 그 돌아가는 경제 덕에 정치도 잘 돌아갈 거야." 뿐만 아니라 실패를 극복하여 멋지게 복원하는 것은 문학적이기도 하다. 이미 일부 복원된 한강이 보여주듯이, 그것은 "역시 그랬군" 혹은 "역시 되돌리길 잘했어"라는 반전과 복원의 감동 또한 주지 않는가!

낙동강 공사장을 답사하며 공사 현장 이상으로 더욱 놀랐던 건, 공사하는 사람들이 내건 언어들이었다. 보를 만들기 위해 마련한 건설회사의 베이스캠프에는, "생명은 자연으로부터" 어쩌고 하는 현수막이 전면에 걸려 있었다. 생명과 자연을 보호하기 위한 공사라는 말일 게다. 보를 만들려고 강 한가운데 일렬로 철근을 박아 세운 쇠기둥에는 "4대강 살리기는 생명 살리기입니다" "낙동강이 살고, 사람이 살고, 지역경제가 살아납니다"라는 현수막이 나란히 걸려 있었다. 멀쩡한 사람 배를 갈라 칼을 쑤셔넣고는 그것이 사람을 살리기 위한 수술이라고, 지금 와서 수술을 중단하는 건 사람을 죽이라는 걸 뜻한다고 우기는 돌팔이 의사의 책임감 같은 것일까? 거기서 조금 떨어진 쇠기둥 벽에는 또 "우리가 꿈꾸는 강의 이름은 '행복'입니다"라는 현수막이 걸려 있었다. 그래, 행복이겠지. 공사하는 회사의 행복, 거기서 일하는 사람의 행복, 그걸로 경제를 돌리려는 사람의 행복. 다만 그 공사장 울타리에 걸어놓은, 공사장 바깥에서 다가오는 사람들 보라고 걸어놓은 '접근금지'라는 경고문이, 그들이 꿈꾸는 '행복'이란 글자와 어우러져 기묘한 의미를 만들어내고 있었다. 또 그 옆에 붙은 '추락주의'라는 또다른 경고문은, 행복에 눈이 팔린 사람들에게 정신 차리라고 말해주는 것 같아서 또한 기묘했다. 한쪽에 세워놓은 공사 안내판에도 멋진 말이 가득했다. "낙동강 천 년의 미래를 여는 풍요와 오복의 대표 랜드마크." "유토피아를 꿈꾸는 다기능 보의 다섯 가지 기능." 저 멀리 보이는, 강의 흙이 자연히 만들어놓은 섬은, 생태공원을 만들겠다고 쌓아놓은 모래로 새하얗고, 그 사막 같은 모래 속에 반쯤 묻혀 간신히 서 있는 버드나무 한 그루가 인상적이었다.

생태계를 파괴하여 만들어내는 '생태'공원, 거대한 생명을 죽음으로 몰아넣는 '생명 살리기', 포클레인으로 후벼 파고 철근을 줄줄이 쑤셔 박곤 콘크리트로 처바르는 '자연', 그리고 미시령 고갯길처럼 브레이크 파열시 사용하는 모래무지까지 만들어놓은, 철인경기 아니곤 결코 자전거로 올라갈 수 없을 자전거길 등등. 이런 것들을 위해 그들은 개발주의적 발상에 반대하는 데 사용되던 말들을 포획하여 어이없는 방식으로 되돌려주고 있었다. 다다이스트를 능가하는 시적 아이러니의 실험장을 보는 것 같다. 아니면 언어를 둘러싼 '계급투쟁'을 실행하고 있는 것일까?

어쨌건 이런 식으로 그들은 자신의 새로운 언어를 찾아낸 듯하고, 우리가 항상 사용할 수 있을 거라고 믿었던 말들은 무의미하게 되거나 무효화되고 말았다. 적어도 분명한 것은 이제 생명이니 생태니 자연이니 하는 말이 그들의 귀에 흘러들어 그들을 설득할 수 있는 힘을 잃어버렸다는 사실이다. 반대로 접근금지나 추락주의 같은 말들이 사태의 진실을 알려주고 사람들의 각성을 촉구하는 말이 되어버렸다.

그리고 오늘, 뒤늦게 멕시코만을 가득 메운 원유 유출의 재앙에 대해 들었다. 대서양으로 확산되는 거대한 기름의 넓이는, 지구 전체의 하늘로 확산되는 오염된 대기에 비하면 결코 넓다고 할 수 없을 것이다. 다만 후자와 달리 인간의 생존조건을, 아니 강대국 인간들의 삶을 직접적으로 잠식하고 파괴하기에 쉽게 눈에 보인다는 점에서, 오직 개발과 돈만을 볼 뿐인 자본가와 정치인, 둔감한 관료 들까지 강하게 긴장하게 하는 것 같다.

돈과 권력에 가려진 그들의 시야에, 그들이 지구를 휘저으며 준비하고 있는 끔찍한 미래를 보이도록 하는 것은 이제 거대한 재난 말고는 없는 것 같다. 인간의 삶을 덮쳐오는 직접적 재난 말고는 어떤 것도 그들을 멈추게 할 수 없고, 어떤 것도 그들을 되돌아보게 하지 못하는 것 같다. 재난이나 재앙이야말로 저들이 만들어가는 끔찍한 미래를 저지할 수 있는 유일한 저항이 된 것 같다.

  그렇다면 긍정적 희망을 내세우기에 거꾸로 쉽사리 포획되어 그들의 것이 되어버리는 '대안'의 사고를 이제는 멈추어야 하는 건 아닐까. 생명, 생태 살리기 등의 소중함을 상기시키고 일깨우는 것으로는 전 지구를 장악하고 착취하는 저들의 만행을 중지시킬 수 없게 된 것이 분명하니까. 차라리 이제 우리는 대안을 보여주는 긍정적 사유를, 재난을 긍정하는 역설적 사유로 바꾸어야 하게 된 건 아닐까? 이제 우리에게 필요한 건 절망적인 세상에서 가능한 미래를 꿈꾸는 희망의 언어가 아니라, 절망적 상황을 절망으로서 받아들이는 절망의 언어가 아닐까? 거대한 재난을 통해, 그 절망적 재난 속에 담긴 역설을 통해, 저들의 발 빠른 반어를 깨부수는 '재난의 글쓰기'가 필요하게 된 게 아닐까? 니힐리즘에 빠지지 않으면서 재난을 사유할 수 있는, 재난의 긍정적 힘을 사유할 수 있는 '재난의 사유'가 필요하게 된 게 아닐까? 건설 자체가 재해가 되어버린 지금 시대에, 오직 그것만이 "건설재해를 반으로 줄이"는 방법을 제대로 생각하게 해줄 것이라고 해야 하지 않을까? 거대한 재난이 빈발하기 시작한 지금의 지구 위에서, 혹은 이미 아주 빠른 속도로 진행되는 거대한 멸종의 시대에, 그것이야말로 생명의 문제, 인간의 문제를 근본에서 다시 생각할 수 있는 전환의 사유라고 해야 하지 않을까?

재난

혹은
물질성의 저항

종종 우리는 뜻하지 않은 존재가 있음을 알고 놀라게 된다. 예전에는 네스호의 괴물이나 유에프오 혹은 영매의 몸에 갑자기 내려앉은 귀신처럼 인간의 상식에서 벗어난 것들 혹은 과학의 시선 바깥에 있는 것들이 그랬다. 그러나 과학의 시선이 미치지 않은 것이 별로 남아 있지 않은 지금, 그런 '신비한' 사실 자체도 별로 남아 있지 않거니와 어쩌다 귀에 들어온다 해도 짧은 감탄사와 함께 쉽게 묻혀버리고 만다.

그래도 종종 당혹을 야기하는 뜻밖의 존재들이 있다. 태평양 어딘가에 있는, 인간들이 버린 쓰레기가 떠돌다 모여 만들어졌다는 거대한 쓰레기섬 얘기를 인터넷에서 보았을 때 그랬다. 이때의 놀라움과 당혹은 이해할 수 없는 것이 아니라, 충분히 이해할 수 있을 만하다는 점에서 전과 달랐다. 그래, 이렇게 먹고 쓰고 버려대는데, 그게 어딘가 그렇게 모여 있는 건 당연하지 않겠어? 그럼에도 그런 것이 있다는 걸 알았을 때, 당혹한 것은 그 정도까지였나, 이후에는 더할 텐데 어쩌지라는, 익히 알고 있는 사실이 쉽게 보여주는 미래 때문이었을 것이다.

2011년 3월 11일 일본 후쿠시마 지역을 대지진이 덮쳤을 때, 우리를 놀라고 당혹하게 했던 것은 지진이나 쓰나미라는 거대한 자연의 힘이 아니었다. 그건 비록 인간의 힘에서 벗어난 것이지만 이미 과학의 시선 안에 있다. 정작 우리를 놀라게 한 것은 과학기술의 힘으로 만들어낸 원자력발전소에서 수소 폭발이 일어나면서 사태가 걷잡을 수 없게 됐다는 사실이었다. 실은 그것 역시 이해할 수 없는 일은 아니었다. 수많은 사람들이 경고하던 것이고, 적지 않은 사람들이 구체적으로 지적하던 일이었기 때문이다. 경악은 그렇게 지적해온 일이 실제로 일어났다는 점에서 연유했다.

거기에 더해, 무기로든 에너지로든 첨단 과학지식의 산물인 원자력이 사실은 지진 이상으로 인간이 범접할 수 없는 어떤 거리를 포함하고 있다는 사실이 우리를 더 당혹스럽게 한 것 같다. 아무리 보호복을 입더라도 인간이 다가갈 수 없는 거리. 그래서 사고의 확대를 막기 위해 투입된 사람들—비정규직 노동자였다!—은 죽음을 각오해야 했고, 그래서 한때는 '영웅'으로 칭송되기도 했다. 그럼에도 처리할 수 있는 한계선은 분명했다.

더 놀라운 것은 원자력발전소 주변에서 사고로 죽어 방치된, 방사능에 오염된 수천 명의 사람들의 시신을 처리할 방법이 없다는 사실이었다. 땅에 묻으면 땅이 오염되고, 태우면 방사능이 분진이 되어 대기를 오염시키기 때문이다. 그런데 사실 이는 원자력발전소의 모든 폐기물이 그런 것 아닌가? 폐기장이 있지만 그것은 폐기물이 잠시 안 보이게 치워두는 것일 뿐, 실제로는 폐기한 것이 아니며, 이번 경우처럼 사고로 인해 인간의 세계로 되돌아오고 만다. 체르노빌처럼 시멘트로 묻어둔다 해도, 그 안에서 무슨 일이 일어나는지는 알 수 없고 보이지 않을 뿐인 것이다.

이런 점에서 방사능 아니 원자력은 과학이든 뭐든 인간의 손이 아무리 닿으려 해도 닿지 못하고 처리할 수 없는 어떤 한계지대를 보여준 것이 틀림없다. 그러나 생각해보면, 이는 단지 원자력 같은 극단적인 것에만 국한되지 않는다. 태평양에 떠 있다는 거대한 쓰레기 섬도, 중국 연안의 서해를 메우고 있다는 엄청난 양의 배설물도 정도는 다르지만 마찬가지일 것이다. 바다를 확장하거나 지구를 늘릴 수 없는 한 그것은 조만간 처리할 수 없는 한계에 부딪치고 말 것이다.

이번에 알려진 미군의 고엽제도 그렇다. 한숨이 나오지만, 베트남의 정글을 오염시킨 수천만 리터의 고엽제. '식물통제계획'이라는 과학적 작전명으로 한국의 비무장지대에 뿌려진 고엽제야 '목적에 맞게' 쓰였다고 치자. 다 쓰지 못한 것이 폐기물로 남았을 때, 그것을 계속 보유하고 있을 게 아닌 한 어떻게든 처리해야 했을 것이다. 지금 문제가 된 지역이 아니라도 어딘가 묻거나 바다에 버리거나 해야 했을 것이다. 오염된 지역만 달라질 뿐, 어딘가 오염되는 것은 피할 수 없는 일일 게다. 이는 고엽제만이 아니라 모든 화학적 폐기물이 마찬가지일 것이다. 인간의 힘으로 손쓸 수 없는 어떤 한계, 제거할 수 없는 어떤 거리가 있는 것이다.

철학자 딜타이는 인간의 뜻대로 되지 않는, 인간의 의지 바깥에 있기에, 인간의 의식이 '저항'으로 느끼는 사물의 물질성을 '저항'이라고 말한 적이 있다. 의지의 바깥에 있다는 점에서 나는 이를 '외부'라고 명명한다. 사고로 드러난 원자력발전소의 방사능이나 고엽제, 쓰레기 등은 모두 인간의 의지대로 변형되어 사용되고 남은 것이다. 이런 사고는 인간이 과학의 힘을 써서 사용한 것조차 이렇게 처리할 수 없는 물질성을 가짐을 보여주는 것이 아닐까? 물질은 이처럼 인간의 의지에 '저항'한다. 문제는 처리할 수 없는 한계가, '저항'이 있다는 사실이 아니라, 그것이 있음을 부정하고 모두 인간의 뜻대로 할 수 있으리라는 믿음이 아니었을까? 거꾸로 그런 저항과 한계가 있음을 알고 그것을 인정할 때, 모든 것을 인간의 뜻대로 사용할 순 없음을 수긍하고 물질성의 영역을 존중하는 방식으로 관계를 맺을 때, 물질성의 사후적인 저항이나 복수를 면할 수 있는 게 아닐까? 그렇다면 재난이야말로, 정복할 수 없는 어떤 불가능성의 도래야말로 우리가 사물, 자연과 맺은 관계를 근본에서 다시 생각하게 해주는 결정적인 기회가 아닐까? 학인(學人)의 머리를 후려치는 선사(禪師)의 방망이질 같은.

오염의 절대적 한계

개인적인 얘기를 하자면, 나는 시장이나 슈퍼에서 야채나 과일을 살 때 '유기농'이란 표시가 붙은 것을 찾지 않는다. 물도 수돗물을 받아 그냥 마신다. 가볍게 등산이나 갈까 하고 맨손으로 나섰다가 물이 있어야 한다는 생각에 산자락에서 산 것 말고는 생수를 산 적이 없다. '헝그리 정신'을 삶의 원칙으로 삼고 있어서도 그렇겠지만, 단지 그것 때문만은 아니다. 유기농을 찾고 좋은 먹거리를 찾는 데 적지 않은 반감이 있기 때문이다.

유기농이나 생수를 찾는 것은 먹거리가 오염됐기 때문이고 물이 더럽기 때문일 것이다. 물론 '유기농'이라는 말로 표현되는 문제의식을 모르는 건 아니다. 자신과 무관한 사람들이 사고 먹을 것을 생산해서 팔기에 먹을 사람의 건강이 아니라 비용과 이득의 자동적 공식 속에서 이윤의 최대치를 추구하는 자본주의적 관계, 그리고 시각이 특권화된 만큼 다른 감각에 앞서 빠르게 작동하여 보기에 그럴듯한 상품을 만드는 게 중요해진 시대인지라 먹을거리임에도 몸이 아니라 눈을 위해 이런저런 '고려'를 하고 손을 쓰는 세계. 이런 것들과 다른 삶에 대한 지향성이 유기농이라는 말 속에 배어 있음을 잘 알고 있다. 더구나 농약이나 비료 등으로 망가져가는 대지에 대한 배려, 오염으로 망가져가는 지구에 대한 애정이 있음 또한 잘 안다. '생협운동'을 하는 분들의 문제의식 또한 그럴 것이다. 인간과 자연의 관계를 바꾸고자 하는 건강한 문제의식이 그런 고려와 배려의 바탕을 이루고 있음을 어찌 모를까? 덜 오염된 음식, 오염을 면한 먹을거리를 찾는 심정 또한 충분히 이해할 수 있다. 굳이 스피노자의 '코나투스(conatus)' 같은 개념을 빌리지 않아도, 모든 생명체가 자신의 생명을 지속하려 하고 좀더 나은 삶을 추구하려 하는 것이야 '자연'에 속하는 것 아닌가?

 그러나 깨끗하고 좋은 먹거리를 애써 찾는 것을 보면, 자신이 사는 대지는, 지구는 '지속 가능성'을 의심하게 되었을 정도로 크게 오염되었는데 자신만은 그 오염으로부터 면제받겠다는 발상으로 보여, 가끔은 어떤 '근본주의적' 반감이 일어난다. 더 정확하게 말하면, 대지를 이토록 오염시켜놓고 자신들만은 그 오염에서 도피하려는 비겁한 태도는 아닌가 하는 생각이다. 어쩌면 이런 태도야말로 오염에 대한 경고와 비판에도 불구하고 지구를 계속하여 오염시키는 원인이 아닐까? 반대로 누구도 그 오염을 피할 수 없다면 혹은 오염을 면할 가능성이 없다고 생각한다면, 자신들이 살기 위해서 이 대대적인 오염을 근본적으로 중지시킬 수 있는 길을 찾게 되지 않을까? 그런 점에서 유기농 먹거리는 개별적으로 오염을 면할 가능성을 통해 역으로 오염을 지속하도록 하는 건 아닐까 싶기도 하다. 반면 아직 가시적인 성과를 내고 있는 건 아니지만, 지구온난화에 대한 우려 속에서 탄소계 에너지 사용을 줄이려는 노력이 곡절을 겪으면서도 전 지구적 차원에서 이루어지고 있는 것은, '온난화'를 누구도 개별적으로 피할 수 있는 길이 없기 때문일 것이다.

우리가 사는 세계가 오염되었다면, 우리 또한 그 오염 속에서, 그것과 함께 살아야 하지 않을까? 그 오염이 우리 자신이 자초한 것임을 받아들이고 그 오염에서 살아남는 법을 배우며 그 오염을 정화시키는 길을 찾아내야 하지 않을까? 이런 이유에서 나는 많은 돈을 써가면서 억지로 그 오염을 피해 살기보단, 내게 다가오는 대로 받아들이고 살아야 한다고 생각한다. 그 오염이 내가 속한 집단이 야기한 것이기에 나의 일부로서 받아들여야 한다고, 그 오염과 함께 살아야 한다고 생각한다.

그러나 오염마저 긍정하는 이런 태도가 불가능해지는 한계가 있다는 것을, 긍정할 수 있는 오염의 한계치가 있다는 것을 일본 친구들과 만나 이야기하다 깨달았다. 후쿠시마 원전 사고 이후 방사능에 오염되는 것을 피하기 위해 야채 하나 살 때마다 산지가 어디인지를 보고, 밥을 지을 물조차 생수를 사다 써야 하는 그들에게, 오염과 함께 살라고 어떻게 말할 수 있을 것인가! 자기 자신은 그렇다 해도, 방사능에 의해 치명상을 입게 될 아이들에게 오염되지 않은 것을 먹이려는 사람에게 어떻게 '오염의 긍정'을 말할 수 있을까! 후쿠시마 인근 지역에 사는 아이들은 "이제 우리는 결혼도 할 수 없을 거야"라며 슬픈 웃음을 짓는다고 한다. 방사능에 오염되었을 가능성이 있는 사람과 결혼하겠다는 건 정말 심각한 결단을 필요로 할 것이다. 그래서 이제 일본에선 '어디 출신인가'를 묻는 게 새로운 종류의 차별을 야기할 것이라는 우려 어린 예측이 설득력을 갖게 되었다고 한다. 단지 건강만이 아니라 '평범한' 삶 전체를 불가능하게 하는 근본적 오염이 거기 있다.

방사능 오염은 건강한 삶은 물론, 오염과 함께 살며 오염을 헤쳐가는 것을 불가능하게 한다. 오염을 직접적으로 죽음과, 죽음 같은 삶과 동일한 것으로 만든다. 공포를 야기하는 이런 공식은 오염에서 면제된 나만의 특권적 영역을 찾으려는 시도를 절대적으로 정당화할 것이다. 우리가 사는 세계를 결코 긍정할 수 없게 만들 것이다. 이는 오염보다 더 나쁜 것일 게다. 그런데도 아직도 원자력을 깨끗하고 값싼 에너지라고 주장하는 걸 보면, 슬픔처럼 분노처럼 니힐리즘이 슬쩍 고개를 들이민다.

생명과 공동체

생명이란 무엇인가 하는 질문은 매우 오랜 역사를 갖는다. 생물에 대한 개념화를 시도했던 아리스토텔레스 이래 이 질문은 명시적으로든 묵시적으로든 계속 인간에게 던져져왔다. 그런데 생각해보면, 생명의 비밀이 묻혀 있을 거라고 믿던 인간의 유전체 지도를 다 그렸음에도 세포의 분화나 발생에 관해서는 아는 게 별로 없으며, 별별 희한하고 신기한 기계는 만들어내지만 가장 단순한 수준에서조차 생명체를 제조해내지는 못한다. 이는 아직도 우리가 생명에 대해 충분히 알지 못함을 의미하는 것일 게다. 그렇기에 생명이란 무엇인가라는 질문은 앞으로도 계속 던져질 질문일 것이다.

흔히 17, 18세기가 물리학의 시대였다면 19세기는 생물학의 시대였다고들 말한다. 이는 단지 생물학이 급속히 발전한 시대라는 의미가 아니라 생물학이 다른 학문이나 사유의 영역에 결정적인 영향을 미친 시대라는 의미일 것이다. 이를 확인하기 위해선 스펜서의 사회학이나 헤겔의 목적론적 철학을 상기하는 것으로 충분하다. 그런데 사실 '생물학'이란 영역이 독자적인 것으로 성립한 것은 19세기 직전이었다. 광물에서 동물에 이르는 하나의 거대한 연속체에서 생물이 독자적인 학문의 대상이 된 것은 진화론자 라마르크나 그와 동시대에 속한 몇몇 학자들에 의해 '바이올로지(Biology)'라는 말이 창안된 1790년대 말이었다. 놀랍게도 생물학은 그 용어가 창안되자마자 한 시대를 장악한 중심적인 학문, 지배적인 사유형식으로 자리잡게 되었다. 이는 생물학이 그 시대의 사유방식, 아마도 푸코라면 사유의 무의식적 지반이라는 의미에서 '에피스테메(Épistémè)'라고 불렀을 그것과 아주 근친적이었음을 뜻하는 것일 게다.

지구상에 존재하는 여러 존재자 가운데 생물이 특별한 대상으로 부상했다는 것은 '생명'이란 개념이 특별한 지위를 얻게 되었음을 뜻하기도 한다. 생명은 살아 있는 모든 것을 그렇지 않은 모든 것과 구별해주는 특별한 본성이었다. 그것은 생명체가 보여주는 이런저런 성질이나 기능과 달리, 그러한 것들을 조직하는 중심이고 그 모든 것이 작동하는 목적이었다. 이전에는 생물들의 가시적인 표상 내지 특징을 동일성과 차이를 구별하면서 나누고 배열하던 분류학이 이제는 생명이라는 실체와의 관계에 따라, 다시 말해 생명을 유지하는 데 어떤 기능을 하는가에 따라 구별되고 비교된다. 식물이 일차적인 지위를 갖던 린네의 분류학과 달리 퀴비에 이후의 분류학은 상이한 기관을 기능이란 관점에서 해부학적으로 비교하여 분류하는 방식을 취했기에 동물이 일차적인 지위를 갖게 된다.

생명이라는 개념이 특권적인 것으로 부상하면서 생명을 다루기 위한 기본적인 단위가 그것을 통해 정의된다. '개체(individual)' 그것은 분할하면 적어도 한쪽이 죽어버리기에 더이상 '분할할 수 없는(in-dividual)', 생명의 최소단위였다. 이러한 개체가 무엇보다 먼저 기관이 모여 하나의 전체를 이루는 '유기체'를 모델로 삼았다는 것은 길게 말하지 않아도 좋을 것이다. 하지만 이러한 관점은 유기체의 생명활동을 설명하려고 하자마자, 그리하여 유기체들의 기관이나 그것을 직조하는 '조직(tissue)'이란 개념이 등장하자마자 개념적 난관에 봉착하게 된다. 분할 불가능한 것을 이런저런 요소로 분할하지 않고선 유기체도 생명도 설명할 수 없기 때문이다. 세포의 발견은 유기체적 개체의 생명을 설명하기 위해 의거할 기본단위에 드디어 도달했다는 점에서 또 하나의 문턱을 표시하지만, 분할 불가능한 존재로서의 유기체를 또다른 개체로 분할하는 이론적 역설을 야기하는 것이기도 했다.

여기서 중요한 것은 무엇이 진정한 개체이고, 무엇이 진정한 단위인가가 아니라, 어떤 것이 되든 '개체'라는 기본단위에 도달해야만 이론적 안정성을 획득한다는 감각일 것이다. 이런 의미에서 개체론(Individualism)은 생물학뿐만 아니라 경제학이나 정치학 혹은 사회학에서도 공통적으로 나타나는 일반적인 사유방법이다. 유심히 보면 그것은 어떤 사태를 분석(분할!) 가능한 최소단위로 환원하여 그것의 성질을 통해 설명하려는 것이란 점에서 '원자론적 사유'의 다른 형태였다. 물리학에서 원자를 설정하면 원자의 특성이나 운동, 구조를 설명하기 위해 또다른 기본단위로 분할했던 것과 동일한 과정을, 생물학 역시 밟아갔던 셈이다.

이러한 개체론 내지 원자론적 사고방식은 경제학이나 사회학의 경우 '개인주의(Individaulism)'라는 형태로 나타난다. 사회 내지 경제적 현상을 그 구성요소인 개인으로 환원하고 그것의 특징, 가령 이기적이고 서로에 대해 경쟁적이라는 등의 성질을 통해 개인 간의 관계를 설명하고, 그것을 통해 경제나 사회의 작동원리를 추적하는 방법이 그것이다. 물론 개인 간의 관계가 그런 경쟁으로 나타나고 개인이 경제적 이익을 따라 움직이는 계산적인 존재가 된 것은 시장이나 자본주의라는 역사적 조건하에서였지만, 그렇게 만들어진 경제학이나 사회학은 보편성을 추구하는 이론의 속성상 그것을 인간의 자연적인 본성으로 혹은 경제나 사회의 자연적인 법칙으로 간주한다. 자신의 욕망을 위해 서로에 대해 늑대가 되는 홉스적 개인, 경제적 계산에 따라 왔다갔다 이동하는 애덤 스미스의 개인 혹은 생존을 위해 다른 개인과 경쟁하는 맬서스의 개인.

아이러니한 것은 이러한 개인의 모습과 관계가 생물학에 거꾸로 재도입된다는 점이다. 진화의 기본개념이 된 생존경쟁과 자연도태 내지 적자생존의 원리는 이러한 맬서스나 홉스 식의 개인이 말 그대로 '원리' 내지 공리로서 생물학적 개체로 치환되어 도입된다. 자본주의 내지 시장이라는 조건에서 탄생한 명제가 순환적 과정을 통해 자연적 자명성을 획득해갔던 것이다.

원리 내지 공리란 자명한 것이 아니라 이론의 전제로서 도입된 것에 지나지 않는다는 사실은 완전히 잊혀진 채 말이다. 개인의 이기적이고 경쟁적 관계를 자연적인 것으로 간주한다는 점에서 경제학이 생물학주의적이라면, 개체의 생명을 자신의 이해관계에 따라 경쟁하는 시장적 관계로 모델화한다는 점에서 생물학은 경제주의적이다. 이는 '원자론적' 개체를 유전자의 수준으로 치환해 유전자 간의 경쟁과 도태 게임으로 바꾼다고 해도 크게 달라지지 않는다. 경제학자들처럼 그들 역시 수학적인 게임이론을 즐겨 사용한다는 점은 이들의 공통분모를 잘 보여주는 하나의 징표일 것이다.

이와 달리 스피노자는 개체란 개체화의 결과라고 정의한다. 즉 복수의 요소가 결합하여 하나의 리듬을 갖고 하나의 개체'처럼' 활동할 경우, 그 복수요소의 집합체는 실제로 하나의 개체라는 것이다. 가령 지의류의 경우 녹조류와 균류가 결합하여 하나의 개체로서 살아가는데, 이 경우 양자는 하나의 개체로 개체화된 것이다. 여기서 녹조류와 균류를 분리하여 독자적인 개체로 다루는 것은, 다시 말해 그렇게 결합하지 않고 살아가는 녹조류나 균류와 동일한 것으로 간주하는 것은 잘못이다. 전광우 박사의 유명한 실험이 잘 보여주듯이, 애초에 침입자로 덮쳐온 박테리아와 공생하게 된 아메바에게서 그 박테리아를 제거하면 아메바는 죽는다. 그것은 이미 박테리아 없는 이전의 아메바와 다른 종류의 개체로 개체화된 것이고, 그 박테리아와 분리할 수 없는(in-dividual) 하나의 개체가 된 것이다.

이는 세포 수준에서의 이실적 생명체의 공생이 입증된 이후 모든 세포 차원으로 확대 가능한 말이기도 하다. 마굴리스 등이 잘 보여주듯이, 미토콘드리아는 호기성 홍색세균이 박테리아에게 잡아먹혔지만 소화되지 않은 채 공생하게 된 것이다. 엽록체의 경우도 마찬가지다. 이것이 원핵생물에서 진핵생물로의 진화, 그리고 단세포 생물에서 다세포 생물로의 진화에서 결정적인 분기점을 이룬다는 것은 이젠 잘 알려진 사실이다. 진화의 가지는 갈라지기만 하는 게 아니라 합쳐지기도 하는 것이다. 아니 합쳐지며 시작한 것이다.

따라서 진핵생물의 경우, 나아가 다양한 세포소기관을 갖는 세포의 경우 그 자체가 이미 복수의 박테리아가 결합하여 '분리할 수 없는' 하나의 개체가 된 것이다. 즉 그러한 세포란 그러한 개체화를 통해 새로이 존재하게 된 개체다. 여기서 개체는 사실 분할 가능한 것들이 모여서 '분할 불가능한 것'이 된 것이고, 따라서 그것은 다수의 분할 가능한 것들이 모여서 이루어진 집합체란 의미에서 'multi-dividual(나는 이를 무리지어-사는-존재라는 의미에서 '중-생(衆-生)'이라고 명명한 바 있다)'이다. 즉 모든 개체(individual)는 항상-이미 중-생(multi-dividual)이다.

이는 세포 수준에서만 그런 것이 아니라 다세포 생물의 신체 전체가 그렇다. 우리의 신체는 60조에서 100조 개의 세포가 모여서 하나로 개체화된 집합체다. 이는 유기체 이상의 수준에 대해서도 마찬가지로 타당하다. 콩과식물과 뿌리혹박테리아 같은 공생체는 영양소와 질소를 서로 제공하는 것을 넘어서 유전자 수준에서도 영향을 주고받으며 함께 생존한다는 점에서 공생적인 하나의 개체다. 약간 다른 얘기지만 축구팀은 11명의 개인이 모여서 만들어진 하나의 개체다. 이 11명이 리듬을 맞추어 '하나처럼' 움직일 때, 이 팀은 하나의 개체로서 훌륭하게 생존하지만, 그렇지 않을 때는 해체되고 만다. 즉 개체로서의 그 축구팀은 '죽는' 것이다.

여기서 다시 한 번 확인하고 강조할 것은 모든 개체가 항상-이미 분할 가능한 요소들의 집합체라는 것이다. 그 집합체를 하위 수준의 개체(sub-dividual)로 분할하는 게 불가능하진 않겠지만, 하위개체 역시 그 자체로 또다른 분할 가능한 요소의 집합체가 될 것이다. 유기체의 신체를 수많은 세포로 분할한다 해도, 그 세포 역시 다시 수많은 세포소기관의 집합체인 것처럼. 이를 다시 유전자로 나눈다고 해도, 유전자 역시 수많은 뉴클레오티드의 집합체임을 확인하게 될 뿐이다. 뉴클레오티드 역시 다시 분할 가능하다는 것을 굳이 덧붙여야 할까? 이런 의미에서 더이상 분할할 수 없는 최소단위는 없다. 모든 개체, 모든 최소단위는 다시 분할 가능하다.

또 하나 확인해둘 것은, 축구선수 개개인을 안다고 해서 축구팀을 안다고 할 수 없으며, 세포의 특성을 안다고 해서 세포가 모여서 만들어낸 기관이나 유기체를 안다고 할 수는 없다는 것이다. 세포가 독자적 개체인만큼이나 기관도, 유기체도 독자적 개체이기 때문이다. 하위개체에 대해 아는 것이 그것으로 구성된 개체의 이해에 필요하다고 해도, 하위개체에 대한 설명의 합이 그것의 집합체에 대한 설명은 되지 못한다는 것이다.

모든 개체는 집합체다. 또 개체처럼 작동하고 개체처럼 생존하는 모든 집합체는 개체다. 개체와 집합체를 대립시키는 것은 분할 가능한 것에서 분할 가능성을 임의적으로 중단하고 포기하는 한에서만 가능하다. 여기서 집합체를 그 최소단위로 환원하여 사고하려는 개체론 내지 원자론적 사고가 불가능하게 되었음을 길게 부연할 필요가 있을까? 차라리 여기서 나는 새로운 존재론적 명제를 찾아내고 싶다. 모든 개체는 그 자체로 항상-이미 하나의 공동체라는 명제를. 나의 몸은 100조 개 세포의 공동체고, 심장은 수많은 조직의 공동체며, 세포는 수많은 세포소기관 혹은 '박테리아'의 공동체다. 그것이 먹고 먹히는 관계에서 시작된 것이든 하나가 다른 하나에 기생하는 데서 시작한 것이든, 공생하게 된 것은 하나의 리듬으로 호흡을 맞추어 움직이며 작동하는 협-조(協-調) 없이는 생존할 수 없다. 이런 점에서 21세기의 생물학은 경쟁과 적대라는 개인주의적 경제학의 공리와는 반대로 존재론적 공동체라는 코뮌주의의 공리에서 시작할 것을 암암리에 요청하는 것인지도 모른다.

과학과 휴머니즘

근대과학이 휴머니즘적 사유에 기반한다는 말은 사실 긴 설명을 필요로 하지 않는다. 과학이 직접적으로 '인간을 위한' 기술의 바탕을 이루고 있으며, 과학의 발전이 결국 인간의 삶에 필요한 지식을 제공해주리라는 믿음을 상기하는 것만으로도 과학의 인간중심적 성격은 쉽게 이해될 것이기 때문이다.

그런데 이런 의미에서 과학의 휴머니즘은 또한 신학적이다. 지금도 과학의 본산지 서양에서는 생명복제를 거론할 때면 빈번하게 생명의 영역이 결코 함부로 손대선 안 될 신의 영역임을 상기시키지만, 단지 그것만은 아니다. 기독교의 창세신화는 신이 세상을 창조한 끝에 인간을 만들고는, 인간에게 이렇게 말했다고 전한다. "생육하고 번성하여 땅에 충만하여라. 땅을 정복하여라. 바다의 고기와 공중의 새와 땅 위에서 살아 움직이는 모든 생물을 다스려라."(「창세기」, 1장 28절) 간단히 말하면, 세상 만물을 인간이 쓰라고, 정복하고 다스리라고 만들었다는 것이다. 과학과 기술의 인간중심적 성격에 대한 믿음과 정확하게 동형적인 입장을 이미 신학은 오래전에 확보하고 있었던 것이다. 우주의 중심에 인간이 있다는 오래된 믿음은 이런 인간중심주의의 연장선상에 있었던 것이라고 보아야 한다.

이런 면에서 보자면 흔히 생각하는 것처럼 과학과 신학이 대립되는 것만은 아니다. 그보다 훨씬 심층적인 차원에서 과학과 신학은 하나의 지반을 공유한다. 휴머니즘, 그것은 과학과 신학을 포괄하는 서구적인 에피스테메(인식의 무의식적 지반)였다. 인간중심적 우주관이 과학에 의해 깨진 후에도 인간중심적 지반은 의연히 그대로 남아 있었던 것이다.

생물학의 역사는 신학과 대결하면서도 인간중심적 에피스테메를 공유하는 이런 과거를 19세기에 되풀이한다. 잘 알다시피 다윈의 이름으로 표상되는 19세기 진화론은 창조론이라는 신학적 믿음에 결정적 타격을 날린다. 여기서 과학과 신학이 대립하고 충돌한다는 것은, 진화론을 반박하려는 미국 교회의 근본주의적 반대를 떠올리는 것이면 충분하다. 그러나 진화론은 물론 19세기 과학의 꽃이었던 생물학은 관점만이 아니라 이론적 내용 자체도 인간중심적이라는 점에서 오래된 지반을 공유했을 뿐 아니라 사실상 과학적 형태를 띠며 강화됐다.

먼저 19세기 학문 가운데 비교해부학을 통해 성립된 동물분류학의 경우 인간중심주의가 아주 소박한 형태로 존속한다. 가령 고양이, 호랑이, 사자 같은 동물을 '고양이과'로 분류하고 개, 늑대, 이리 등을 '개과'로 분류하는 분류학이 그렇다. 고양이나 개가 그 과의 동물을 대표하는 자리를 차지한다. 호랑이나 사자가 안다면 불쾌하지 않을까? "아니, 내가 고양이의 일종이라구!" 이렇게 된 이유는? 짐작하듯이 인간이 자기 가까이 있는 동물에게 '대표'의 자리를 할당한 것이다. 휴머니즘치고는 웃음 나올 정도로 아주 소박하다.

좀더 진지한 것은 진화론의 주축을 이루는 동물 진화의 계통도다. 다섯 개 정도로 진화의 계통을 나누어 동물을 어류-양서류-파충류-조류-포유류의 순서로 배열했다. "개체발생이 계통발생을 반복한다"면서 드는 발생 순서도 이것이다. 이걸 입증하기 위해 진화론자 헤켈이 태아의 그림을 조작했다는 것은 이젠 유명한 얘기가 되었다. 이 발생의 순서 마지막에, 즉 동물진화의 끝에 포유류가, 그것의 끝에 영장류가, 또 그것의 맨 끝에 호모사피엔스사피엔스가 자리잡고 있다. 가장 진화된 종의 자리, 그것이 바로 인간의 자리다. 그런데 어류가 포유류보다 덜 진화되었다고 하는 이유는 무엇일까? 흔히 발생의 순서대로 배열했다고 하며, 생명이 물에서 태어나 뭍으로 이동한 경로를 따른 것이라고 말한다. 그렇다면 뭍에서 살면서도 그로부터 벗어날 수 있게 된 조류가 가장 진화된 동물의 지위를 차지해야 하는 거 아닐까? 어디 이것뿐일까?

미련한 반문을 길게 늘어놓을 필요는 없을 것이다. 이런 배열 순서로 사실 동물의 '진화 정도'와는 무관하다. 그것은 인간이 만든 이론이기에 인간이 진화의 가장 끝에, 즉 가장 진화된 생물의 자리에 있게 했던 것이고, 이를 위해 인간과 닮은 정도에 따라 거꾸로 거슬러 올라가면서 진화의 역사를 구성한 것이다. 이런 점에서 19세기 진화론은 "인간적인 너무나 인간적인" 이론이다.

　푸코는 『말과 사물』에서 이 시기에 생물학 이외의 이론적 영역에서 노동이나 언어라는 개념이 실체성을 갖는 것으로 부상했음을 지적한다. 생명, 노동, 언어, 이 세 가지 개념이 결합하면서 '인간'이 하나의 독자적 실체로서 그리고 독자적인 사유와 연구의 대상으로 독립하게 된다. '인간학'의 시대가 시작된 것이다. 이는 생명 개념의 부상이 인간이라는 존재가 특권화되는 사태의 일부임을 보여준다.

　이는 생명을 별도로 다루는 것 자체가 이미 인간중심주의에 속한다는 것을 뜻한다. 흔히 말하는 '생명의 존엄성'이 '인간의 존엄성'의 외연을 인간에서 생명이 있는 것으로 연장한 것임을 안다면 이는 쉽게 이해할 수 있다. 생명복제에 대한 비판이 대개 인간에 대한 조작에 집중되거나 그리로 귀착되는 것은 이를 잘 보여준다. 생명의 존엄성을 주장하는 어떤 사람도 가령 박테리아로 실험하거나 변형시키는 것은 비난하지 않는다. 그게 생명체임을 몰라서 그러는 것일까?

　휴머니즘, 그것은 과학과 신학을 하나로 묶어주는 공동의 지반이다. 다시 말해 그것은 과학 안에 남아 있는 신학적 믿음의 잔영이다. 물론 인간이 하는 일이 인간중심적인 성격을 갖는 것이야 피하기 어렵다 해도, 피하기 어려운 그것이 세상을 보는 우리의 눈을 가리고 우리의 판단을 오도한다는 것을 이미 신학적 인간중심주의가 잘 보여주었다고 해야 하지 않을까? 그렇다면 우리는 아직도 남아 있는 인간중심주의의 잔영을 걷어버리고 세상의 진실을 보려고 시도해야 하지 않을까?

친구의 살을
먹는 것의

어려움에 대하여

몇 년 전이었는지 잘 기억나지 않지만, 계절은 여름이었음이 분명하다. 대학로를 지나는데 견공들이 고통받는 사진을 걸어놓고 서명을 받는 사람들이 있었다. 프랑스 여배우 브리지트 바르도로 인해 또다시 국제적 '망신거리'가 된 보신탕을 비난하면서 개고기 요리를 법으로 금하자는 내용이었다. 지나가던 나에게 두 사람이 다가와 전단지를 주면서 서명을 권했다. 미안하게도 나는 갑자기 화가 난 어조로 되물었다. "아니, 왜 개고기만 먹지 말자는 거죠? 소, 돼지, 닭은 대체 무슨 죄가 있길래 그렇게들 먹어대도 아무 말 하지 않는 거죠? 소나 돼지는 먹어도 되고 개는 먹어선 안 되는 이유가 뭐죠?"

미리 밝혀두지만, 나는 개고기를 먹지 않는다. 예전에도 먹지 않았다. 흔히 이야기하듯 야만적이란 생각 때문은 아니었다. 거꾸로 "인간의 친구인 개를 먹는다"는 이유로 한국인을 비난하는 외국 여배우나 서양인들의 소식을 듣고 차라리 먹어줄까 생각한 적도 있었다. 그래도 먹지 않았던 것은 특별히 보양식을 찾아먹는 데 별 관심이 없었기 때문이다. 주변에 그걸 먹자고 하는 사람도 없었고 또 사 먹을 돈도 없었다.

보신탕이나 개에 대한 내 태도는 어쩌면 이중적이다. 한편에선, 정력에 좋다는 걸 찾아다니는 인간에 대한 혐오만큼이나 그런 이유로 여름이면 애처롭게 죽어가는 개에게 일종의 연민을 갖고 있다. 다른 한편에선, 이것이 좀더 근본적인데, 어떤 동물은 '인간의 친구'고 어떤 동물은 '인간의 먹이'라고 정해두곤, 먹이 아닌 친구를 먹는다는 사실에 분노하는 사람들에 대한 분노와 경멸의 감정을 갖고 있다. 개는 인간의 친구가 되기 위해 태어나고, 소는 인간의 먹이가 되기 위해 태어난다고 생각하는 것일까? 심지어 그렇다고 해도, 친구인 동물을 먹는다는 게 얼마나 끔찍한지를 생각해본 것처럼, 누군가의 먹이가 되기 위해 산다는 게 얼마나 끔찍한 건지도 생각해봤어야 하는 게 아닐까? 굳이 비교해서 말하자면, 인간의 먹이가 되기 위해 사는 동물에 비하면 평생 인간의 친구로 살다가 죽을 때 잠시 배신감을 느끼며 삶을 마치는 운명이 훨씬 나은 거 아닐까? 배신감에 당혹스런 잠깐을 제외한다면 인간의 친구로 대접받으며 행복하게 산 셈이니 말이다.

나는 인간에게 고기를 제공하기 위해 산다는 그 끔찍한 사육의 역설을 진지하게 생각하게 된 이후, 사육되는 동물의 고기를 먹을 수 없게 되었다. 살면서 서로 먹고 먹히는 일이야 피할 수 없는 운명일 거다. 살다가 때가 되면 죽는 것처럼, 살다가 다른 동물에 잡아먹히는 것 또한 삶의 순

리임이 분명하다. 그러나 다른 동물의 먹이가 되기 위해 산다는 것은 삶 자체에 대한 모욕처럼 보인다. 그런 삶은 삶의 양상도 모욕적인 것으로 만든다. 움직이지도 못한 채 그저 선 채로 사료를 먹으며 고기를 불려가는 삶. 그리고 편하게 그 고기를 먹어대면서 인간 또한 점점 움직이지 않게 되었고 자신의 살을 불려간다. 미국에선 이미 의학적 비만인의 비율이 50퍼센트 정도라고 하며, 자기 손으로 자기 밑을 닦을 수 없는 거대비만자도 20퍼센트 가까이 된다고 한다. 사육동물의 사후 복수인 걸까?

그런데 먹이가 되기 위한 삶보다 좀더 끔찍한 종류의 삶이, 삶에 대한 모욕이 있음이 대학로 건너편의 의과대학 건물을 지나면서 생각났다. 실험동물의 삶. 인간은 암을 피하기 위해 쥐의 몸에 암세포를 주입한다. 인간은 자신의 피부에 바를 화장품이 얼마나 안전한지 알기 위해 토끼의 털을 깎곤 그 맨살에 문제가 생길 때까지 화학약품을 바른다. 인간은 자신이 먹는 라면이 얼마나 유해한가 알기 위해 쥐가 죽을 때까지 라면을 먹인다. 게다가 실험의 정확도를 높이기 위해 살을 찢고 내장을 가르는 짓을 마취도 없이 저지른다.

어떻게 하면 죽는지 인간에게 알려주기 위해 사는 실험동물의 삶. 그것은 삶을 하나의 실험으로 만드는 것이지만, 남이 먹이는 음식, 남이 쑤셔넣는 주삿바늘에 의해 일방적으로 결정되는 실험이란 점에서 결코 자신의 삶이 될 수 없는 실험이고, 결코 자신의 삶이 아닌 삶이다. 마치 남의 꿈속에 있는 앨리스처럼, 그래서 그의 꿈이 끝나면 죽듯이 사라져야 하는 그런 삶의 역설(그가 깨면 나는 죽는다!). 이 끔찍한 역설 속에서 매년 약 6억 마리의 동물이, 한국에서만 약 6백만 마리의 동물이 죽어간다.

이 거대한 비극과 불행에 비추어보면, 자신이 아끼는 애완동물에 대한 인간의 동정과 연민이란 얼마나 초라하고 왜소한지! 그리고 그 동정과 연민조차도 얼마나 유아적이고 이기적인지! 동물을 친구, 먹이, 실험도구 등으로 구분해 그들의 존재 이유를 자신이 할당할 수 있다는, 그 동정심의 전제는 또 얼마나 교만하고 독단적인지! 이런 생각이 들 때면 나는 내가 그런 종족의 일부임이 부끄러워진다.

두 가지 사형선고

      고백하자면, 미안하게도 대학로를 지날 때면 필경 마주치게 되는, 사람들이 던져주는 모이에 길들고 뒤룩뒤룩 살이 쪄서 잘 날지도 못하는 닭 같은 비둘기를 보면서 가끔 이런 생각을 했다. '저건 쥐야, 쥐. 날 수 있는 능력마저 상실한 공중의 쥐야!' '평화의 상징'이라는, 사실은 평화를 쥐처럼 갉아먹는 허연 얼굴을 한 인간들의 저 고상한 은유에 속이 뒤틀렸기 때문일까?
    함께 가던 사람에게 그 말을 하면서 짓궂은 농담을 덧붙인 적도 있다. 저 날개 달린 쥐든 아니면 정말 우리가 아는 고전적인 쥐든, 싫어하는 동물을 없애는 아주 좋은 방법이 있다고. 그것은 가령 "비둘기가 정력에 그만이래!" 같은 소문을 내는 것이다. 누군가 방송에 나와서 한마디 해주면 그 효과는 정말 확실할 것이다.

그런데 내가 농담으로 했던 것을 누군가 진지하게 실행한 듯하다. 그는 비둘기가 아닌 까마귀를 선택했다. 사실 까마귀야 검고 음침한 몰골에 불길한 울음소리로 인해 '흉조'의 상징이 되었고, 우리에게 죽음 내지 시체가 인접해 있음을 상기시키는 위치를 반복적으로 부여받지 않았던가. 진지한 사람들이 흔히 그렇듯, 그는 분명 이런 상식에 충실했던 것 같다. 덕분에 정력에 좋다는 이유로 까마귀가 한 마리에 40만 원씩 팔리고 있다는 얘기를 들었다. 그 사람의 평범한 상상력이 안타깝게 느껴졌다. '이왕이면 쥐나 비둘기처럼 수가 많은 동물로 하지……'

그러면서도 한편으로는 괜스레 뜨끔해졌다. 이미 거의 다 죽어 오직 지구상의 허공을 떠돌고 있는 코뿔소나 물개의 원혼이 알아들었다면, 내 죽어서 저승길이 편하지 않을지도 모르니 말이다. 어쨌건 '정력에 좋다'는 문장은, 적어도 한국에서라면, 모든 동물에게 내려지는 최악의 사형선고임이 분명하다.

우리는 그 반대의 경우도 잘 알고 있다. 어떤 것을 성대하게 번식시키려면 그것이 '돈이 된다'는 소문을 내면 된다. 아마도 쥐가 돈이 된다고 하면 여기저기 쥐를 키우고 양육하는 농장이 생겨날 것이고, 피가 돈이 된다는 게 알려지면 논은 벼가 아니라 피를 키우는 '피바다'가 될 것이 틀림없다. 어디 살아 있는 것뿐이랴! 요즘은 인터넷으로 뉴스라도 볼라치면 여배우 누드집과 '몸짱' '얼짱' 등 돈 되는 신체의 얘기가 눈앞에 가득 찬다.

그러나 '돈이 된다'는 말은 돈이 되는 것만은 저렇게 번식시키지만, '돈 안 되는 것'은 모두 죽음으로 몰아넣는다. 20여 년 전, 그저 도시에서만 자란 나도 여러 가지 사과의 이름을 알았고, 또 실제로 먹을 수 있었다. 홍옥, 국광, 인도, 스타킹, 아오리, 후지 등등. 나는 그중에서도 홍옥을 가장 좋아했었다. 단맛과 신맛, 쓴맛이 뒤섞인 복잡미묘한 맛 그리고 맛으로 환원될 수 없는 독특한 향기를 좋아했다. 요즘 들어 초가을에 조금씩 눈에 띄긴 하지만 그것을 먹기란 쉬운 일이 아니다. 몇 년 전에는 일부러 홍옥을 사려고 다녀보았지만, 거의 살 수가 없었다. 이유는 '돈이 되는' 사과인 후지가 사과계를 평정했기 때문이다.

그러고 보면 '돈이 된다'는 말은 '정력에 좋다'는 말만큼이나 끔찍한 사형선고인지도 모른다. 다만 그 차이는 '정력에 좋다'는 말이 정력에 좋은 것만 죽인다면, '돈이 된다'는 말은 돈이 안 되는 모든 것을 죽인다는 점이다. 어떤 게 더 끔찍한 선고일까?

그러나 까마귀라면 이러한 대비가 너무 피상적이라고 비난할지도 모른다. 까마귀가 죽는 것은 '정력에 좋다'는 선고 때문이기도 하지만, 동시에 그런 이유로 인해 '돈이 된다'는 이유 때문이기도 하니까. 돈이 된다는 것은 무언가를 번식시키지만 그것마저 사실은 모두 죽이기 위한 것이니까. 이런 걸 변증법적 통일이라고 하던가?—돈, 그것은 이제 정력제마저도 삼켜버린, 이 시대 최고의 사신(死神)이다. 묵직한 검은 코트 대신 미다스의 손을 가진.

앨리스의
이상한 나라보다

더 이상한 나라

이명박 정부가 어처구니없는 정부라는 생각을 한 지는 꽤 되었지만, 특히 요즘은 인터넷이나 신문을 볼 때마다 얼마 안 남은 어처구니마저 자꾸자꾸 사라진다. 청와대와 여당 국회의원 비서관들이 모여 돈을 주고받으며 선거관리위원회를 디도스로 공격하는 모의를 하고, 누가 봐도 뻔한 그 사실을 경찰이 앞서 감추고 은폐한 것에 비하면, 그걸 엄정수사하겠다던 검찰이 누가 시킨 건 아니었다더라는 수사 결과를 내놓은 것은 차라리 누구나 예상하던 모범답안이었다. 뭐, 하루이틀 그런 것도 아닌걸. 그러나 '트윗질'을 문제삼아 2012년 1월 11일 사진작가 박정근을 국가보안법 위반 혐의로 구속한 것은 다시 한 번 '정말 깨네' 하는 생각을 갖게 했다. 왜냐하면 그가 트위터에다 쓴 문구는 문자 써서 말하면 '패러디'고 쉽게 말하면 '농담'이었기 때문이다! 농담이 구속사유가 된 것은, 술주정을 이유로 사람을 구속했던 유신시대 말고는 비교할 것을 찾기도 어려운 희귀한 이벤트 아닌가!

이 정도 일에 이미 익숙해졌는데도 다시 황당하고 어이없는 일을 보았다. 그 시끄럽던 미국산 쇠고기의 수입으로 소값은 폭락하고 사료값은 올라서 사료를 먹일 수 없어 키우던 소를 몇 마리 굶겨 죽인 '축산농 문씨' 얘기를 얼마 전에 본 기억이 있다. 참 난감하고 여러모로 가슴 아픈 이야기였다. 소라는 동물이 키우는 사람과 교감한다는 얘기를 고려하지 않아도, 자신이 키우던 동물을 제대로 먹이지 못해 굶겨 죽이기란 결코 쉬운 일이 아니다. 빚을 내고 없는 돈을 털어 소에게 계속 사료를 먹일 것인지 많은 시간을 망설이고 고심했을 것이다. 손해보고 처분하여 소농사를 포기할까 고심했을 것이다. 그러나 그 뒤에 뭘 하고 먹고사나 막연했을 것이다. 그나마 소농사마저 이 꼴로 만들어버린 당국에 대해 화도 났을 것이며, 한미FTA로 더욱더 악화될 미래에 대해 절망도 했을 것이다. 그러다가 아마 자살하는 이의 심정으로 '봐, 너희들이 우리를 어떻게 만들었는지' 절망적 항의를 위해 그들은 자신의 자식 같은 소들에게 용서를 빌며 아사하도록 방치했을 것이다. 이것이 어찌 문씨만의 처지일 것인가!

그런데 이런 상황에서 소를 굶겨 죽인 농민에게 농림수산식품부에서 '동물보호법' 위반 혐의로 과태료 부과 명령을 내렸다는 것이다! 정말 충격적인, 웃음조차 나오지 않는 황당하기 짝이 없는 정부 아닌가! 물론 '아무리 그래도 그렇지'라며 소를 아사하게 둔 문씨를 비난할 수도 있을 것이다. 그러나 이미 1억 5천만 원이라는 빚을 지며 소를 먹이던 끝이고, 앞으로는 더욱더 희망이 없는 상황임을 안다면, 문씨를 비난하는 것도 쉽지 않다. 또 답도 아니다. 그래서 동물보호주의자들은 직접 문씨를 찾아 내려가서 사료를 주고 소가 죽지 않도록 해달라고 했다고 한다. 아, 정부에서도 사료를 주겠다는 말을 하긴 했단다. 그러나 그것은 내가 보기에도 현재의 처참한 상황을 얼른 덮어 은폐하려는, '소나기 피하고 보자'는 이명박 식 대처 아닌가! 그렇게 받아들일 것 같았으면, 그런 자살적인 상황으로까지 스스로를 몰고 가지 않았을 것이다. 그래서 문씨는 동물보호협회에서 준 사료는 먹이지만, 정부당국자가 주는 것은 거부했다고 한다.

거기서 결정적인 한마디가 농수산당국자에게서 튀어나온 것이다. 동물학대 혐의로 과태료를 물려라! 동물을 보호하려는 그들의 마음이 정말 눈물 난다. 그런 분들이 지난 구제역 사태 때는 감염의 위험이 있는 감염동물 한 마리를 발견하면, 반경 3킬로미터 내의 가축을 전부 죽였다. 며칠 전 송아짓값 폭락 대책으로 송아지 요리 개발을 제안했던 분들이고, 소의 '수급 조절'을 위해 부실한 송아지를 낳은 암소를 쉽게 '처분'하도록 보조금을 주자고 했던 분들이다. 정말 환상적인 대책이다!

아니, 사실이 아닐 것이다. 소가 아닌 내가 들어도, 농민 아닌 내가 들어도 정말 믿기 어려운 말들이니까. 하나같이 너무 어이가 없어서 개그 프로그램에서도 써먹기 힘든 대사 아닌가? 꿈이라도 꾸는 게 아닐까? 꿈이 아니라면, 내가 앨리스의 '이상한 나라'에서 사는 것은 아닐까? 그러나 앨리스의 그 이상한 나라에서도 이토록 참혹하고 모진 말, 철없고 황당한 말은 상상할 수 없었다. 정말 우리는 루이스 캐럴도 상상하지 못한 황당하고 턱없는 나라에서 살고 있다.

생명복제시대의 윤리학

벤야민은 사진과 영화가 새로운 예술로 등장하는 것을 보면서 기술복제시대에 예술이란 대체 어떤 것이 될지 질문했다. 우리는 그와 유사한, 그러나 그보다 더 근본적인 질문을 받고 있다. 생명복제시대에 생명체란 혹은 그것의 삶이란 어떤 것이 될 것인가? 이는 복제된 것, 복제된 생명체의 타자성에 관한 질문이다. 우리가 복제하거나 변형해서 만든 생명체를 있는 그대로 인정할 수 있을까?

가령 인공수정이나 유전자 복제를 해서 '만들어진' 생명체가 '기형아'일 경우 우리는 그에 대해 어떻게 해야 할까? 생명체임을 존중하여 그대로 태어나게 한다면, 우리는 그에게 이후 힘겨운 삶을 그대로 짊지게 하게 될 것이며, 그로 인해 우리 역시 힘겨운 삶을 시작하게 될 것이다. 그렇다고 그 힘든 삶을 방지하기 위해 태어날 기회를 박탈한다면, 그것은 그의 의사와 무관하게 우리 뜻대로 하는 처분이 될 것이다. 어떤 것이 그의 삶을, 그의 생명을 진정 존중하는 것일까? 결코 대답하기 쉬운 질문이 아니다.

『프랑켄슈타인』은 이미 이 문제를 다루었다. 프랑켄슈타인 박사는 자신이 만들어낸 생명체의 끔찍한 형상에 놀라 그를 버린다. 그러나 폐기되었으나 살아난 그 '괴물'은 한편으로 자신을 그렇게 만들어낸 '아버지'를 원망하지만, 다른 한편으로는 그에게 삶을 제공한 그 '아버지'에게 애정을 갖고 또 그의 애정을 욕망한다. 만약 처음부터 실험실에서 암에 걸려 죽을 운명을 갖도록 조작되어 태어나는 온코마우스(oncomouse, 종양생쥐)라면 어떨까? '실패'로 규정되어 '폐기'를 기다리는 실험실 폐기장의 수많은 생명체들이라면? 혹은 여러 가지 상이한 유전자가 섞여 만들어진, 그러나 원래 기획된 '용도'에는 맞지 않는 새로운 생명체들이라면? 이들은 자신의 삶을 만들어낸 인간을 원망하며 죽음을 선택할까? 아니면 그렇게 주어진 삶을 긍정하며 살아갈까?

이유가 어찌됐건 그렇게 만들어진 생명체를 우리 자신의 뜻에 따라 폐기하거나 죽여버리는 것은, 그들이 자기 나름대로 존재할 권리를 갖고 있음을, 그들이 우리의 의지에서 벗어날 수 있는 존재임을 전혀 받아들이지 않는 것이다. 우리는 지금 휴머니즘 덕분에 아무런 의문도 갖지 않은 채 그렇게 수많은 동물을, 수많은 배아를, 수많은 생명체를 죽이고 폐기한다. 그건 모두 '실패작'인 것이다!

그렇다고 휴머니즘을 벗어나서 그들이 존재할 권리를, 그들이 자신의 뜻대로 살아갈 권리를 인정할 수 있을까? 그것은 그들에게 기형이나 괴물의 고통스런 삶을 떠맡기는 것은 아닌가? 그러나 사실 이 질문은 솔직하지 못하다. 프랑켄슈타인의 '괴물'이 그렇듯이 그를 피하지 않고 받아들일 수 있었다면, 그 역시 나름의 의미와 가치를 갖는 동등한 존재임을 긍정할 수 있었다면, 그래서 그를 긍정할 수 있었다면 그의 삶이 그렇게 고통스러울 이유는 없었을 것이기 때문이다. 그들에게 '기형'이나 '괴물'의 고통스런 삶을 부여하는 것은, 자신과 다른 것을 '괴물' '기형'이라고 간주하는 인간, 그런 방식으로 스스로를 '정상'이라고 믿는 인간이기 때문이다.

차라리 이 질문은 어떤 공포의 표현이라고 해야 적절할 것 같다. 우리가 만들어낸 것이 우리의 의지에서 벗어나 움직이는 사태에 대한 공포, 혹은 복제된 생명체가 갖는 타자성에 대한 공포. 영화 〈갓센드〉는 바로 이런 공포를 다루고 있다. 내가 원해서 복제한, 죽은 아들을 그대로 빼다 박은 복제물. 그러나 그 복제물이 나의 의지에서 벗어난 존재일 수도, 타자일 수도 있지 않을까 하는 의문이 드는 순간, 그는 거대한 불안과 공포의 대상이 된다.

타자성을 긍정한다는 것은 타자가 내 뜻에서 벗어나 살아갈 수 있음을 긍정하는 것이다. 〈갓센드〉만은 아니다. 자신의 욕망에 따라 인간이 할당한 자리에서 벗어난 영화 〈블레이드 러너〉의 복제인간이나 장기를 제공하고 곱게 죽기를 거부하는 〈아일랜드〉의 복제인간이 복제물의 타자성을 표상한다면, 그를 처형하려는 인간은 그 타자성을 부정하는 우리 자신을 표상한다. 나의 뜻, 우리의 의도, 인간의 의지에서 벗어난 것은 죽어 마땅하다는 것이다! 모든 것을 자기 손 안에 넣고 자기 뜻대로 움직이고 살아가게 하려는 욕망이 이런 영화 속에만 있다고 할 수 있을까? 인간의 손에서 벗어난 땅은 '황무지'라고 부르고, 자기의 생각에서 벗어난 사람은 '적'이라고 폭격하는 사람의 마음속에 자리잡은 것 역시 정확하게 그 타자성에 대한 공포 아닌가! 그 공포를 넘어서는 것, 타자들의 타자성을 긍정하는 것, 그것이 어쩌면 생명복제시대가 우리에게 요구하는 새로운 윤리의 방향 아닐까? 단지 생명복제에 관한 것만은 아닌.

종말 이전의 종말

'하늘에서 갑자기 수백 마리의 새떼가 죽어 떨어지고, 또 떨어지고, 땅에선 천만에 가까운 동물이 죽어, 그 핏물이 대지에 흘러넘치도다. 거대한 지진이 전에 없이 반복되고, 그로 인해 육지가 이동하며 지구의 지축이 흔들려 밤낮의 행로가 틀어지도다. 원자력 발전소가 붕괴되고 폭발하여 방사능이 물과 음식은 물론 전 세계의 대기로 퍼져가 죽음의 재가 되어 인간의 과거와 현재는 물론 그 미래마저 집어삼키리라.'

묵시록을 연상시키는 이 문구는 종교 문헌에 등장하는 예언이 아니라 실제로 최근에 일어났던 사건의 단편이다. 정말 종말이 다가오는 것일까? 첫번째 것이 인간이 자행한 업보가 죽음의 인과로 되돌아오는 종말을 뜻한다면, 두번째 것은 자연이 자신의 신체와 균형을 바로잡기 위한

'정화'의 종말을, 세번째 것은 과학이 만든 합목적적 세계가 그 근저에서 붕괴하는 종말을 뜻하는 것이리라.

그런데 이런 종말적 현상 앞에서 종말론의 전문가인 목사님들은 어떤 종말의 위협도 느끼지 못하는 것 같다. 다만 우상 숭배나 여호와를 향한 신앙과 복종의 결여에 대한 신의 복수를 확인하고, 그로부터 '사함을 받은' 자신들의 복락을 축복하고 있다. 반대로 종말론이라는 종교적 관념에 대해 비판하고 혐오하던 나 같은 사람들이 "이건 종말이지 종말론이 아니야"라며 농반진반 종말론자 흉내를 내고 있다. 이런 내 모습 또한 종말적 징후의 하나인지도 모를 일이다.

구제역에서 감지한 종말적 느낌이 이른바 생명과학에 의한 생명의 거대한 학살이라는, 다분히 생물학적인 형상을 수반했다면, 2011년 일본 후쿠시마 원자력 발전소의 붕괴는 원자핵공학의 자기붕괴, 아니 자살이라는 물리학적 형상을 수반한다. 물론 그것은 단지 동물의 죽음이나 원자력 발전소의 붕괴에만 그치지 않고 새로운 죽음의 선을 그리게 될 것이다. 이미 방사능 물질이 태평양을 건너 미국에 이르고 북극을 지나 다시 일본 인근의 한국과 중국에서까지 발견되었다고 하니 말이다. 이를 자연재해가 아니라 '인재'라고 입을 모아 말하지만, 그 말이 단지 관리자나 당국자의 잘못만을 지칭하는 것이라면, 그 또한 타당하지 않다. 그것은 관리상의 잘못 이전에, 방역을 위해 감염의 위험이 있는 동물을 죽여야 한다는 과학적 발상, 효율적이고 거대한 에너지를 얻기 위해 원자력을 이용해야 한다는 과학적 사고 자체와 직결되기 때문이다.

*

　이 종말적 현상에 직면하여 나는 종말에 대해 그리고 종말론에 대해 진지하게 생각해야 한다고 믿는다. 신의 예정이나 분노에 의해 뜬금없이 닥쳐오는 그런 종류의 종말론처럼 종말의 징후를 알아보지 못하는 둔감한 사고는 없다. 실제로 지금 그것은 전국의 대지를 피로 흘러넘치게 한 종말적 비참에 대해, 전 세계의 대기에 방사능 물질이 떠돌게 만든 이 종말적 사태에 대해 진지하게 접근할 수 있는 어떤 단서도 주지 못하고 있다.

　나에게 종말이란 무엇인가? 내가 죽는 것이다. 다시 말해 '나'를 구성하는 수백조 개 세포의 공동체가 붕괴하는 것이고, 산소와 이산화탄소, 영양소와 배설물 등을 서로 주고받는 하나의 거대한 순환계가 해체되는 것이다. 하나의 공동체가 종말을 맞는다는 것은 무엇인가? 인간과 소, 돼지, 닭, 벼와 콩, 물과 대지, 미생물 등이 서로에게 무언가를 주고 서로에게서 다른 무언가를 받는 하나의 순환계가 해체되는 것이다. 하나의 '세계'가 죽는다는 것은 무엇인가? 그 세계를 구성하는 수많은 요소의 순환계가 해체되는 것이고 더이상 스스로 지속될 수 없게 되는 것이다. 세계의 종말이란 무엇인가? 그것은 지금의 세계가 거대한 폭발 같은 것으로 소멸하거나 모든 생명체가 죽는 게 아니라, 지금 세계를 존속하게 하는 지구적인 순환계가 해체되고 붕괴하는 것이다. 따라서 종말이란 종교적이고 신학적 현상이기 이전에 자연적이고 자연학적 현상이다.

　물론 자연적인 것이든 인공적으로 변환된 것이든, 어떤 순환계도 그저 국지적인 변환이나 절단에 의해 해체되지는 않는다. 끊어지거나 소멸된 무언가를 대신할 수 있는 것(이를 '잉여성'이라고 한다)이 있다면 그것은 변형된 형태로 지속된다. 잉여성이 부족하면 심지어 남의 장기까지도 끼워넣으며 살지 않던가? 종말이란 그 잉여성을 초과하는 강도로 순환계가 파괴됨으로써 시작된다.

그렇다면 '종말론'이란 의식적이진 않아도 그런 종류의 종말을 필연적으로 함축하는, 그런 점에서 강한 의미로 그런 종말을 '예정한다고' 말할 수 있는 그런 '입론', 그런 사고, 그런 발상을 뜻한다고 해야 한다. 어떤 순환계가 계속하여 생존하고 지속할 수 있는 조건을 고려하지 않고, 오직 특정 목적을 위해 순환계 내부에 존재하는 어떤 요소를 이용/착취하려는 발상이나 순환계의 지속 조건을 초과하면서 특정 목적에 부합하는 방식으로 '개발'하고 바꾸어버리려는 사고방식, 그것이야말로 정확하게 종말론이라고 말해야 하지 않을까?

이는 단지 "생존과 지속을 고려하지 않고 순환계를 착취하려 한다"는 것을 확인하는 데 그치는 문제가 아닐 것이다. 심지어 그런 말을 강조 표시를 달아 강변할 경우에도 실제로는 그렇지 않은 경우가 적지 않을 것도 우리는 알고 있다. 그래서 여기에 약간 '과학적' 방식의 조작적 정의를 덧붙이는 것도 좋을 것 같다. 그것은 목적과 수단을 연결하는 관계 속에 네거티브 피드백이 포함되지 않은 경우, 혹은 그 관계에 반작용하는 항이 없는 선형적 관계 속에서 목적을 위한 수단이 정의되고 작동하는 경우, 그 이론은 종말론적이다. 왜냐하면 어떤 목적을 위한 수단의 이용과 그것을 통한 '개발' 내지 변환이, 외부적 요인에 의해서든 내부적 요인에 의해서든 그 개발의 속도를 제한하고 브레이크를 걸며 때로는 마이너스의 방향을 향하게도 할 수 있는 되먹임의 구조나 비선형적 항을 포함하지 않는다면, 어떤 입론도 실제로는 자신의 목적에 따라 바닥이 드러날 때까지(!) 주어진 모델을, 즉 착취와 개발을 그대로 밀고 갈 것을 의미하기 때문이다. 또한 방사능처럼 되먹임하고 싶어도 '처리'는커녕 접근조차 난감한 경우라면, 이론적 되먹임이 실제로는 무의미하다는 점에서 다른 형태의 종말론적 구조를 갖는다고 말해야 한다.

이런 종류의 사고방식이 순환계의 '운명'을 장악하게 된다면 그 순환계는 종말론적 순간 이전에 이미 예정된 종말을 갖게 될 것이며, 종말 이전에 이미 종말을 맞고 있다고 말해야 할 것이다. 따라서 '종말'에 대해 생각하고 말하는 것이 '종말론'이라는 통념은 또한 아주 잘못된 것이다. 앞서 말한 종류의 종말론은 '종말'을 외치고 다니는 흔한 종말론과 달리 대개의 경우 종말에 대해 생각하지도, 말하지도 않기 때문이다. 아니 종종 그런 종말에 대한 우려나 예측이 나올 경우에도 그런 종말은 오지 않을 것이라고 강하게 반박하고 부정한다. 종말에 대해 말하지 않는 종말론, 종말을 부정하는 종말론이다. 그런 방식으로 종말론은 종말을 만들어내고, 그런 종말을 피할 수 없는 것으로 만든다. 종말이란 말이 종말론을 규정하는 게 아니라, 종말론이 종말이란 시대를 만들어내는 것이다.

*

이런 관점에서 본다면, 근자에 빈발하는, 얼마 전 일본의 참담한 재난을 야기한 지진이나 쓰나미 같은 거대한 자연재해는, 심지어 그것이 어떤 순환계의 종말을 야기할 경우에조차 종말론적이지 않다. 왜냐하면 거기에는 필연적으로 종말을 함축하는 어떤 변환의 기획도, 순환계의 착취/이용도 포함되어 있지 않기 때문이다. 그것은 단지 하나의 '사건'일 뿐이다. 거기에서 '종말'은 단지 가능성이 희박한 하나의 우연에 지나지 않는다. 거대한 사건이 치명적인 다른 거대한 사건으로 이어지는 연쇄를 통해서만 도달할 수 있는 아주 희박한 가능성의 귀착점에 지나지 않는다.

반면 구제역으로 인한 동물들의 '학살처분'은 소, 돼지의 멸종이라는 종말을 동반하지 않음에도 명확히 종말론적이다. 심지어 그것은 '방역'이라는 방어와 보호의 논리를 명시적으로 추구했음에도 불구하고 종말론적이다. 그 '방역'조차 사실은 인간들이 얻을 이익의 계산된 목적을 위해, 동물들의 순환계를 파괴하는 것을 '매뉴얼'화된 수단으로 채택했기 때문이다. 좀더 근본적으로 따져보면, 생산성을 위해, 좀더 많은 이윤을 위해 동물을 공장 같은 좁은 축사에 집어넣고 사료를 투입하여 고기를 생산하는 기계로 만들어버린 공장형 목축 자체 또한 종말론적이다. 거기에선 소나 돼지가 다른 것과 맺는 순환계를, 투입하는 요소와 산출하는 요소 간의 이항적인 관계 속에 집어넣는 방식으로 근본에서 해체해버렸기 때문이다.

아직도 폭발적 힘을 제거하지 못했고, 앞으로도 그 종말적인 힘을 제거할 수 없을 일본 원자력 발전소의 경우는 종말론이 어떤 식으로 종말을 만들어내는지를 종합적인 형태로 아주 잘 보여주는 경우라고 할 것이다. 효율적이고 '값싼'(이는 극히 믿을 수 없는 것이었지만) 이용이 인근 생명체의 다양한 순환계를 파괴할 가능성은 이미 이론적으로 명확한 것 아니었던가? 그것을 저지할 수 있다는 기계적 및 건축학적 장치의 안전성이, 거기에 함축된 파괴와 종말의 가능성을 제거하는 것이 아니라 그저 연기할 수 있을 뿐임 또한 잘 알려진 사실 아닌가? 거기에 더해 시공과 운영상의 오류, 노화 등에 따른 '종말'의 가능성에 대해, 그럴 리 없고, 그럴 수 없다며 반복해서 부정해오지 않았던가? 그러나 지금 3만 명에 가까운 일본의 인민을 죽음으로 밀어넣은 것은 쓰나미가 아니라 바로 그 '안전한' 원자력 발전소 아닌가? 그리하여 일본 전체를 종말적 상황으로 몰고 가는 것은, 그리하여 거기 살지도 않는 나 같은 사람조차 종말론적 상황으로 떠밀어넣는 것은 바로 현대과학의 비전(秘典)과도 같은 원자력의 과학 아닌가?

이미 방사능 물질로 '오염'된 자연과 대지, 대기는 물론, 오염되어 죽은 시체조차 어찌 처리해야 할지 모르고 있다는 사태에서 종말론적 상황을 보는 것은 쉬운 일이다. 그러나 아직 아무도 죽지 않았고, 아직 어떤 큰 사고도 일어나지 않았으며, 거대한 지진이나 쓰나미 같은 재해가 일어날 가능성이 없다는 것을 이유로 모든 종말의 가능성을 부정하는 원자력 과학이나 한국 관료들의 발상에서, '원자력 르네상스'를 내걸고 그걸 전 세계로 팔러 다니겠다는 장사꾼 대통령의 태도에서 종말론적 상황에 대한 예견이나 고민을 보는 것은 아직도 쉬운 일이 아닌 것 같다. 그것 또한 종말론의 일부, 종말론적 상황의 일부일 것이다.

어떤 사태가 닥쳐오기 전에 그것의 징후를 알아보는 자를 '선견지명이 있다'고 하고, 사태가 닥쳐왔을 때 그것을 알아보는 자를 '안목이 있다'고 하며, 사태가 닥쳐왔음에도 불구하고 그것을 보지 못하는 자를 '눈멀었다'고 한다. 그러나 닥쳐올 사태, 아니 이미 닥쳐온 사태를 보고 말하는 자의 입을 막고 그걸 듣는 자의 귀를 가리는 자는 무엇이라고 해야 할까?

5부

아모르 파티!

자신이 하고 싶은 것을 할 때 우리는 그것을 기쁘고 즐겁게 할 수 있고 거기에 미쳐서 몰두할 수 있다. 그것이 어떤 일을 잘하는 법이기도 하다. 좋아서 하는 것은 그 과정 자체가 좋기에 아무리 힘든 상황에서도 계속할 수 있고, 평생을 계속할 수 있으며 또한 결과에 연연하지 않을 수 있다. 그림이 좋아서 그리는 사람은 그림을 그린다는 사실 자체를 좋아하기에, 화가로서 성공해서 명성을 얻는가에 크게 연연하지 않을 수 있다. 이것이 삶을 긍정하고, '삶을 사랑하는(Amor fati)' 길이다.

되돌아온 경제위기,

월가를 점령하라!

잉마르 베리만의 영화 〈제7의 봉인〉은 십자군 전쟁에서 살아 돌아온 기사 블로크에게 찾아온 죽음의 신과 더불어 시작한다. 블로크는 체스로 죽음을 피하거나 연기하고자 하지만, 그건 애시당초 불가능한 일이었다. 결국 블로크는 다시 찾아온 죽음의 신에게 끌려 그와 손을 잡고 언덕 저편 너머로 춤을 추며 건너간다. 블로크는 자신이 죽음을 피할 수 있으리라고 생각하진 않았을 것이다. 다만 전쟁과 페스트로 넘쳐 흐르는 죽음 속에서, 소멸해가는 구원에 대한 믿음을 다시 얻을 시간이 필요했던 것일 게다. 그가 구원에의 믿음을 다시 얻었을까? 알 수 없는 일이다. 하지만 죽음의 신을 속이면서까지 죽음을 연기함으로써, 그는 어느 광대 가족이 살아 있음의 기쁨 속에서 살아가는 모습을 본다. 그가 다시 찾아온 죽음을 연기할 수 있도록 죽음의 신을 속이는 것은, 그들에게서 구원의 가능성을 보았기 때문일 것이다. 구원이란 죽음 저편에 있는 게 아니라, 죽음이 찾아오기 이전의 모든 순간에서 살아 있음을, 삶의 기쁨을 느끼는 것에 있다고 생각했던 것일까? 분명한 것은 죽음의 신이 다시 찾아왔고 그는 결국 피할 수 없이 끌려갔지만, 죽음의 신을 속이며 죽음을 연기한 것은 무의미하지 않았다는 점이다. 그 사이에 그는 다른 이의 삶의 기쁨을 연장시켜주었을 뿐 아니라, 자신이 구하던 답을 찾았음이 분명하다.

마치 죽음의 신을 맞이한 것 같은 파국이 다시 찾아왔다. 2008년 가을, 북미의 거대한 대륙을 덮을 만큼 커다란 망토를 두르고 찾아온 죽음의 신을 우리는 기억한다. 리먼브라더스를 비롯한 수많은 거대 금융회사가 〈제7의 봉인〉의 마지막 장면처럼 줄줄이 손을 잡고 죽음의 신을 따라 언덕을 넘어갔다. 물론 오바마 정부를 비롯한 자본주의 국가의 정부들은 다가온 죽음을 면하기 위해 영화처럼 그와의 게임을 벌였고, 그것을 위해 수천조 원에 달하는 돈을 쏟아부었다. 경쟁력 없는 것은 죽어 마땅하다던 시장주의의 논리에 반하여, 경쟁력이 없어 죽어가던 금융회사를 살리기 위해 거대한 규모의 공적 자금이 투여되었다. 블로크와 달리 그들은 이럼으로써 죽음을 면할 수 있으리라고 믿었을 것이다. 이전에 그런 경험이 있었으니까. '대공황'이라고 불리던 최악의 사태마저 그렇게 극복한 경험이 있었으니까.

그러나 이번에는 사태가 예전같지 않은 듯하다. 2011년 그리스를 필두로 유럽연합을 덮친 죽음의 신이 2년 전에 찾아왔던 바로 그 죽음의 신이라는 것은 잘 알려진 사실이다. 다시 찾아온 죽음의 신! 베리만의 영화에서 그것은, 적어도 주인공으로선 피할 수 없는 신이었다. 지금 자본주의 세계경제는 어떨까? 영화만큼 흥미로운 테마일 것 같다. 2년이라는 상당히 긴 시간이 있었다. 수천조 원의 거대한 돈이 투여되었다. 그런데 그것으로도 죽음의 신을 푸닥거리해서 되돌려 보내는 데는 실패한 것 같다. 왜 그랬을까?

　조순 전 경제부총리는 이렇게 진단한다. "2008년 금융위기가 시작됐을 때 각국에서 재정과 금융을 팽창시키며 돈을 풀었지만 이는 금융에 대한 응급처방이었고 실물은 하나도 움직이지 않았기 때문에 경제회복과는 거리가 멀었다. …… 결국 금융위기 이후 쏟아낸 돈은 실물 부문의 경제구조 개편과 같은 문제의 핵심이 아닌 표면을 따라 흐른 뒤 다 떨어져 내렸"다는 것이다. 한마디로 말해 그 거대한 돈으로 "깨진 독을 고치지 않고 물만 쏟아부은 형국"이라는 것이다(『경향신문』 2011년 9월 23일자). 왜 이렇게 되었던 걸까? 이를 알려면 현재의 자본주의에서 '금융화'가 갖는 위상에 대한 약간의 이해가 필요하다.

*

　1980년 이후 흔히 신자유주의라고 불리는 시대는 한편에선 '고용 유연성'을 위해 노동자를 쉽게 해고하거나 비정규화하는 것을 특징으로 한다면, 다른 한편에선 이윤을 찾는 자본이 실물경제가 아니라 금융 게임에서 이윤을 얻는 '금융화'를 특징으로 한다. 1980년, 런던에선 외환에 대한 투기를 막는 조치가 해제되면서 '돈'이 본격적인 투기 대상이 되었고, 미국에선 금융기관의 투기를 막던 조치가 대거 해제되면서 금융상품이 다른 금융상품으로 증식되는 '파생상품'의 시대가 시작되었다. 자본은 실물경제에 투자하기보다는 증권시장에서의 주가를 관리하여 차액을 남기는 방향으로 나아갔다. 돈이 몰려들수록 주가는 올라가고, 올라간 주가를 따라 돈이 몰려드는 체증적 되먹임(positive feedback)이 실물적인 가치로부터 금융화된 가치의 괴리를, 즉 이른바 거품(bubble)을 급속히 증가시켰다. 1997년경 증권시장의 미친 듯한 활황에 취한 사람들은 이것이야말로 '새로운 경제'라고, '새로운 자본주의'라고 외쳤다. 그러나 3년 뒤 뉴욕 증시의 주가지수가 폭락하면서 그것은 단지 '새로운 거품'에 지나지 않았음이 드러났다. 거품이 꺼지지 않도록 계속 휘저었지만, 결국 서브프라임 사태를 계기로 거품은 대대적으로 꺼지고 말았다.

여기서 '대대적'이란 말을 특별히 강조할 필요가 있다. 주택을 담보로 채권을 발행하면, 그 채권을 담보로 다시 채권을 발행하고, 새 채권을 담보로 다시 채권을 발행하는 식으로 무한히 증식되는 파생상품은, 가령 10억 원짜리 집 한 채가 100억 원대의 금융상품으로 불어날 수 있다. 전 청와대 경제수석 김종인에 따르면, "지난해(2010) 전 세계 통화 거래량이 955조 달러인데 그중 파생상품 거래가 601조 달러, 증권시장에서 거래되는 채권이나 주식이 87조 달러로 실물생산에 투입된 자금은 63조 달러밖에 안 된다"(『경향신문』 2011년 9월 23일자)고 한다. 파생상품의 거래량이 실물생산의 거래량의 10배에 이르는 것이다. 이 수치는 이미 거품이 꺼지며 경제위기가 발생한 이후의 규모이기에 그 이전이라면 이보다 훨씬 더 차이가 컸음을 고려해야 한다.

2008년 경제위기는, 주택담보부 채권으로 시작된 이 파생상품의 계열이 부도에서 부도로 이어지며 시작되었다. 요컨대 경제위기의 핵심은 파생상품이나 기타 금융상품의 거품이 꺼지면서 비롯된다는 것에 있다. 따라서 실물과 완전히 괴리되어 이렇게 증식되며 경제를 돈 놓고 돈 먹기의 투기 게임을 만드는 파생상품과 금융자본에 대한 강력한 규제 없이 지금의 경제위기를 극복하기란 근본적으로 불가능하다. 오바마가 대통령이 되자마자 경제위기 극복을 위해 금융규제를 도입하려고 했지만, 금융자본의 집결지 이른바 '월가'의 반발로 실패했다. 실물경제의 10배 이상 되는 자금을 가진 금융자본가들이 자신들에 대한 강한 규제를 받아들일 리 없는 것이다. 그들에 대한 통제 없이 경제대책으로 공적 자금을 쏟아붓는 것은, 망했어야 할 그들 금융자본가를 살려주기 위해 그들의 주머니에 전 국민의 주머니를 턴 예산을 쏟아붓는 것에 지나지 않았다. 덕분에 기사에 인용된 김종인의 말대로 "2008년 리먼브라더스 사태 이후 가장 먼저 회복된 것이 미국 월가의 주식시장이었다. 위기극복과정에서 들어간 돈이 실물로 들어가지 않고 모두 금융으로 빨려들어갔기 때문"이다. 거대한 돈을 쏟아부었지만, 그것은 깨진 독을 때우는 데 들어간 게 아니라, 깨진 독에 물 붓듯 위기의 주범들 주머니로 흘러들어간 것이다.

조순이나 김종인 모두 지금의 경제위기에 대책이 없고, 출구가 없다고 말한다. 우리가 보기에도 그렇다. 이미 실물경제의 10배 이상 규모로 불어난 파생상품을 규제하여 거품을 제거한다면, 설사 금융자본가들의 저항을 제압하고 시행한다고 해도, 지금의 자본주의 경제는 심각한 파국에 이르고 말 것이다. 1929년 대공황 이상의 심각한 파국을 각오하지 않고선 불가능한 일이다. 그리고 이미 경제는 전 지구화되어서, 어느 한 국가의 정부가 지금의 위기를 좌우할 수 있는 상황이 아닌 데다 어느 국가든 파국적인 공황을 감수하며 해결책을 찾기보다는 자신만은 거기서 피해 보려고 하게 마련이다. 따라서 출구는 있어도, 누구도 그리 갈 수 없을 것이다.

*

이런 점에서 "월가를 점령하라!"고 외치며, 1퍼센트가 독점한 돈과 권력을 비판하며 시작된 뉴욕의 시위는 자본주의 경제가 처한 위기의 본질을 정확하게 겨냥하고 있다. 그리고 그러한 시위와 투쟁이 단지 뉴욕만이 아니라 전 세계 금융자본가를 향해 확대되어야 함을 지적하는 것 역시 현재 상황의 요체를 정확하게 포착했다고 할 것이다. '월가'로 상징되는 전 세계 금융자본가들이야말로 경제위기의 주범이면서, 지금의 위기에서 벗어나는 것을 가로막는 최대의 적이다. 또한 이 위기상황에서도 은행과 금융회사 들이 막대한 이윤을 남겼다는 것은(한국의 은행들이 2010년 한 해에 남긴 이윤은 10조 원 이상이었다!) 이들이 위기상황에서도 사람들의 주머니를 터는 흡혈귀 같은 마성을 갖고 있음을 아주 잘 보여준다.

이제 경제위기를 빌미로 더이상의 공적 자금이 금융자본을 살리기 위해, 혹은 망한 기업을 살리는 데 투여되게 방치해선 안 된다. 흔히들 하청기업이나 거기 고용된 노동자를 볼모로 망한 기업을 회생시키는 데 거대한 규모의 돈을 쏟아붓는 것을 당연시한다. 그러나 그것은 앞서 인용한 조순의 말대로 또다시 깨진 독에 물 붓기에 지나지 않을 것이다.

이제는 거꾸로 매일 시장과 경쟁력 타령을 하던 신자유주의자들의 애기를 그들에게 되돌려주어야 한다. 망해야 할 것은 망하게 두자고. 그리고 또다시 거품을 불리는 것에서 출구를 찾으려는 금융자본가들의 입에 돈이 아니라 모래를, 쇠로 된 나사를 넣어주어야 한다. 그런 식으로 수많은 사람들의 피를 빨아 자신의 죽음을 연기하려는 추한 손을, 다시 찾아온 저 죽음의 신이 꽉 움켜쥐도록 인도해주어야 한다. 금융화된 자본주의의 죽음, 그것은 모든 이의 죽음이 아니라 반대로 대부분의 사람들이 살아남는 사건일 수 있음을 되새겨야 한다. 과도기에 나타나는 고통을 인질 삼아 돈을 터는 그들의 협박에 더 속아선 안 된다. 금융기업에 쏟아부을 돈이 있다면, 그걸 직접 우리를 위해 사용하라고 말해야 한다.

'월가를 점령한다'는 것, 그것은 금융자본가들이 선 자리를 점령하는 것이고, 그들이 만든 거품의 힘을 점령하는 것이며, 그들이 행사하는 힘을 제압하고 점령한다는 것일 게다. 다시 찾아온 죽음의 신 앞에서 돈과 자본에 점령된 자들이 아니라 그것을 삶을 위해 쓸 줄 아는, 삶의 기쁨을 위해 이용할 줄 아는 광대 가족처럼 현명하게 빠져나가 살아남아야 한다. 월가를 점령하자! 월가의 돈을 우리의 삶을 생산하는 데 쓰도록 만들자! 그것으로 새로운 삶의 방식을, 새로운 생산방식을 창안하는 데 투여하도록 하자! 그것만이 거품이 잦아들 때마다 반복하여 다시 찾아올 죽음의 신으로부터 우리 자신을 지키는 유일한 길일 것이다.

경제위기와 기본소득

어떤 일에 '책임을 묻기 위해' 따지는 것은 삶을 긍정하려는 사람으로선 결코 하고 싶은 일이 아니다. 그것은 대개 무언가 잘못된 일에 대해, 혹은 부당한 일에 대해 책임을 질 것을 요구하는 명령어를 함축한다는 점에서, 부정되어야 할 어떤 것을 부정하기 위해 그 이유를 찾는 질문 속에 있기 때문이다. 니체가 반복하여 지적했듯이 부정의 부정은 긍정이 아니다. 또한 그것은 과거에 현재를 회부하는 방식으로 현재를 과거로 되돌려 보내는 시간의 흐름을 따르며, 그 현재를 떠나서조차 과거에 대한 책임의 부담은, 좋은 결과를 보장하지 않는 미래를 향해 과감하게 날개를 펴기 어렵게 만들 것이다.

그러나 삶을 긍정할 수 없게 만드는 무언가가 있다면, 그리고 그것이 강제하는 어떤 '운명'에서 벗어날 길을 찾기 위해선 '그들'이 항상 던지던,

책임을 묻는 질문을 되돌려 주는 것도 좋을 것 같다. 가령 자본주의는 "굶어 죽고 싶지 않으면 노동을 하라구!"라는 이중부정의 명령문을 매일 우리에게 던진다. '인간의 본질은 노동'이라는 철학자들의 순진한 명제를 "노동하지 않는 자는 인간이 아니야"라는 이중부정의 대우명제로 바꾸고는, 그 인간 아닌 자, 노동하지 못하는 자의 비참한 삶을 가시화하여 노동의 강박증을 만들어낸다. 자본주의는 죽음으로 이어진 거대한 부정의 평면 위에서 살아남고자 한다면 다시 한 번 그 처참한 무산(無産)의 현실을 부정하도록 강제하는 이중부정의 체제다. 그러나 이는 멀쩡히 잘 살던 사람들을 토지에서 쫓아내고 그들의 삶을 받쳐주던 공동체를 대대적으로 해체하여 만들어진 것이다. 실업이나 부랑, 노숙자의 거대한 흐름, 그들의 생존에 대한 책임이, 그렇게 하지 않고선 시작될 수 없었던 자본주의가 아니라면 대체 어디에 있단 말인가!

여기에 더해, 지금 죽어가는 신자유주의란 이름의 자본주의는 '고용 유연성'이란 이름 아래 노동마저 축소하거나 비정규화하여, '정상적인' 노동의 기회를 일종의 '행운'인 양 뒤집어놓는다. 생존은 이제 경쟁력 있는 자만이 누릴 수 있는 제한된 결과가 되고, 자기 삶의 구성을 대신하는 '자기계발'이 자기긍정을 대신하는 도착된 긍정의 세계가 작동하고 있다. 자본의 요구를 자신의 욕망으로 오인하는 욕망의 배치가, 이제는 자기 자신을 하나의 '기업'으로 간주하는 새로운 경쟁의 세계를 만들어낸 것이다.

이 끔찍한 과잉-시장화된 세계에서 생존의 책임은 모두 개인에게 돌려진다. 죽음이란 개인이 무능한 결과인 것이고, 무능한 개인의 책임인 것이다. 그러나 정작 시장의 논리가 그들 말대로 엄격하게 관철되어야 할 기업에 대해선, 지난 2008년 이후 경제위기 때 잘 보여준 것처럼, 이른바 '공적 자금'이라는 이름으로 기업에 거대한 세금을 쏟아부어 억지로 생존을 연장시킨다. 미국은 수천조 원을 투입해 월가를 살려냈고, 월가의 금융자본가들은 그 돈으로 새로이 이윤을 배당하고 부도에 책임을 져야 할 무능한 경영자에게 거액의 퇴직금마저 선물하는 화려한 잔치를 벌였다. 책임을 물었어야 할 이들에게, 세금을 털어 잔치를 벌여준 것이다! 신자유주의 경제학자들이 엄숙한 얼굴로 말하는 이른바 '도덕적 해이'란 비난을 진지하게 받아들이는 자는 어디에도 없었다. 경제위기의 출구를 찾는 데 쓰여야 할 돈이, 경제위기를 야기한 주범들의 주머니로 흘러들어간 것이고, 결국 출구를 찾지 못한 위기는 올해(2011) 유럽으로 되돌아왔다. 한국이 여기서 자유로울 거라고 믿는다면 너무 세상을 모르는 것이다.

'경제를 살린다'는 명분 아래 자본가들의 주머니에 쏟아부은 이 돈을, 아예 실업으로 인해, 혹은 그나마 노동조차 할 수 없는 사람들의 삶을 위해 투입했다면 어땠을까? '기본소득'이란 형태로 개인에게 직접 나누어주었다면 어땠을까? 가장 간단한 상상. 그것은 사람들의 생존을 위해 사용될 것이고, 그런 소비의 증가는 침체된 시장에 활기를 불어넣을 것이며 새로운 생산과 고용을 자극할 것이다. 그것은 다시 소비를 증가시킬 것이고…… 물론 케인즈가 생각했던 이런 일이 그대로 벌어질지는 알 수 없다. 공연히 돈만 풀어 물가만 오르고 경기는 별로 달라지지 않았을 수도 있을 것이다. 그러나 적어도 그 돈이 경제를 회전시키기는커녕, 월가의 금융자본가들 주머니로 들어가버리고 끝나는 터무니없는 결과보다는 수

천 배 나을 것이다.

이미 충분히 경제학적으로 이론화된 이런 일을 왜 사람들은 생각하지 않는 것일까? 사실 이는 노동을 하고 싶어도 할 수 없게 되어버린 현재의 자본주의 아래에서 우리가 생각할 수 있는 가장 중요한 출구 아닐까? 이미 자본주의는 자신이 필요로 하는 노동자들을 정상적으로 고용할 능력조차 상실했다. 한국은 비정규 노동자의 비율이 이미 노동자 전체의 반이 넘으며, 실업률은 "취업의사가 있으며 지난 일주일간 구직활동을 했는가?"라는 턱없는 질문을 약간 수정하는 것만으로도 20퍼센트를 넘는 숫자로 증가한다.

정규 노동자로 살아갈 가능성이 40퍼센트에 지나지 않는 세상에서, 우리는 여전히 정규 노동자로의 취업을 꿈꾸며 살아야 할까? 차라리 노동하지 않으며, 혹은 비정규 노동자인 채 살아갈 길을 찾아야 하는 것 아닐까? 부실기업 살리는 데 쓸 돈을 이들이 노동할 수 없어도, 혹은 비정규직이어도 살 수 있는 '기본'소득으로 나누어주는 것이야말로, 경제위기만이 아니라 노동하라고 무산자로 만들어놓곤 노동할 기회마저 주지 않는 지금 자본주의 체제에서 사람들의 생존을 위한 가장 현실적인 출구라고 해야 하지 않을까? 그렇게 생존에 필요한 기본소득을 제공하고, 그 이상 필요한 것은 각자 사정과 능력, 관심에 따라 추가적으로 벌도록 하면 되지 않을까?

이처럼 생존의 '기본' 수준을 보장하기 위해 필요한 돈은 지난 경제위기 때 미국이 쏟아부은 것의 수십 분의 일이면 된다. 그것은 월가의 경우처럼 쏟아붓고 끝나는 게 아니라, 소비에서 생산, 투자와 고용 그리고 다시 소비로 이어지는 경제적 순환을 야기한다. 기업을 살려서 거기 고용된 사람들을 살리는 식의 정형화된 사고방식은, 2008년 위기가 보여주었듯이, 이미 고용된 자, 정규직을 가진 자, 더구나 금융투기로 살아가며 경제를 망친 주범만을 살리는 길 아닐까? 정작 그들이 야기한 파국으로부터 보호해주어야 할 사람들은 그나마 얻은 파견 노동 등 비정규 노동마저 잃어버려 실업과 노숙의 길로 떠밀려가는 사람들이었을 것이다.

여기다 대고 '재원' 타령을 하는 정형화된 비난의 논리가 있음은 잘 알고 있다. 그러나 그들은 어째서 망한 기업을 살리기 위해 수천조 원의 거대한 세금을 쓰는 것에 대해선 재원 타령을 하지 않는 것일까? 그것은 재원이 문제가 아니라 그 재원을 쓰는 방식이 문제라는 것을 보여주는 게 아닐까? 더구나 요즘은 부자들이 경제위기를 위해 세금을 더 내겠다고 나서는 시대 아닌가(물론 그건 머나먼 미국 얘기지만. 왜 한국의 부자들은 미국에 대해 그토록 열렬히 추종하면서 이런 건 따라하지 않는 것일까). 경제적 난국에, 재정이 악화되는 와중에 부자나 기업의 세금을 깎아주는 것이야말로 가장 나쁜 의미의 '포퓰리즘' 아닐까?

그러나 좀더 역설적인 난관은 우리 자신에게 있는지도 모른다. 그들에게 '기본소득'을 제공하라고 요구하기 전에, 우리 스스로가 노동과 상관없이 돈을 받는 사태에 대해, '어떻게 그럴 수가……'라며 주저한다. 노동하지 않는 자는 먹지도 말라는 자본의 정언명령이 몸에 배었기 때문일 것이다. 그것은, 모든 이를 무산자로 만든 자본주의의 기원적 책임은 접어둔다고 해도, 노동하고 싶어도 할 수 없게 된 지금의 자본주의 사회에서라면 현실과 부합하지 않는 허언임을 분명히 해야 한다. 이제는 어떻게 하면 노동하지 못하는 사람도 먹고살 수 있게 할까를 고민해야 한다.

'기본소득'이라는 요구에 대해 주저하는 데는, "그렇게 되면 누가 대체 노동해서 먹고살려 하겠어?"라는 비난 어린 질문도 또 한몫할 것이다. 그러나 모든 사람들이 모든 욕구가 아니라 단지 '기본적인' 수준의 생존을 보장해주는 소득에 만족하고 살 거라고 정말 믿는지 되물어야 한다. 우리는 대부분의 사람들이 돈이 아무리 많아도 좀더 벌기 위해 일거리를 찾는 시대에 살고 있지 않은가? 그런 사람들이 생존의 '기본' 수준에 만족해 일을 하지 않을 거라고? 설마…… 심지어 나처럼 돈 버는 데 인생을 바치고 싶지 않다고 생각하는 사람조차도, 생존의 기본 수준을 보장해줄 뿐인 소득에 만족하며 살긴 어려운 게 지금 세상 아닌가? 그리고 하고 싶은 일이 있다면 그게 돈이 되든 안 되든 하려고 하는 것이 인간 아닌가? 돈이 안 되어도 무언가에 몰두하는 것이 가장 창의적인 것, 따라서 지금은 경제적으로도 가장 가치 있는 것을 만들어낸다는 것을 우리는 잘 알고 있지 않은가? 다만 기본소득이 일자리를 찾아, 정규직을 찾아 아등바등하는 강도를 낮추어주긴 할 것이다. 그렇지만 그것은 부족한 일자리—이는 현대 자본주의의 본질적 요소다—를 많은 사람이 나누어 갖게 하는 요인이 되지 않을까?

전체적으로 노동시간이 줄고, 일은 많은 사람이 나누어 갖는 사회, 그래서 노동 아닌 활동, 돈을 벌기 위한 것과 달리 자신이 정말 하고 싶은 것을 찾을 여유가 비로소 생기는 사회, 그것이야말로 노동하기 힘들어진 지금 사회에서 우리가 역으로 찾아내야 할 긍정적 세계의 출발점 아닐까? 기본소득이 그것을 보증해줄 거라고는 말하지 않을 것이다. 하지만 그것이 그 세계로 가기 위한 하나의 출구가 되리라는 것은 쉽게 알 수 있으리라고는 말해도 좋을 것이다.

선물에
관한

명상

이른바 '인디언'이나 남태평양의 '미개인'이 선물의 문화 속에서 산다는 것은 인류학자들의 연구를 통해 잘 알려져 있다. 가령 트로브리안드 제도의 원주민들은 A에게서 선물을 받으면 A에게 답례하는 게 아니라 다른 이웃인 B에게 선물을 하는 방식으로 답례한다. 그걸 받은 B는 다시 C에게 선물을 주어야 한다. 선물이 선물을 낳는 선물의 증식이 발생한다. 수많은 섬을 통과하던 선물의 흐름은 돌고 돌아 다시 A에게 돌아갈 것이다. 선물의 커다란 원환이 그려진 셈이다. 모두가 선물을 했고, 또 모두가 선물을 받은 것이다.

또 하나 유명한 선물 게임은 '포틀래치(Potlach)'라고 알려진 것이다. 그 게임에선 선물을 받으면 그보다 더 많은 선물로 답례해야 한다. 그렇게 답례하지 못하면 지는 것이다. 최종적인 승자는 남들이 더이상 갚을 수 없을 정도의 선물을 주는 사람이다. 이 승자가 대개는 부족의 추장이 된다. 뒤집어 말하면, 추장이 되려면 자신이 가진 것을 모두 다른 이에게 선물해야 한다.

 이들만큼이나 우리도 수많은 선물의 시간을 갖고 있다. 지금도 많은 사람이 선물을 사고 그것을 실어나르고 있다. 그런데 포틀래치와 달리 우리의 선물은 대개 대칭적이다. 주는 사람에게만 답례한다. 심지어 주고받는 선물의 '가치'를 어느새 비교하기도 한다. "아니, 난 10만 원짜리를 줬는데, 겨우 1만 원짜리를 줘?" 선물마저 대등하게 교환해야 하는 세계에 사는 것이다. 하지만 정말 짜증나는 건 달마다 하나씩 들어선 선물의 날이다. 선물의 종류도 정해져 있다. 초콜릿, 사탕에 이어 과자가 등장했다. 상업적 목적으로 기획된 이 선물 게임은 자본과 상업이 선물제도에 선물한 최악의 모욕처럼 보인다. "선물도 어차피 교환의 일종이야!" 이런 코드에 따라 이젠 모든 선물이 상업과 교환의 그물에 완전히 사로잡힌 듯하다.

 선물을 교환의 일종이라고 보는 것보다 선물을 이해하는 나쁜 방법은 없다. 선물에 관한 마르셀 모스의 유명한 책(『증여론』)으로 인해 널리 유포된 이 오해에 따르면, 선물은 받으면 답례해야 하기에 결국 교환의 일종이다. 그러나 선물을 받고 존경을 주는 것을 교환이라고 말하는 것처럼 어이없는 게 또 있을까? 이 점에선 차라리 소설가가 더 나은 것 같다. 아주 오래전에 독일 소설가 케스트너가 쓴 어느 소설에서 읽은 얘기다.

 어느 날 멀리 떨어져 살던 아들을 찾아 어머니가 상경했다. 오랜만에 만난 모자는 밤새 정다운 대화를 나누었다. 하지만 서로가 나름대로 바쁜 삶이라 이튿날 헤어져야 했다. 주인공은 힘들게 사시는 어머니를 생각해,

월세를 내려고 찾아두었던 20만 원을 몰래 어머니 지갑에 넣어드렸다. 배웅을 하고 돌아온 그는 뜻하지 않은 돈을 발견하고 놀라는 어머니의 모습을 떠올리며 흐뭇해했다. 그런데 그는 책상에 펴놓았던 책 사이에 20만 원과 함께 서툰 글씨로 쓴 어머니의 편지를 발견했다. "요즘 힘들지? 방값 내는 데라도 보태거라."

경제학적으로 보자면 주인공이나 어머니나 모두 20만 원을 주고 20만 원을 받았으니, 두 사람 모두 이득도 손해도 없는 교환이었던 셈이다. 그러나 정말 그렇다고 말할 수 있을까? 케스트너는 이런 '경제 방정식'과 다른 '윤리 방정식'을 보여준다. 주인공에게는 그가 어머니를 위해 쓴 20만 원 외에, 어머니에게 받은 20만 원의 새로운 증가분이 있었다. 어머니 역시 아들을 위해 쓴 20만 원 외에, 아들이 준 20만 원의 '이득'이 있었다. 그러니 합치면 0이 되는 게 아니라 최소한 40만 원의 증가가 있었던 것이고, 돈을 주고받으며 오간 '마음'으로 보면 '80만 원'으로 표현될 만큼의 증가가 있었던 것이다.

이처럼 대가를 바라지 않으면서 타인을 위해 무언가를 할 때, 경제 방정식으로 나타나지 않는 순이득이 발생한다. 그리고 이는 케스트너의 윤리 방정식이 표시하는 숫자에 함께 사는 기쁨이라는 막대한 '이득'을 덤으로 준다.

선물과 교환 간의 거리의 최댓값을 보여주는 경우는, 준다는 생각 없이 주는 선물 혹은 선물이란 생각 없이 받게 되는 선물이다. 인디언식으로 말하면, 수면을 스치는 부드러운 바람은 대기의 선물이고 시원한 그늘은 나무의 선물이며 해마다 열리는 옥수수는 대지의 선물이라고. 함께 말을 타고 들판을 달리는 친구, 밥을 해주는 할머니, 노래를 불러주는 아이들. 이 모두가 '위대한 정령'의 선물이라고. 선물이 의무라면, 그들은 아마도 이렇게 스스로 물을 것이다. "나는 과연 나에게 선물인 다른 이들에게, 숲속 나무와 그 나무 사이로 오가는 동물에게 과연 무엇을 주고 있는가?"

모든 존재자가 선물이 되는 세계, 그게 어디 인디언들만 꿈꾸던 세계였을까? 내 삶이 나를 둘러싼 타자의 선물 속에서 이루어지고 내 삶이 타자에 대한 선물이 되는 세계. 그러나 우린 이미 그걸 꿈꾸는 것조차 포기한 지 오래다. 그런데 정말 그건 이질적인 사람들이 모여 사는 도시의 두터운 벽 속에선 불가능한 세계인 것일까? 자동차를 타고 달리는 도시의 도로 위에선 정말 불가능한 세계인 것일까? 정작 문제는 불가능한 생각이라는 생각, 꿈을 잃어버린 꿈 그리고 스스로 감아버린 눈은 아닐까?

'살다'를 뜻하는 제목의 영화 〈이키루〉에서 항상 기쁜 얼굴로 살아가는 여공에게 암에 걸려 방황하던 주인공이 묻는다. 너는 뭐가 항상 그리 좋으냐고. 인형을 만든다는 여공은 대답한다. "난 내가 만든 인형이 누군가 아이들의 손에 들어가 그 아이를 즐겁게 해준다는 사실이 너무 기뻐요." 이로써 구로자와 아키라는 그 불가능해 보이는 세계가 실은 아주 가까이 있는 것임을, '산다'는 것은 그런 것임을 보여주려는 것이 아니었을까.

사물에
대한
예의

지금은 잘 알려진 시인이 된 가까운 후배가 언젠가 연구실 홈페이지에 올렸던 이야기다. 절친한 친구의 우산이 고장나서 함께 학교의 우산 수리점에 갔다고 한다. "고치는 데 얼마나 들어요?" 고장이 좀 심했던지 3천 5백 원 든다고 했단다. "3천 5백 원? 약간만 더 보태면 새로 하나 사겠다. 그냥 가자." 망설이다 나온 두 사람. 그러나 그의 친구는 다시 되돌아서서 3천 5백 원을 주고 기어이 우산을 고쳤다고 한다. 굳이 뭐하러 그러느냐는 질문에 이렇게 말했다고 한다. "새로 사면 이 우산은 쓰레기가 되잖아."

버려진다는 것, 그것은 우산으로서는 자신의 '생명'이 다하는 것이다. 고치면 더 지속할 수 있는 생명이 우리의 약은 계산 속에서 쉽게 중단되고 버려지는 것이다. 만약 고장난 게 우산이 아니라 우리 자신의 신체였다면 어땠을까? 심지어 엄청난 돈이 든다고 해도 고쳐서 '사용하려고' 하지 않을까? 자신의 신체는 그토록 애지중지하건만, 그 신체가 자기 것이 아닌 다른 생물의 것이 되면 우리는 아주 쉽게 생각해버리고 만다. 더구나 이처럼 그게 어떤 물건이나 '생명이 없는' 사물이 되면, 고상한 윤리학자도 윤리학적으로 사고하길 멈춘다. 그건 윤리학의 대상이 아닌 것이다!

그렇게 사물은 쉽게 버려지고 쉽게 삶을 마친다. 자신에게 허용된 것보다 훨씬 빨리. 지금처럼 물건이 흔해진 경우에는 말할 것도 없다. 그 돈 들여 수리하느니 새로 산다는 식의 생각은 너무도 익숙한 태도 아닌가! 뿐만 아니라 멀쩡한 것이지만, 유행이 지났다거나 새로운 것이 나타났다는 이유로 팔리고 버려지는 일이 비일비재하다. 그리하여 옷은 2년을 채 못 가 옷장 속에 버려지고 자동차도 3, 4년이면 버림받는다. 옷장을 열면 옷을 걸 틈도 없이 빼곡하건만, 어느새 "입을 옷이 없네"라고 말하지 않는가?

이런 점에서 우리는 사물과 결코 좋은 관계를 맺고 있지 못하다. 아니, 사물은 우리 인간과 아주 나쁜 관계를 맺고 있다. 목적에 맞추어 만들어지고, 비용에 비추어 버려지는 그런 존재, 수명이 채 다하기도 전에 쉽게 버려지는 존재, 멀쩡하게 쓰레기가 되고 마는 존재, 그게 바로 사물이다. 철학자들은 인간이나 생명체와 대비되는 '도구'라는 말로 그런 태도를 정당화한다. 그들에게 사물이란 인간이나 생명의 소중함을 부각시키기 위해 지워지고 스러져야 하는 '배경'에 불과한 것이다.

이런 점에서 '좋은 시절(벨 에포크)' 이후의 자본주의는 사물에 대한 거대한 저주다. 물론 그것은 흔히들 말하듯 '생산력을 해방하여 물자의 유례없는 풍부함을 산출한 시대'다. 그 거대한 '풍요' 앞에 우리는 또 얼마나 쉽게 매혹되고 도취되는지! 그러나 그것은 사물에 관한 한, 극단적인 속도로 사물의 죽음을 촉진하고 가속화하는 시대임을 뜻한다. 사람들의 손에 있는 상품을 가능한 한 빨리 자신이 새로 만든 상품으로 대체하는 것, 그것이 사물에 대한 자본의 원칙이다. 이를 위해 유행의 형태로든 신제품의 형태로든 혹은 기능을 통해서든 새로운 스타일을 통해서든 사람들의 손 안에 있는 것을 급속하게 '낡은 것' '구닥다리'로 만든다. 10년은 쓸 만한 휴대전화가 2년만 지나면 '낡은 것'이 되어 대체되고 버려진다. 이런 식으로 사물은 자신의 생명이 채 다하기 훨씬 전에 폐기된다. 사물에 관해서도, '자연'에 대해서와 마찬가지로, 자본주의는 '죽음의 체제'요 '파괴의 체제'다.

철학이나 윤리학이 사람들의 관계를 다루는 데서 멈춘다면, 그것은 너무도 안이한 일이다. 왜냐하면 사람들의 그 '관계' 속에는 이미 수많은 사물이 들어와 있기 때문이다. 맘에 드는 사람을 향해 갈 때엔, 고운 옷이 함께 간다. 요즘처럼 취직하기 어려운 시절이라면 취직을 위해 면접을 하리 갈 때는 최신 감각의 옷을 새로 사서 입고 갈 게 틀림없다. 부모가 결혼한 자식과 식사라도 함께하는 자리에는 음식이, 그것을 담은 그릇이 함께한다. 사랑하는 사람과 함께 새로운 가족관계를 만들려고 하는 경우, 월세든 전세든 집이 없으면 안 된다.

마르크스가 "생산력이란 자연과 인간과의 관계"라고 말했을 때, 그것은 '투입량과 산출량의 관계(비율)'로 정의되는 '생산성'과 결코 동일한 것이 아니었다. 나에게 마르크스의 그 개념은 자연에 대해, 사물에 대해 자신의 삶의 일부로 다루고 사유하라는 암묵적 권유처럼 읽힌다. 자연 내지 사물에 대해 자본주의가 생산하고 유포시킨 것과는 다른 관계를 구성하라는 강력한 권유처럼 들린다.

  얼마 전에 몹시 가난한 한 친구가 나에게 난데없이 양말을 선물했다. 아무 말도 하진 않았지만, 아마 내가 구멍 난 양말을 그냥 신고 다니는 것을 본 모양이다. 그러나 구멍이 났다고 양말을 버릴 순 없는 일 아닌가? 청바지에는 일부러 구멍을 내기도 하지 않나! 그러나 뜻하지 않은 양말 선물을 받고선 생각을 조금 바꾸었다. 그렇게 양말에 난 구멍이 시각적으로 불편한 사람도 있는 듯해서, 구멍 난 양말을 모아 잘 할 줄도 모르는 바느질을 했다. 구멍을 메워 번듯하게 양말의 체면을 세워주는 게 나의 도리라고 생각했다. 그것의 '생명'이 닳아 없어질 때까지 나는 그 양말들을 다시 꿰맬 것이다.

기계에게도

불성이
있습니까?

　　　　　　나에게도 낡은 자동차가 하나 있다. 1996년산이니 이미 15년이 넘은 차다. 운전이 미숙하던 시절의 흔적과 주차 공간의 불안정성이 여기저기 새겨져 있는 데다, 세차도 잘 안 하다보니 색깔마저 애초의 것과 많이 달라져, 보는 사람마다 "차 안 바꾸냐?" 하고 묻는 차다. 2009년에 연구년을 받아 일본에 가면서 다른 이에게 주었는데, 나와의 인연이 질긴 건지 돌아올 때 다시 돌려받았다.

　1년 뒤에 돌아와 처음 시동을 걸었을 때, 갑자기 "위잉~" 하는 소리가 울리며 엔진 회전수가 확 올라가 한참 공회전을 했다. '윽, 왜 이러지? 이거 고장난 거 아냐' 싶었다. 그러나 곧 잠잠해지고 회전수도 정상으로 되돌아왔다. 그때는 그러곤 아무 생각 없이 지나갔는데, 며칠 뒤에 불현듯 그 이유를 깨달았다. 과거에 말을 타던 시절이라면, 1년을 떠나 있던 주인이 돌아와 안장에 올라탈 때, 말이 반갑다며 '히히힝' 울었을 것이란 생각이 난 것이다. 그래, 오랜만에 돌아온 주인이 반가워 이 자동차 또한 그렇게 울었던 게 아니었을까.

나는 통상 깨어 있을 땐 음악을 틀어놓는데, 공부를 할 때나 운전을 할 때나 다르지 않았다. 기계도 조심스레 다루며 곱게 쓰는 편이라, 자동차가 외양은 긁히고 찌그러진 흔적에 지저분해도 오디오 소리는 아주 좋은 편이었다. 심지어 언젠가 처음 탄 사람이, 자동차 오디오가 외국산이냐고 물은 적도 있다. 그런데 2008년, 비가 엄청나게 쏟아지던 날, 전기 계통에 이상이 생겨서 자동차를 크게 수리를 한 적이 있다. 그런데 그때 수리공의 실수일 텐데, 고치고 며칠 지나서 자동차 실내에 전기가 들어오지 않는다는 것을 알게 되었다. 하지만 워낙 바쁜 데다가 다니는 데는 큰 문제가 없었고, 더구나 낡은 차니 고치지 않고 그냥 타고 다녔다. 덕분에 음악을 들을 수 없어서 항상 '조용히' 타고 다녀야 했다. 2010년 일본서 돌아와 다시 타고 다니게 되었을 때에도, 그 사이에 쓰던 사람 또한 고치지 않아서 그대로 '조용한' 채였다.

일본에서 돌아와 다시 타고 다닌 지 한 달 정도 지난 뒤였던 것 같다. 어느 날 학교에 가던 도중 갑자기 자동차에서 불편한 진동이 느껴졌고, 속도가 현저히 떨어졌다. 그래서 도중에 있는 카센터에 들러 물어보니, 점화플러그가 망가졌다고 한다. 할 수 없이 고치면서 덤으로 고장난 실내 전기배선도 고쳐달라고 부탁했다. 덕분에 다시 음악을 들으며 자동차를 타게 되었다. 그런데 음악을 들으며 운전을 하다가 불현듯 이런 생각이 들었다. 그래, '조용히' 몰고 다니는 동안 이 녀석이 얼마나 답답했을까!

아무 소리도 내지 못하는 조용한 자동차, 그것은 그에겐 일종의 벙어리 상태 같은 것이었을 게다. 그러고는 생각했다. 아, 그게 답답해서 자기 목소리를 내게 들려주고 싶어서, 다시 만나게 되어 반갑다는 인사라도 하고 싶은데 그냥은 고치러 갈 것 같지 않으니 점화플러그를 망가뜨렸던 게 아닐까?

이 얘기를 하면 모두들 웃는다. 얘기를 하는 나도 웃는다. 그래, 내가 감정이입을 했던 거고, 인간이나 동물에 기계를 두들겨 맞추어 생각한 것이겠지. 그러나 같이 웃으면서도 지워지지 않는 어떤 느낌이 아직도 남아 있다. 자동차의 반가운 환영인사도, 말을 건네고 싶다는 의지도, 정말 턱없는 공상이라고만 해야 할까? 정말 기계는 정해진 최소한의 것만 할 뿐이고, 그 외의 것은 모두 우리가 덧댄 망상이기만 한 걸까?

나는 기계는 어느 경우에나 동일하게 작동한다는 말을 믿지 않는다. 가령 오디오는 어떤 주인을 만나는가에 따라 아주 다른 소리를 낸다. 컴퓨터 역시 누가 만지는가에 따라 쉽게 고장나기도 하고 어느새 멀쩡해지기도 한다. 전에 친하게 지내던 복사점 주인에게서 고장난 복사기도 주인 발소리만 들으면 멀쩡해진다는 말을 들은 적이 있다. 기계를 아껴주고 기계와 좋은 관계를 맺는 사람에겐 기계도 다르게 반응한다고 나는 확신한다. 그러니 사람이나 '생명체'와의 관계뿐만 아니라 사물이나 기계와도 좋은 관계를 만들어야 한다.

인디언들은 먹을 만큼만 사냥하고, 고통 없이 단번에 잡으며, 사냥한 것은 남김없이 다 먹고, 뼈는 매장하거나 수장한다. 잡아먹은 동물에게도 이렇게 예를 표한다. 별다른 노력 없이 마구 죽이고 마구 먹다 남겨 쓰레기로 버리는 우리와 아주 다른 관계를 동물과 맺고 있는 것이다. 기계나 사물은 더하다. 소비가 '미덕'이 된 지금의 자본주의에서 우리는 얼마 쓰지도 않은 것을 너무도 쉽게 버린다. 그들에게 감사의 마음을 갖는 경우는 거의 없다. 그러나 어느 것도 태어난 이상 즉 존재하기 시작한 이상 자신의 존재를 지속하고자 하게 마련이다. 사물 역시 다르지 않을 것이다. 대강 먹히곤 잇자국이 난 채 쓰레기로 버려지는 동물들 이상으로, 멀쩡한 채 손쉽게 버려지는 기계나 사물 또한 모욕감을 느끼지 않을까?

인간은 언제나 목적으로 다루어지고자 하며, 수단이 되는 처지를 더없는 모욕으로 간주한다. 그에 비하면 군소리 한마디 없이 수단으로 일해주고, 버려져서도 불평 하나 없는 이들이 사물이고 기계다. 인간과 사물, 이들 중 누가 더 '군자'나 '성인'에 가까울까? 그토록 충실한 친구를 우리는 그토록 함부로 대하고 쉽게 버리는 것이다. 이런 점에서 생명에 대한 애정만큼이나 절실한 것이 사물에 대한 우정 아닐까? 무정물(無情物)에게도 불성이 있는지 논쟁이 있던 시기, 조주 스님에게 돌아가 묻는다면 이렇게 답하지 않았을까?

"스님, 자동차에도 불성(佛性)이 있습니까?"
"있다."

쓰레기 만두를 위하여

오랜 시간이 지나도 잊혀지지 않는 것이 있다. 트라우마처럼 치명적 상처나 영원히 머물고 싶은 찬란한 순간이 아님에도, 어찌 보면 아주 사소한 것임에도 쉽게 잊히지 않는 것이 있다.

나는 먹을거리에 별다른 애착이 없다. 거의 모든 것이 맛있기에, 맛있는 것과 맛 없는 것을 그다지 잘 구별하지도 못한다. 그래서 긴 시간 이동해 맛집을 찾아가는 이를 이해하지 못한다. 그럼에도 불구하고 먹는 것에 관한, 그것도 오래된 사건임에도 잊지 않는 것이 둘 있다. 하나는 '삼양라면 우지파동', 다른 하나는 '쓰레기 만두 파동'이다. 둘 다 충격과 경악으로 시작하여 반전으로 끝났지만, 그 과정에서 거기에 엮인 사람들은 치명상을 입었고, 충격으로 요란하게 시작했지만 반전인 결말은 거의 알려지지 않았다는 공통점을 갖는다. 그러나 내가 두 사건을 기억하는 이유는 조금 다르다.

  삼양라면 유지파동부터 보자면, 전두환 정부 시절이었으니 나이가 좀 든 분들이라야 기억하겠지만 삼양라면 우지파동은 당시 라면업계에서 독보적이었던 삼양라면이 '공업용' 쇠기름으로 라면을 튀긴다는 사실을 보건사회부가 고발하면서 라면 먹던 사람들 위장을 들쑤셔놓았던 사건이다. '공업용' 기름이라는 단어가 전면에 보도되면서, 나라 전체가 들썩댈 정도로 소란스러웠고, 사람들은 공업용 기름을 먹게 한 악덕 기업의 상혼에 분노했다. 덕분에 삼양라면은 '여론'의 융단 폭격 속에서 거의 도산 직전까지 추락했다.

  그러나 한참 뒤 법원은 삼양라면의 혐의에 대해 무죄를 선고했다. '공업용 우지'는 '공업용'이란 어감과 달리, 실제로는 다른 기름보다 좋은 기름이고 선진국에서도 음식을 튀기는 데 사용한다는 사실이 그때에야 비로소 알려졌다. 그러나 이미 늦어도 한참 늦었다. 재판에선 이겼지만, 기업의 이미지는 이미 바닥을 친 뒤였다. 이 놀라운 반전에 대해 그토록 난리를 쳤던 언론은 한마디 사과도 없었고 제대로 찾기 힘들 정도로 조그맣게 보도했던 것으로 기억한다. 삼양라면은 간난신고 끝에 도산은 면했지만 그때 무너진 아성을 다시 회복하지 못했다.

  놀랍게 시작해 어이없게 끝난 이 사건에 정치적 '음모'가 숨어 있었다는 것이 나중에 알려졌고, 이로 인해 오랜 시간이 지나도 이 사건이 내 기억에서 사라지지 않았던 것 같다. 전두환 대통령의 부인 이순자가 당시 '청보식품'이라는 회사를 만들었는데, 이 회사의 주력 상품이 라면이었다. 이미 여러 라면회사가 있었고, 제품이 특별하지도 않았고 별다른 장점도 없었기에 새로이 라면시장에 진입해서 아성을 무너뜨리기는 무척 어려웠을 것이다. 그래서 이를 돕기 위해 관련 부처인 보건사회부의 직원들이 라면업계 1위였던 삼양라면을 한방 먹이기 위해 '공업용 우지파동'을 일으켰다는 것이다. 실제로 그때 청보식품이 라면을 출시했기 때문에, 이는 단지 누군가 머릿속에서 그려낸 '음모'가 아니라 정확한 내막이었다고 해야 할 것이다. 그러니 전두환 정권에 대한 분노로 운동하던 나로선 결코 잊을 수 없었던 사건이었던 걸 게다. 2008년 촛불시위 당시 조중동에 대한 비판 속에서 광고 게재 거부운동에 삼양라면이 참가했을 때, 이 아득한 시절의 기억이 생생하게 남아 있음을 확인할 수 있었다.

쓰레기 만두 파동은 조금 다르다. 이는 정치적인 이유보다는 개인적인 이유 때문에 더 기억에 남는다. 2004년 6월이니, 이미 10년 가까이 시간이 지났다. 말 그대로 쓰레기로 만두소를 만들어 팔았다는 것이 그 사건의 요체였다. 당시 언론의 보도를 보면 지금도 경악하지 않을 수 없다. 돈 버는 걸 유일한 목적으로 삼는 게 자본주의요 기업이라지만 어떻게 쓰레기로 만두를 만들 수 있단 말인가! 그러나 자본주의와 자본가에 대한 일반적 분노만은 아니었다. 고백건대 나는 사실 만두를 매우 좋아한다. 고기를 먹지 않은 지 꽤 오래됐지만, 그래도 만두만은 포기할 수 없다 그래서 먹고 나면 고기 때문에 불편해진 속에서 후회의 가스가 올라오지만, 그래도 김이 모락모락 오르는 만두를 보면 어느새 또 손이 나가고 만다.

만두에 대한 애정이 컸던 만큼 쓰레기 만두에 대한 분노 또한 크지 않을 수 없었다. 모든 언론이 대서특필해 해당 만두회사는 물론 만두업계 전체가 '공황상태'에 빠지게 되었고, 도산하는 업체가 줄을 이었지만, '그

거야 당연하지. 나쁜 넘들'이라고 생각했다. 정말 쓰레기 같은 만두소 사진은 그 분노에 대해 일말의 의심도 할 수 없게 해주었다. 그러나 며칠 뒤 한 만두업체 사장이 자살을 했고, 그러면서 자신의 억울함을 항변했다. 그제서야 '어, 이건 뭔가 이상한데'라는 생각이 들었다. 누군가 억울함을 호소하며 죽을 때에는 그럴 만한 이유가 있음이 틀림없기 때문이다.

죽음의 항변 때문이었겠지만 비로소 만두 파동 재조사가 이루어졌다. 그리고 나뿐만 아니라 수많은 사람들이 그 조사 결과에 다시 한 번 경악해야 했다. '쓰레기 만두'가 쓰레기로 만든 게 아니라 단무지의 자투리를 이용해서 만든 것이었으며, 처리가 위생적이라고 하긴 어려웠지만 흔한 대장균이 발견되었다는 것 말고는 인체에 유해하다는 증거가 없어서 구속영장조차 기각당했기 때문이다. 자투리 무에 썩은 부분이 있었지만, 그것을 도려내고 고온에서 살균하여 처리하기에 인체에 유해하다는 증거가 없다는 게 판사의 말이었다.

결국 자투리 무를 사용해서 만두소 재료를 만들었다는 게 문제였던 것이다. 물론 단무지를 만들고 남은 걸 사용해서 만두소를 만든다는 게 만두를 먹는 사람들의 심기를 불편하게 만들 수 있을 것이다. 그러나 비록 자투리라고는 해도 그걸 어떻게 '쓰레기'라고 말할 수 있을까? (그리고 언론에서 보도한 쓰레기 만두소는, 버리려고 쓰레기로 내놓았던 것을 사진 찍어 만두를 만들 때 실제로 사용하는 것처럼 보도했다는 것이 밝혀졌다!) 그렇게 환경에 대해 말하고 재활용에 대해 말하지만, 남은 무 자투리를 '재활용'하는 건 왜 용납할 수 없었던 것일까? 먹는 것이기 때문에?

그러나 육식하는 분들에게 미안한 얘기지만, 사람들은 자투리보다 훨씬 불량하고 해로운 '몸통'을 먹고 산다. 내가 육식을 하지 않는 데는 지금은 그럴듯한 정치적인 혹은 사상적인 이유를 갖고 있지만, 사실 처음부터 그렇지는 않았다. 내가 고기를 먹지 않게 된 것은 교도소 안에서였다. 교도소 음식이라는 게 짐작하다시피 워낙 형편없었기에, '영양'을 위해서 흔히들 훈제·포장해서 파는 닭고기를 사 먹고 있었다. 하지만 나중에 농민회장을 하다 교도소에 오게 된 분 말씀을 듣고 더는 먹을 수 없었다. "그거 먹지 말아요. 내가 닭농사 지어봐서 아는데, 그건 닭고기가 아니라 항생제와 성장촉진제 덩어리예요."

지금 이건 알 만한 사람은 다 아는 사실이다. 닭고기뿐인가? 소와 돼지 역시 병으로 죽거나 폐사하는 사태를 막기 위해 항생제를 사료에 항상 섞어 먹이고, 좀더 빨리 좀더 크게 자라서 좀더 많은 돈을 만들기 위해 움직일 수도 없는 좁은 울타리 안에서 성장촉진제가 들어간 사료를 먹인다. 그래서인지 미국에서 생산되는 항생제의 절반 가까이가 소, 돼지, 닭에게 쓰인다고 한다. 그런 약이 아니어도, 움직이지도 못하는 좁은 울타리에 갇혀, 인간에게 고기를 제공하기 위해(!) 하루 종일 몸을 불리는 것 말고는 아무것도 할 수 없는 소와 돼지의 고통을 생각해본 적이 있는지? 그것이 인간이 즐기는 맛난 음식의 몸통이다.

'인간을 위해' 행해지는 그런 사육의 끔찍함에 눈이 간다면 아마도 그 뒤에 육식을 하는 것은 결코 쉬운 일이 아닐 것이다. 그러나 거기까진 아니라고 해도, 그렇게 고통과 스트레스로 가득 찬 고기를 먹는 게 자신의 건강에 도움이 될 것인지 정도는 한번 생각해보는 게 좋지 않을까? 스트레스가 몸을 망가뜨린다는 것은 인간이나 동물이나 마찬가지일 게다. 그렇게 망가진 몸에 항생제와 성장촉진제가 첨가되고, 맛을 위해 화학조미료나 다양한 '식품첨가물'을 덧붙인 것이 우리가 먹는 고기 아닌가?

비록 '쓰레기 만두'라는 처참한 오명을 뒤집어썼다고 해도, 나는 잘 요리된 고기보다는 차라리 저 만두를 먹을 것이다. 자투리를 '재활용'했다는 것 정도는, 고통 속에 성장한 약품 덩어리 고기에 비하면 정말 가벼운 웃음거리 아닐까?

노마디즘,

삶을 예술로
만드는 방법

예술의 관점에서 삶을 본다

  니체가 공부에 대한 자신의 태도를 이렇게 말한 것을 어디에선가 본 적이 있다. "나는 예술의 관점에서 학문을 보고, 삶의 관점에서 예술을 본다." 예술의 관점에서 공부를 본다는 것은 무슨 말인가? 예술은 무언가 새로운 것을 창안하지 않고선 존재할 수 없다. 예술사에서 기억되는 사람, 기억되는 분턱은 서부 이진의 양식이나 스타일을 제치고, 무언가 새로운 것을 창안한 사람이나 사건으로 이루어져 있다. 공부 내지 학문은 많은 경우 기존에 남이 해놓은 것을 배우는 걸로 진행되고, 그러다보니 배운 데서 크게 벗어나지 않는 범위에서 학문을 '재'생산하는 정도로 끝나는 경우가 많다. 이런 사람들을 니체는 철학적 노동자, 지식 노동자라고 불렀다. 노동이 주어진 것을 반복하는 것이라는 의미에서, 신이 나서 하는 놀이와 달리 싫어도 힘들어도 참고 해야 하는 것이란 의미에서 그렇다.

그러나 학문이나 지식의 역사 역시 전부 기존의 것과 다른 무언가 새로운 것을 창안한 사건이나 사람을 기억한다. 즉 예술의 관점에서 학문을 본다는 것은, 새로운 것을 창안하려는 의지 속에서 사유하고 공부하는 것이다. 들뢰즈라면 이를 '탈주'라는 개념으로 명명했을 것이다. 기존의 것에서 벗어나는 탈주의 선을 그리는 일이라고. 예술의 역사는 탈주선에 의해 구성된다고. 지식이나 과학, 공부 역시 탈주선에 의해 정의되어야 한다고. 이를 '클리나멘(Clinamen, 벗어남)'이라는 말로 바꾸어 말해도 좋겠다. 관성적인 움직임에서 벗어나는 성분으로서 클리나멘.

그런데 니체는 예술의 관점에서 공부의 문제를 보는 것으로 충분하다고 생각하지 않았다. 그래서 덧붙였다. 그 예술 또한 삶의 관점에서 보아야 한다고. 예술을 삶의 관점에서 본다는 것은 무엇인가? 예술은 미를 추구하는 활동 아닌가? 반면 삶이 미를 추구한다고 할 수는 없지 않은가?

『반시대적 고찰』에서 니체는 근대의 지식이 사람들의 삶으로부터 분리되어 교양이 되어버렸다고 비판한 적이 있다. 서구에서 근대 이전에 지식이 모두 그랬는지는 잘 모르겠지만, 가령 철학이 '지혜에 대한 사랑(philo-sophia)'이라고 했을 때, 그것은 삶을 사는 지혜를 가르치려는 것이었음은 분명하다. 역사 역시 근대 이전에는 과거의 일을 들어서 현재 당면한 일을 풀어나가는 지혜나 교훈을 가르치기 위한 것이었다. 그러나 근대에 이르러 철학은 인식의 확실성을 보증하기 위해 근거를 찾는 편집증적 지식이 되고 말았고, 역사는 그 자체로 고유한 발전의 논리를 가지며 어디서나 관철되는 보편적인 법칙이 되고 말았다. '진리'의 추구는 이처럼 삶에서 분리된 어떤 고상한 목적이 되어 지식을 삶의 저편으로 인도했다.

'미' 또한 그 자체로 존재하는 고상한 목적이 된다면, 마찬가지 방식으로 우리의 삶을 삶의 저편으로 인도할 것이다. 현실적 삶을 초라하고 비루한 것으로 만드는 지고한 피안의 세계, 그리하여 피안의 삶에 대한 동경의 형태로 현실의 삶을 부정하게 하는 니힐리즘으로. 이런 점에서 본다면, 앞서 인용한 명제를 통해 니체가 말하려는 것은 예술을 그저 미를 추구하는 것으로만 보아선 안 된다는 말일 게다. 미 자체, 예술 자체가 예술의 목적이 되어선 안 된다는 말일 게다. 사실 '미' 자체 또한 삶 속에서 느끼는 아름다움의 감각이 응집되어 만들어지는 것 아닌가? 그렇기에 삶의 방식이 다르면 미의 내용이나 기준이 달라지는 것 아닌가? 예술이란 의식(ritual)이든 생산이든 삶의 과정이 요구하는 것을 만드는 활동이 표현적인 독자성을 획득할 때 발생했던 것 아닌가? 결국 예술이란 미적인 특이성을 가지고 참여(participation)하는 방식으로 삶의 일부분이 되는 (part-icipation) 그런 활동이 아닐까?

따라서 삶의 관점에서 예술을 본다는 것은 좀더 나은 삶을 산출하는 활동으로서 예술을 본다는 말일 게다. 예술이 좀더 나은 삶으로 우리를 인도하게 해야 한다는 말일 게다. 이는 다른 말로 하면, 삶이, 좀더 나은 삶이, 좀더 즐겁고 신나는 삶이 예술을 인도해야 한다는 말이기도 하다. 혹은 그런 삶으로 인도하는 예술이 될 것을 삶의 이름으로 요구한다는 의미일 게다. 삶을 긍정하고, 즐겁고 신나는 삶을 촉발하는 예술, 이전과 다른 것을 보게 하고 이전과 다른 감각으로 살게 하는 예술 등등.

사실 리얼리즘이 아니더라도, 탁월한 예술작품 속에는 예술가가 체험하거나 관찰한, 혹은 사유하거나 상상한 삶이 스며들어 있다. 도스토옙스키나 괴테만이 아니라 카프카의 '어이없는' 소설에도, 보르헤스의 압축적 소설에도 삶에 대한 깊은 통찰이, 그런 삶을 사는 세계에 대한 깊은 사유가 들어 있다. 고흐나 피카소만이 아니라 클레, 고키의 그림은 내 눈앞에 펼쳐진 세계를 다른 시선으로 보게 만드는 촉발로 충만해 있고 베토벤, 말러만이 아니라 비틀스, 너바나, 라디오헤드 혹은 소음으로 흘러넘치는 소닉 유스나 마이 블러디 발렌타인의 음악에도 삶의 순간순간을 다른 방식으로 만나게 하는 새로운 감각이 흘러넘친다. 그것으로 우리의 삶은 끊임없이 풍요로워진다. 새로운 것도 시간이 지나면 어느새 낡은 것이 되지만, 바로 그렇기에 다시 새로운 것을 부른다. 새로운 것이 또 하나 나타날 때마다, 새로운 것을 또 하나 체험할 때마다 우리의 삶은 그렇게 풍요로워진다.

이런 점에서 창작으로서의 예술은 예술가의 것일지 모르지만, 끊임없이 스스로를 넘어서는 삶의 방식으로서의 예술은 그들만의 것이 아니다. 예술가는 주어진 재료로 작품을 만들지만, 우리는 바로 우리의 삶으로 작품을 만들어야 한다. 우리 자신의 삶을 예술로 만들어야 한다. 그것은 삶을 예쁘게 치장하고 아름답게 꾸미는 것이 아니라, 자신에게 다가오는 것과 진지하게 대면하고 그것을 통해 자신의 감각, 자신의 신체, 자신의 생각을 끊임없이 바꾸어가는 것이다. 그렇게 달라진 감각, 신체, 생각으로 다른 삶을 만들어가는 것이다.

예술이 삶에 참여하는 방식은, 결코 쉽게 바뀌지 않는 우리의 감각이나 신체를 바꾸도록 촉발하는 것을 통해서일 것이다. 말하고 생각하는 다른 감각을 문학이 준다면, 보고 느끼는 다른 감각은 미술이 준다. 음악이 주는 다른 종류의 소리, 다른 종류의 리듬을 통해 우리는 삶의 다른 리듬을 얻는다. 우리가 자신의 삶을 예술로 만들기 위해 예술가의 힘을 빌려야 하는 것은 이런 이유에서일 터이다. 예술이 삶에 참여하고 그것의 일부분이 되는 것은 이런 방식으로다. 니체가 삶의 관점에서 예술을 보자고 했던 것도 이런 의미에서다.

예술과 삶은 어떻게 서로 말려들어가는가?

프로이트는 마음이 어딘가에 고착되는 것이 질병임을 보여주었다. 흔히 외상(外傷)이라고 번역되는 트라우마(Trauma)는 말 그대로 상처를 뜻한다. 지위지지 않은 채 남아 있는 아픈 기억이다. 떠올리는 것이 고통스럽기에 억압되어 의식에서는 사라졌지만, 지워질 수 없기에 마음 한구석, 프로이트가 무의식이라고 불렀던 곳에 기억되어 남은 상처, 의식에서는 잊혀졌지만, 없어진 게 아니기 때문에 어떤 식으로든 드러나 표현되게 마련인 상처, 의식되지 않기에 항상 변형되거나 왜곡되어 드러나고 의식되지 않기에 없앨 수 없게 되어버린 상처, 나쁜 트라우마다.

이런 상처가 있을 때, 우리의 욕망 내지 마음이 그 상처에 사로잡히기 십상이다. 이를 프로이트는 '고착(Fixation)'이라고 부른다. 고착된 욕망은 우리의 삶 속으로 반복되어 되돌아온다. "억압된 것의 귀환". 히스테리 반응으로 혹은 강박증적인 신경증으로 혹은 불안신경증으로 등등. 이를 프로이트는 '증상(symptom)'이라고 명명한다. 이런 증상이 반복되어 나타나는 경우, 그것은 '질병'이라고 정의된다. 이런 점에서 어딘가에 마음이 고착된다는 것은 병에 걸린 것을 뜻한다. '집착'은 흔히 질병이라고 하진 않지만, 어딘가에 마음이 사로잡히고 고착된 것을 뜻한다. 그리고 고착과 달리 상처라는 '반동적(reactive)' 형식이 아니라 '애착'이라는 '능동적(active)' 형식을 취한다. 능동성의 형태로 자신을 가린 반동적 욕망. 그것은 고착과 아주 인접한 욕망(Besetzung)의 투여 방식이다. 그것은 고착의 완화된 형태 혹은 그처럼 강하게 억압되진 않아서 의식의 표면으로 쉽게 떠오르는 붙박힘(Be-setzung)이다. 고착이나 집착은 우리의 욕망을 상처에 매이게 하고 우리의 삶에 말뚝을 박는다. 이로써 삶은 새로운 것을 찾아 떠나는 끝없는 여행이 아니라 그 말뚝 주변을 맴도는 질병의 증상이 된다.

정착이란 머물 곳을 바꿀 수 있다는 점에서 그리고 이동할 수 있다는 점에서 고착과는 다르다. 그것은 떠날 수 있지만 머무는 것이기에 떠날 능력을 상실한 고착과 다르다. 그것은 고착처럼 사로잡힌 반동성도 집착처럼 달려드는 '능동성'도 없지만, 버틸 수 있는 한 떠나는 삶의 '피곤함'을 피하고자 한다는 점에서 욕망의 수동적 투여방식이다. 먹을 것을 얻는 데서든 무언가 영유하는 데서든 '성공'한 어떤 곳에 멈추어 서고 그 성공을 반복해서 영유하는 삶의 방식이다. 그것을 반복하기 위해서 정착민은 '소유'를 발명한다. 무언가 이득을 주는 곳은 배타적으로 자신에게만 속한다는 선언, 남들은 그곳을 침범해선 안 되며, 나누어 가지려 해서도 안 된다는 선언이 그것이다. 선언은 이제 새로운 반동성을 만들어낸다. 침범 당하고 싶지 않다는 수동성이 타인의 접근을 저지하고 밀쳐내는 새로운 반동성을 만들어내는 것이다.

　이러한 반동성은 소유를 확보하고 확장하려는 '제국주의적' 욕망으로 변형되면서 부정적인 '능동성'을 새로이 만들어낸다. 근접해오는 타자의 절멸을 욕망하는 부정적 능동성을. 화폐와 자본이 이러한 변환의 문턱을 제공한다. 이 욕망의 관성에서 벗어나지 못하는 한, 이제 정착은 집착이 되고 고착이 된다. 편안함을 구하던 삶은 모든 편안함과 평화를 깨는 질병이 된다. 이런 점에서 보자면 정착이 언제나 고착이나 집착 같은 질병인 것은 아니라고 해도, 약간의 조건만 갖추어진다면 언제든지 소유물의 증식을 위해, 화폐의 증식을 향해 삶 전체를 거는 미친 욕망, 병든 욕망이 될 수 있다는 것을 이해하기란 그리 어려운 일이 아니다.

　유목은 고착이나 집착은 물론 이런 정착 자체와 반대되는 벡터에 의해 정의된다. 그것은 욕망의 투여가 어딘가에 머물거나 고정되는 것에 반한다. 물론 멈추지 않을 수 없고 종종 머물지 않을 수 없지만, 멈춤은 이동의 성분 안에 있고 이동의 중간에 지나지 않으며 머묾은 또다른 떠남으로 이어진다. 정착민은 어떤 성공도 자기의 것으로 소유하여 지속적으로 영유하려 하지만 유목민은 충분히 성공했다는 사실을 떠날 때가 되었음을 뜻하는 것으로 받아들이며 그 성공을 다른 이에게 나누어주며 새로운 것을 시작하기 위해 떠난다.

　여기서 유목민이란 이주민과 다르다는 것을 이해해야 한다. 이주민이란 어딘가에 정착하지만 그곳에서 더이상 얻을 게 없어지면, 혹은 거기서 이득을 얻는 데 실패하면 쉽게 그곳을 버리고 떠나는 사람들이다. 또다른 이득을 얻기 위해, 불모가 된 땅을 버리고 떠나는 사람들이다. 반면 유목민은 초원이든 사막이든 불모가 된 땅에, 더는 얻을 게 없어 보이는 땅에, 그 실패한 삶의 영토에 달라붙어 거기서 살아가는 새로운 방법을 창안하는 사람들이다. 이런 점에서 이동이나 이주, 움직임이 유목민을 정의하는 게 아니다. 그래서 들뢰즈/가타리는 "유목민은 움직이지 않는다"는, '움직이지 않는 유목'이라는 역설적 정의를 제시한다.

이를 우리는 약간 다른 식으로 대비하여 정의할 수 있다고 생각한다. 즉, 이주민은 실패를 버리고 떠나는 사람이라면 유목민은 성공을 버리고 떠나는 사람이라고. 이주민이 하나의 성공에 안주하여 그 성공이 불모가 될 때까지 이용/착취하는 사람이라면, 유목민은 실패를 떠안고 거기서 새로운 성공의 방법을 창안하며 그 성공이 충분하면 새로운 영토로 떠나는 사람이라고. 유목민이란 자신의 실패와 성공 모두와 대결하는 사람이다. 자신의 실패를 피하고 외면하기보다는 그것과 대결하는 사람이고, 자신의 성공에 안주하기보다는 그것과 대결하는 사람이다. 이런 의미에서 유목민은 자신과 대결하는 사람이고 언제나 익숙해진 자신을 떠나는 사람이다. 낯선 삶, 낯선 세계, 낯선 타자를 향해 언제나 자신을 열어두고 그 낯선 존재를 통해 자신을 변화시키는 자다. 그 낯선 존재를 통해 자신 안에 새로운 차이를 만들어내는 자다.

예술은 본질적으로 익숙해진 것에서 떠나 익숙해진 것을 새롭게 변형시키려 한다는 점에서 유목적이다. 떠남 없이는 성공할 수 없다는 점에서 유목적이다. 그러나 그런 예술, 그런 예술가만 있는 것은 아니다. 물방울을 그려 성공한 덕분에 평생 물방울만 그린 사람도 있다. 이 경우 성공은 축복일까 재앙일까? 이는 사실 특별한 경우라고 하기 어렵다. 마르셀 뒤

샹은 대부분의 예술가들이 자신의 성공한 작품을 반복하여 표절한다고, 대가의 경우에도 진정 중요한 작품은 얼마 되지 않는다고 말한 적이 있다. 물론 그런 반복 안에서 그 반복을 따라 반복을 다르게 만드는 어떤 차이가 되돌아올 때, 그 차이로 인해 반복이 차이의 다른 이름이 될 때, 우리는 그 반복마저 차이의 다른 이름으로 긍정할 수 있다. 하지만 그 반복 속의 차이가 정말 자신을 떠나게 만드는 차이인지, 정말 자신의 영토를 떠나게 만드는 차이인지를 정작 물어야 할 사람은 예술가 자신일 것이다.

성공에 안주하는 것은 그만두고, 남의 성공에 기생하며 살아가는 예술가는 또 얼마나 많은가? 인상주의의 성공이 확실해지자 인상주의자가 되어 그 익숙함의 이득을 착취하며 살아간 사람들, 육면체로 만든 건축물이 '국제주의 양식'이 되자, 평생 육면체 모양의 건물만을 지어 이득을 획득하며 살아간 사람들은 또 얼마나 많은가? 이들은 모두 정착민이다. 이주자도 못 되어본 사람들이다. 비틀스는, 작지 않은 스캔들("비틀스는 이제 예수보다 더 유명해졌다"는 존 레넌의 발언에 대한 교회의 곡해와 공격)이 직접적인 계기가 되긴 했지만, 새로운 것을 시도할 수 없게 만드는 끝없는 공연을 접고 스튜디오에 들어앉아 새로운 음악적 실험을 시작한다. 〈서전트 페퍼스 론리 하츠 클럽 밴드〉로 상징되는 후기 걸작 앨범들은 이전의 성공을 떠남으로써 가능했던 것일 게다. 비틀스가 크게 성공하여 슈퍼스타가 되었을 때부터 존 레넌은 비틀스를 떠날 생각을 하기 시작한 바 있지만, 그 거대한 성공을 떠나 비난마저 따르는 새로운 길을 걷기 시작했을 때, 그는 또다른 세계에 도달하게 된다. 이 시기 존 레넌은 비틀스가 아니었고, 비틀스의 레넌이 아니었다. 라디오헤드는 리더 톰 요크의 창법이 브릿팝(Brit-Pop)의 주류가 되려는 순간, '거대한' 성공을 떠나 일렉트로닉이라는 낯선 땅으로 떠나가버렸다.

이처럼 유목은 익숙해진 것 성공한 것 능숙하게 된 것을 떠나 새로운 것을 시작하는 일이다. 이런 점에서 노마디즘은 앞서 말했듯이 끊임없이 삶을 갱신하고 새로 만들어내는 방법의 다른 이름이다. 우리 자신의 삶을 예술로 만드는 방법의 다른 이름이다. 좀더 나은 삶의 방식을 스피노자의 용어법을 빌려 '윤리학(Ethica)'이라고 말할 수 있다면, 노마디즘은 삶을 예술로 만드는 윤리학의 이름이라고 다시 정의할 수 있을 것이다. 그것은 갱신의 기술, 탈주의 감응으로 삶을 촉발하는 예술이 삶에 개입하는 통로고, 그럼으로써 예술이 삶에 말려드는(in-volve) 길이다.

이동이 일반화된 시대의 유목

생산이나 유통, 소비와 문화가 빛에 버금가는 속도로 전 세계에 전파되는 이른바 '전 지구화'의 시대만큼 유목 내지 '노마디즘'이 오해되기 쉬운 경우는 없을 것이다. 가장 빠른 속도로 이동하는 것은 자본이다. 금융화된 자본의 흐름이 국경을 넘나들며 증식의 고리를 만들어낸다. 생산 또한 그렇다. 지금 이 글을 쓰는 데 사용하는 노트북은 일본 도시바의 상표를 달고 있지만, CPU는 미국에서 RAM은 한국에서 CD롬은 말레이시아에서 만들어졌으며, 다른 부품 또한 나름의 '국적'을 갖고 있다. 그리고 이 모든 것을 중국에서 조립했다. 이렇게 현대적인 상품만이 아니라 의복 같은 전통적인 상품 또한 국경을 넘어서 생산되고 판매된다. 생산의 국제화, 소비의 국제화 등등. 따라서 자본이나 자본가는 물론 기업에서 일하는 사람, 물건을 파는 사람 그리고 소비자 또한 전 지구적인 이동의 궤적을 그리며 산다. 대학이나 대학원 같은 교육 또한 더할 수 없이 국제화되어, 유학은 그만두고라도 어학연수를 다녀온 것은 취업을 위한 필수적인 스펙의 일부가 되었다. 해외여행 또한 일상화되었고 대중화되었다. 지식인이나 예술가의 활동은 물론 사회운동을 하는 사람들의 활동 또한 전 지구화되었다. 전 지구적 스케일의 이동이 어디에서나 일반화된 형태로 진행되고 있다. 뿐만 아니라 인터넷과 컴퓨터, 스마트폰 등 모바일 기술은 대부분 사람의 매일매일에 이동의 벡터를 새겨넣는다.

　이처럼 이동하는 삶을 유목이라고 생각하는 것은 매우 통념적이다. 한때 "디지털 노마드"라는 말이 어느 대기업의 광고 카피가 되어 등장하고, 트렌드를 소개하는 텔레비전 프로그램에서 『노마디즘』이라는 책을 썼다는 이유로 나 같은 사람을 불러냈던 것은 이런 통념에 따른 것일 게다. 그러나 "세계는 넓고 할 일은 많다"며 사흘이 멀다하고 국제선 비행기를 타는 기업가의 마음이 오직 하나 돈을 버는 것에 쏠려 있다면, 혹은 매주 국제선을 타고 출장을 다니는 사람의 마음이 가족의 안위와 돈벌이에서 벗어나지 못하고 있다면, 아무리 이동의 빈도가 높고 이동한 거리가 길다고 해도 그를 유목민이라고 할 수는 없을 것이다. 또한 스마트폰에서 잠시도 눈을 떼지 못하고 버스에 앉아서도 끊임없이 손가락을 놀려 웹서핑을 하는 사람이라도, 그의 사고나 행동이 표준적인 삶의 척도에서 벗어나지 못한다면 결코 유목을 하고 있다고는 말할 수 없을 것이다. 이런 점에서 유목을 이동과 구별하고, 유목민은 이주민이 아님을 강조하면서 "유목민은 움직이지 않는다"는 역설적 정의를 제안했던 들뢰즈/가타리의 명제는 이런 시대를 예견하기라도 한 듯하다.

이런 시대에 이동하며 사는 것을 또 하나의 '인간 본성'으로 보편화하여 『호모 노마드』 같은 책을 쓰고, 심지어 직업을 옮겨다니는 '잡 노마드(Job Nomad)' 같은 것을 새로운 시대적 조류로 일반화하는 것은 그리 놀라운 일은 아니다. 이동하는 삶의 양상을 유목이라고 오해하는 지식인의 출현은 앞서 말한 통념에 아주 가까이 있어서 상식의 범위만큼 설득력을 갖는다. 예술이 비록 통념을 깨고 상식과 대결하는 것임에도 불구하고, 이런 상식적이고 통념적인 오인 속에서 예술가가 유목을 주제로 작품을 만드는 것 역시 쉽게 이해할 수 있는 일이다.

유목민의 천막이나 보따리 같이 이동 혹은 떠남을 상징하는 물건을 적절하게 조합하여 늘어놓는 것이 노마디즘이라고 생각하는 것처럼 상투적인 사고는 없을 것이다. 그러나 유목이 정착과 구별되는 것은 이동한다는 사실이 아니라 멈출 경우에도 이동의 벡터 속에서 멈춘다는 것, 비록 재영토화를 하며 나아가지만 언제나 탈영토화의 벡터가 일차적인 힘을 갖는다는 것에 의해서다. 주어진 배치, 주어진 상식이나 감각을 와해시키며 탈영토화하는 것. 그리고 흐름을 통제하고 질서화하는 홈을 따라 이동하는 게 아니라, 그런 홈을 범람하고 흘러넘치면서 소용돌이처럼 모든 방향으로 열린 벡터를 가동하는 것. 또한 윤곽선에 의해 만들어지는 어떤 시각적 형상을 따라가는 것이 아니라 윤곽선이 사라지고 형상의 구별이 불가능해지는 근접성 속에서 촉감적인 표면을 읽고 각각의 장소들이 갖는 특이성(Singularité)을, 이른바 특개성(Heccéité)을 포착하고 읽어내는 것. 이를 들뢰즈/가타리는 "매끄러운 공간"이라는 개념으로 요약한다. 유목이란 어디서든 "매끄러운 공간"을 창안하고 그것을 점유하며 그 공간 속으로 대중을, 민중을 불러들이는 것이다.

이런 이유에서 화가 김수자의 작품에서 떠남이나 이동을 상징하는 보따리보다는 차라리 서양의 탁자를 낯설고 이질적인 직물로 덮어버림으로써 탁자를 둘러싼 배치 전체를 탈영토화하는 것이 사실은 노마디즘에 더 가까이 있다고 해야 할 것 같다. 오래된 사원 안에 현대적인 스크린을 세우고, 아마도 무관하지는 않겠지만 충분한 거리를 갖는 어떤 것이 침입해 들어오게 함으로써 그 공간 전체를 탈영토화하는 것, 혹은 전아한 바로크 식 궁전 옆에 커다란 화면을 세우곤 아주 거리가 먼 것 같은 세계를 가시화함으로써 궁전 자체를 다른 배치 속으로 끌어들이는 것이 유목민을 상징하는 물건들로 이동의 궤적을 표시하는, 상식이 지지하는 유목적 형상보다 훨씬 더 유목적이라고 해야 할 듯하다.

흔히 백남준의 작품에서 발견하는 노마디즘에 대해서도 마찬가지로 말해야 할 것이다. 유목민의 마차나 말에 실린 비디오보다는 인간과 기계의 경계에 대한 통념에 의문을 던지며 양자의 요소를 뒤섞어 새로운 종류의 존재자를 만들어내는 것이, 유목민의 민속적인 요소를 사용한 작품이나 퍼포먼스보다는 차라리 음악이나 악기, 연주 등에 대한 통념을 깨부수며 음악 아닌 것을 음악이란 이름으로 하나로 묶고 춤이 아닌 것을 춤이라고 불리는 하나의 평면 속으로 끌어들이는 것이 유목이란 이름에 더 가깝다.

그러고보면, 유목이란 관념에 반하여 유목적인 예술을 창조하는 것, 유목민의 형상마저 탈영토화하며 유목민의 형상을 창안하는 것이 필요하다고 말해야 한다. 아마도 그것이 이동이 유목을 대신하고 이동의 외양이 유목의 본질을 지워버리는 대대적인 이동의 시대에 예술이 유목에, 노마디즘에 좀더 가까이 다가가는 길일 것이다. 그럼으로써 이미 지배적인 것이 되어버린 이동하는 삶의 방식을 넘어서, 유목적인 삶의 방식을 발명하고, 유목민의 "전쟁기계"를 지금 우리가 사는 이 새로운 종류의 공간 속에서 가동시키는 것, 그리하여 예술과 삶의 새로운 관계를 유목적인 "매끄러운 공간" 속에서 재창조하는 것, 그 공간 속으로 도래할 민중을 불러들일 매혹의 특이점을 만들어내고 가동시키는 것, 그것이 지금 긍정적 삶의 의지가 예술가에게 호소하고 있는 요청이라고 해야 할 것 같다.

행복의 기술과

우정의
공동체

누구나 행복한 삶을 꿈꾼다. 그런데 우리는 언제 행복한가? 좋은 학교에 들어갔을 때? 돈을 벌어 부자가 되었을 때? 잘나가는 대기업에 취직했을 때? 좋아하는 사람과 같이 있을 때? 뭐, 잠시야 행복할 것이다. 하지만 잠시뿐이다. 행복한 순간은 금방 지나가고, 새로운 종류의 힘겨움이, 고통이 다가온다. 가난한 사람은 부자의 고통을 모른다! 결혼해보지 않은 사람은 결혼한 이들의 고통을 알지 못한다!

이런 목록을 만들어 어떤 걸 넣을지 고심하는 건 바보 같은 짓이다. 차라리 행복의 '미분계수'를 찾는 게 더 낫다. 우리는 어떤 순간에 행복하다고 느끼는가? 어떻게 하면 행복을 느끼는 그런 순간을, 행복의 미분계수를 양의 값으로 지속할 수 있을까?

다른 건 몰라도, 어떤 경우든 하고자 하는 일이 잘 될 때 우리가 행복하다고 느끼는 건 분명하다. 약간 확대해서 말하면, 우리는 자신이 하고 싶은 일을 하고 살 때 행복하다. 공부를 하고 싶은 사람은 공부를 하고 살아야 행복하고, 그림을 그리고 싶은 사람은 그림을 그리며 살아야 행복하다. 그림을 그리고 싶은 사람이, 돈을 많이 번다고 해도 병원에서 수술을 집도하며 행복하긴 어려울 것이다. 돈을 버는 삶과 행복한 삶은 결코 같은 것이 아니다.

나는 학교에서 강의를 할 때마다 학생들에게 두 가지 질문을 한다. "여러분은 자신이 무엇을 잘할 수 있는지 알고 있나요?" 물론 자신 있게 답하는 사람은 거의 본 적이 없다. 사실 이 질문은 답하기 어려운 것이다. 스피노자도 말했지만, 우리의 정신은 신체와 속성이 다르기에 자신의 신체가 무엇을 잘할 수 있는지 알기 어렵다. 이걸 알려면 자신을 이런저런 활동에 투여하면서 자기 신체를 실험해야 한다. 글도 써보고 그림도 그려보고 농구도 해보고…… 젊은 시절을 훌륭하게 보내는 방법은 아마도 이런 다양한 실험 속에서 자신의 능력을 관찰하고 증진시키는 것일 게다.

이 질문에 이어 다시 묻는다. "여러분은 무얼 하며 살고 싶나요?" 자신이 하고 싶은 것, 좀더 거창하게 말하면, 인생을 걸고서 하고 싶은 것이 있는가를 묻는다. 이건 자신의 욕망 내지 의지에 관한 것이기에 앞의 것보다는 훨씬 쉬운 질문이다. 그러나 이 역시 자신 있는 대답을 듣기 어렵다. 이 또한 대답을 얻으려면 이런저런 활동에 자신을 투여해보는 실험이, 많은 길을 가보는 시도가 필요할 게다. 그러나 많은 사람들이 답은 물론 질문도 던지지 않은 채 세상을 살아간다. 자신이 하고 싶은 일이 무언지도 모르면서 행복한 삶을 살 수 있을까?

자신이 하고 싶은 것을 할 때 우리는 그것을 기쁘고 즐겁게 할 수 있고 거기에 미쳐서 몰두할 수 있다. 그것이 어떤 일을 잘하는 법이기도 하다. 좋아서 하는 것은 그 과정 자체가 좋기에 아무리 힘든 상황에서도 계속할 수 있고, 평생을 계속할 수 있으며 또한 결과에 연연하지 않을 수 있다. 그림이 좋아서 그리는 사람은 그림을 그린다는 사실 자체를 좋아하기에, 화가로서 성공해서 명성을 얻는가에 크게 연연하지 않을 수 있다. 이것이 삶을 긍정하고, '삶을 사랑하는(Amor fati)' 길이다.

반면 그림을 좋아하지만 돈을 벌기 힘들거나 안정된 생활을 하기 힘들 거라는 생각에서 포기하는 것, 음악을 좋아하지만 고시를 보는 게 남에게 더 인정받는 길이라고 생각해서 고시를 택하는 것, 이는 '사람들이' 하지 말라는 걸 안 하는 것이고, '사람들이' 해야 한다고들 하는 것을 하는 것 이라는 점에서 내 삶이 아니라 '그들'의 삶이 되기 십상이다. '그들이 말하는' 삶을 사는 길이다.

그러나 정말 삶을 사랑하기 위해선 한 번의 긍정으로는 부족하다. 두 번의 긍정이 필요하다. 첫번째 긍정이 좋아서 하는 것 하고자 하는 것을 하는 것이었다면, 두번째 긍정은 그로 인해 다가올 모든 결과마저 긍정하는 것이다. 좋아하는 공부에 몰두함으로 야기될 수도 있는 가난이나 고독마저 받아들일 수 있을 때 비로소 정말 공부를 좋아하는 것이라고 말할 수 있다. 두번째 긍정, 그것은 자신이 좋아하는 것을 긍정함으로써 야기 될 어떤 결과도 긍정하는 것이다.

두 번의 긍정을 하는 사람을 불행하게 만들 방법은 없는 것 같다. 가난해도 좋고 고독해도 좋고 감옥에 잡아넣어도 좋다고 하며 무언가 하려는 사람을 불행하게 만들 방법이 대체 어디 있을 것인가! 그것이 삶을 사랑하는 방법이고, 행복을 만드는 기술의 요체다. 물론 힘들고 고통스런 수많은 불행이 있을 것이다. 사랑하는 사람과 헤어지고 가난에 시달리고, 체포되거나 감금되는 등의 일은 힘들고 고통스러울 것이다. 그러나 두 번의 긍정을 한 사람에게 그런 불행은 스쳐 지나가는 작은 불행에 지나지 않을 것이다. 무언가 삶을 내던질 수 있는 게 있다면 그렇게 몰두할 수 있는 게 있다면, 그런 불행조차 남보다 훨씬 가볍게 넘어갈 수 있을 것이다.

그러나 첫번째 긍정도 쉽지 않지만 두번째 긍정은 더욱 어려운 게 사실이다. 가령 고흐는 두번째 긍정에 이르지 못해서 불행했던 것 같다. 그는 삼십대 중반에 이르러 자신이 미치도록 좋아할 수 있는 것을 발견했다. 그리고 그것을 위해 자신의 삶을 온통 걸었다. 그러나 그가 그린 그림이란 당시 사람들이 좋아하거나 이해할 수 있는 그림이 아니었다. 덕분에 그는 생전에 유화만 8백여 점을 그렸고, 게다가 자신을 사랑했고 돌봐준 동생이 파리에서 화상을 했음에도, 돈을 받고 팔 수 있었던 그림은 딱 한 장뿐이었다. 그것도 동네 아줌마에게. 그저 가난이 문제는 아니었을 것이다. 아무도 인정해주는 이 없고, 아무도 이해해주지 않는 고독, 그것을 긍정하지 못했다고 고흐를 비난할 수야 없다. 그 고독이란 단지 일상적 삶의 외로움이라기보다는 자신이 하는 것이 정말 잘하고 있는 것인지 자신이 제대로 그림을 그리고 있는 것인지에 대해 끊임없이 의심하고 동요하게 했던 그런 것이었다. 그런 불안 내지 의구심이 닥칠 때마다 그는 크게 번민했고, 종종 자해했으며, 결국 그로 인해 자살했다.

그나마 동생이 그를 이해하고 응원해주었기에, 그는 그 시간을 살 수 있었을 것이고, 계속 그림을 그릴 수 있었을 것이다. 만약 그의 그림을 이해하고 그를 응원해주는 친구가 몇 명 있었다면 어땠을까? 자신의 거문고 소리를 제대로 들을 줄 아는 친구가 죽자 더는 거문고를 탈 일이 없다며 악기의 줄을 끊어버렸다는 백아(伯牙)의 고사는, 제대로 듣고 알아주는 친구가 없다면 아무리 잘하는 것도, 아무리 좋아하는 것도 계속 하기 힘들다는 것을 알려준다. 그런 친구가 있었다면, 걸핏하면 찾아오는 광기에 몸을 망가뜨리거나 그로 인해 죽음을 선택하지 않았을 수도 있을 것이다. 고흐가 고갱을 초대하여 함께 살고자 시도했던 것도 이런 이유에서였을 것이다. 며칠 만에 실패로 끝나고 말았지만.

따라서 두 번의 긍정이 현실적으로 가능하기 위해선, 진정한 삶의 긍정이 가능하기 위해선 함께할 친구가 필요하다. 행복한 삶, 좋은 삶이란 친구와 함께하는 삶이고, 좋은 친구를 만드는 삶이다. 이해하고 믿어주고 격려해주는 친구. 그러나 좋은 친구란 단지 좋은 말을 해주는 친구를 뜻하진 않을 것이다. 하고자 하는 것을 찾아가도록 자극하고 잘할 수 있는 것을 더 잘하도록 촉발하는 친구, 새로운 것과 대면하고 밀고 들어갈 수 있게 떠미는 친구, 그런 식으로 함께 말려들어가며 새로운 삶의 방식을 구성하는 친구. "스승이 될 수 없는 친구는 진정한 친구가 아니고, 친구가 될 수 없는 스승은 진정한 스승이 아니다"라는 이탁오의 말은 이런 뜻이었을 터이다.

하지만 문제는 이런 친구를 만나는 게 그리 쉽지 않다는 사실이다. 그런 친구를 그저 기다리며, 친구 하나 보내주지 않는 운명을 탓할 순 없는 일이다. 게다가 좋은 친구는 그저 기다린다고 오지 않는다. 내가 누군가의 좋은 친구가 될 수 없다면, 내가 누군가의 삶을, 긍정적인 삶을 촉발하는 친구가 될 수 없다면, 좋은 친구를 기다리는 것은 무망한 일 아닐까? 반대로 좋은 친구를 얻는 길은 내가 누군가에게 좋은 친구가 될 때일 것이다. 삶에 대한 긍정의 기쁨으로, 다가오는 모든 이들에게 친구가 되고자 한다면, 다가오는 이들의 삶을 그런 긍정의 힘으로 촉발할 수 있다면, 그때 비로소 내 옆에 있는 나를 촉발하는 좋은 친구가 있음을 발견하게 될 것이다.

서로가 삶의 친구가 되면서 함께 삶을 긍정하는 이런 관계를 구성하는 것, 그것을 나는 '코뮌주의'라고 부른다. 여기서 코뮌주의란 '공산주의'라고 번역되던 이전의 말이 아니다. 그것은 애초에 '공동체'를 뜻하던 코뮌(commune)이란 말의 어원처럼, '선물(munis)'을 통해 하나로 '결합(com)'되는 관계, 서로에게 선물이 되어주는 관계, 서로의 삶에 선물 같은 친구가 되어주는 관계를 지칭한다. 친구와 만드는 우정의 공동체 혹은 서로를 친구로 만드는 촉발의 공동체. 그것이 모든 것을 보장해준다고야 말할 수 없을 것이다. 그러나 그것이 없다면, 두 번이나 삶을 긍정하는 것이 어떻게 가능할지 나는 잘 알지 못한다.

놀이정신의 위기

설이나 대보름은 새로운 1년의 시작을 기념하면서 그 한 해가 평안하길 기원하는 제의로 구성되지만, 그 성격은 사뭇 다르다. 설이 조상신에게 제사를 올리면서 가족의 평안을 빌고 확대된 가족의 범위에서 음복하는 날이라면, 대보름은 마을 전체 사람들이 모여 성황신이나 당신에게 제사를 올리며 마을 전체가 한데 어울려 먹고 노는 날이다. 줄다리기나 나리밟기, 쥐불놀이, 심지어 위태로운 석전(石戰)에 이르기까지 다양한 종류의 놀이가 대보름날을 위해 준비되어 있다.

'놀이'라는 말에 어떤 개념적 의미를 부여하려 한다면, 아마도 이런 발생적 연원과 결부하여 정의하는 게 적절할 것 같다. 제사 내지 '봉헌'이 공동의 신을 다시 상기하게 하는 방식으로 사람들을 하나의 '관념(표상)'으로 묶는 것이라면, 음복이나 놀이는 공동의 식사나 함께 즐기는 행위를 통해 사람들을 신체적으로 연결하고 묶어주는 것이다. 굳이 제의가 아니라도 우리는 음식을 통해 다른 사람들과 쉽게 친해지지만, 또한 놀이를 통해 쉽게 가까워짐을 안다. 그래서 우리는 친해지고 싶은 사람이 있으면 식사 자리에 초대하거나 함께 놀 궁리를 한다.

    몇 년 전인가 '수유너머'의 친구들과 함께 베이징에 간 적이 있었다. 셋째 날 밤인가, 숙소 근처 공원을 산책하다 흥미로운 장면을 보았다. 야밤에 공원 한편에서 허름한 차림의 노인 한 분이 얼후(二胡)를 연주하고 그에 맞추어 한 분이 중국식 창법으로 '민가'를 부르고 있었다. 주변에는 사람들이 모여 장단을 맞추고 있었다. 약간 떨어진 곳에선 음악을 틀어놓고 노소의 사람들이 두 사람씩 짝지어 춤을 추었고, 그 옆에서 아주머니들이 모여 제기를 차고 있었다. 우리도 평소에 연구실 옥상에 모여 자주 제기를 차곤 했기에, 너무 반가워 혹시 함께 차도 좋은지 물어 그 속에 끼어들었다. 가로등이 꺼질 때까지 깔깔대고 떠들면서 제기를 찼다. 며칠 뒤 낮에 시내의 다른 공원 옆을 지나다 제기 차는 것을 보고 우리도 마침 사들고 다니던 제기를 꺼내 차기 시작했다. 얼마 뒤 지나가던 세 명의 청년이 끼어들어 함께 제기를 찼다.

    이처럼 놀이는 서로 말도 잘 안 통하는 사람들조차 한데 어울려 '놀게' 만든다. 상이한 신체를 관통하는 공동의 리듬을 통해서 어느새 '나'의 경계는 완화된다. 이런 점에서 '놀이정신'이란 단지 "모든 것을 놀듯이 즐겁게 한다"만을 뜻하진 않는다. 그것은 함께하는 사람과 호흡을 맞추면서 공통의 움직임, 공통의 리듬을 만들려는 정신이고, 타자와 함께 움직이고 타자와 함께 살려는 정신이며, 그것을 통해 집합적인 차원에서 새로운 신체를 만들어내려는 정신이다.

　이런 정신이 없다면 아무리 훌륭한 능력을 가진 선수들을 모아놓아도 훌륭한 팀을 만들 수 없다는 건 잘 아는 바다. 더구나 그것은 누군가 만들어놓은 프로그램에 맞추어, 그저 시키는 대로 하면 되는 그런 것도 아니다. 그때그때 달라지는 '이웃'의 움직임에 따라 나서거나 물러서며 나 자신을 맞추어가는 능동적 변이와 조절능력이 없다면, 어떤 놀이도 잘 되기 힘들다. 그런 의미에서 놀이정신, 아니 놀이능력은 함께 사는 능력, 함께 하는 능력이라고 해도 좋을 듯하다.

　마을마다 어디나 있던 '축제'가 바로 이런 것이었다. 마을 사람들이 모여 함께 놀며 함께 리듬을 맞추어 움직이는 놀이, 그런 식으로 서로에게 리듬을 맞추고 함께 살 능력을 반복하여 재구성하는 것. 줄다리기나 고싸움은 물론, 투석전까지 세시풍속을 전하는 책 속에 등장하는 축제의 기록은 대체로 집합적인 신체를 구성하여 함께 싸우고 함께 움직이는 것이 대부분이다.

　이런 관점에서 어쩌면 우리는 놀이가 소멸되어가는 시대를 사는 것인지도 모른다. 물론 지금은 지금대로 새로운 놀이가 있다. 아이들은 컴퓨터 게임을 하고 놀이동산에 간다. 그러나 그것은 누군가와 함께하는 게 아니라 혼자서 혹은 같은 게임을 함께하는 다른 접속자가 있음을 확인하면서 혼자 한다. 바이킹이나 롤러코스터, 유령의 집 앞에 줄을 서고 여러 사람이 함께 앉아 움직이지만, 그것은 그저 옆에 앉아 있는 것에 불과하며 정해진 코스가 끝나자마자 인사도 없이 돌아선다. 놀기는 하지만 이미 정해진 경로를 이미 정해진 방식으로 혹은 그 정해진 답을 찾아서 통과한다.

하면 할수록 옆에 있는 누군가와 친해지고 함께하게 되는 게 아니라 옆에 있는 존재를 잊어가고, 앞에 줄 선 자가 없었으면 하고 바라게 된다. 노래도 춤도 바둑이나 장기도 스스로 하는 것에서 점차 잘하는 누군가, 전문화된 '프로'가 하는 것을 보는 것으로 바뀌어간다. 거기서 남는 건 승부다. 놀이는 승부에 귀속되고 종속된다. 이기지 못한다면, 아무리 멋있고 재미있게 놀아도 소용없다.

축제도 양상은 조금 다르지만 마찬가지인 것 같다. 새마을운동과 함께 제거되었던 마을 단위의 놀이나 축제가 이젠 지방자치단체의 주도로 도시마다 '부활'하고 있지만, 그것은 어딜가나 포장마차를 줄 세워 비슷비슷한 음식을 팔고 유사한 것을 전시하여 보여주는 상품에 지나지 않는다. 거기서 축제는 함께 놀며 서로 리듬을 맞추어 집합적 신체를 구성하는 것이 아니라, 도시의 홍보를 위해 억지로 찾아내어 전시해 보여주는 구경거리(스펙터클)에 지나지 않는다. 거기에 심지어 '놀이'가 있는 경우에도 놀이정신은 없고, 축제는 있어도 축제의 신체는 없다.

놀이정신의 소멸, 그것은 무엇보다 우선 집합적으로 살아가려는 정신의 소멸이고, 타인과 함께하는 능력의 소멸이다. 설날의 거대한 소동과 비교되는 대보름의 소멸이, 가족 이외의 모든 타인과 함께 사는 생활방식의 소멸을 보여주는 징표 같아서 씁쓸하다. 축제를 돌려받고 싶다. 한쪽에선 질서의 이름으로, 다른 쪽에선 박제된 쇼로 우리에게서 빼앗아간 그것을 돌려받고 싶다. 1년에 몇 번은 거리를 놀이터로 만드는 신나는 몸을 되찾고 싶다.

죽음과 함께 살기

　　　　　이미 몇 년 전 이야기다. 가까이 지내는 비구니 스님이 암에 걸렸다는 소식을 소문으로 들었다. 그로부터 며칠 뒤 그분을 만났을 때, 병원에서 그 사실을 알게 된 때의 이야기를 직접 들었다. 진단을 했던 의사는 어느 부위에 악성종양이 있는데, 그것이 언제쯤 생겨나 지금은 어느 정도 크기로 자라고 있다면서 얼른 그걸 잘라내야 한다고 말했다고 한다. 그런데 스님은 얘기를 다 듣고서 이렇게 말했다고 한다.

　"지금 말씀하시는 걸 들으니 모두 생명에 관한 말씀이네요. 그런데 우리 절집에서는 지푸라기도 자기 얘기 하는 건 모두 알아듣는다고들 해요. 아마 그 종양도 자신들이 자라고 있다느니, 그걸 잘라내야 한다느니 하는 얘기를 모두 듣고 있을 거예요. 자기들 죽이려는 그런 얘기가 그것들 듣기에 끔찍할 겁니다."

전혀 예상하지 못했던 말에 의사 선생은 매우 놀랐던 모양이다.

"아니 그럼 어떻게 해야 합니까?"

"글쎄요. 잘라내니 죽이니 하는 것과는 다른 식으로 말하거나, 피할 수 없다면 들리지 않게 말하는 건 어떨까요?"

한참 뒤에 다시 진단을 받으러 그 병원을 찾았을 때 그 의사 선생은 "오셨습니까?"라고 인사하며 스님의 배를 향해 이렇게 말했단다. "같이 오셨군요." 그러면서 그 의사 선생은, 그날 스님 얘기를 듣고는 이후 오는 환자를 혹은 그 환자와 '함께 온' 암세포를 이런 식으로, 아주 다른 태도로 대하게 되었다고 했단다.

이런 얘기를 하면서 스님은 종양을 잘라내는 수술을 받지 않기로 결심하셨다고 했다. 잘 알려져 있듯이 암세포는 바깥에서 침투한 병균이 아니라 자기 세포가 변성되어 만들어진다. 자신의 몸 안에서 자신의 삶이 종양을 만든 거라면, 억지로 잘라내고 털어버려 저만 살려고 버둥댈 게 아니라, 그걸 안은 채 자신의 몸과 삶을 바꾸어 함께 살아가는 법을 배우겠다는 것이다.

"생명이란 죽음에 대한 저항이다"라고 정의한 것은 19세기의 유명한 의사 비샤였다. 19세기는 생명이 독자적인 실체로 부상한 시기였고 그래서 자연사 가운데서 생명을 다루는 '생물학'이 독립적인 영역을 확보한 시기이기도 했다. 그러나 여기서 생명이란 비샤 말대로 '죽음의 부정'이다. 이는 이후 삶과 죽음을 언제나 근본적인 대립과 적대 속에서 생각하게 하는 원천이 되었다. 실제로는 스스로 신체적 대사조차 유지할 수 없음에도, 인공호흡기와 고무호스로 억지로라도 '생명'을 연장해야 한다는 발상, 아직 죽지 않았기에 살아 있는 것이라고 간주하는 의학적 믿음이 바로 이런 관념의 연장선상에 있는 것일 게다.

이런 사고방식 속에서 죽음과 연결될 수 있는 모든 것은 '죽음의 씨'가 되었다. 그리고 한참 뒤 파스퇴르나 코흐에 의해 병원균이 발견된 이후, 생명이란 우리의 신체에 침투하는 저 병균들과 싸워서 그걸 퇴치하는 군사적 모델로 이해되었다. 그러나 장기이식에서 발생하는 가장 큰 곤란이 면역체계라는 사실은 이런 군사주의적 모델이 얼마나 부적절한지를 보여준다. 비록 남의 것이지만, 콩팥이나 간이 '적'은 아니기 때문이다.

우리의 몸은 대장균을 비롯한 엄청난 수의 혐기성 박테리아의 서식처다. 게다가 그 가운데는 병의 원인으로 알려진 수많은 '병균'이 있다. 그러나 간염균이나 결핵균이 그렇듯, '병균'이 있다고 병에 걸리는 것은 아니다. 암세포 역시 그렇다. 그것이 있다고 항상 죽는 것은 아니다. 암 아닌 이유로 죽은 사람의 몸을 열어보면 악성종양이 있었던 흔적이 뚜렷한 경우도 적지 않다고 들었다.

그런 점에서 어떤 것을 곧바로 '죽음'에 혹은 '생명'에 연결시키는 재빠른 '분석'처럼 삶과 죽음을 이해하지 못하는 것은 없는 것 같다. 어쩌면 삶은 죽음에 대한 저항이 아니라 죽음과 함께하는 것이고, 죽음을 통해 가능한 것이라고 해야 할지도 모른다. 이마무라 쇼헤이의 영화 〈나라야마 부시코〉는 "나라야마에 간다"는 말로 상징되는 인위적 죽음(고려장)이 새로이 태어난 아이들의 삶을 위한 것임을, 그런 점에서 죽음이 생명 안에 있음을 보여준다. 죽을 때가 된 것은 죽어야 하는 것이다.

죽을 때가 된 세포가 죽지 않으려고 할 때 암세포가 된다고 한다. 죽음을 거부한 세포가 생겨나고 그 옆에서 살아남기 위해 다른 세포 역시 '자살'을 거부하면서 그런 세포의 급속한 증식이 이루어진다. 이렇게 죽지 않은 채 증식되는 세포 옆에서 새로 태어난 세포가 생존하긴 극히 어려울 것이다. 그리하여 신체 전체가 죽어간다. 이것이 정말인지 아닌지는 모르지만, 인간이 '죽음'을 거부하면서 급속히 증식하며 모든 자원을 독점적으로 사용함에 따라 정말 얼마 안 되는 그 기간에(40억 년 생명의 역사 중 200년도 안 되는 사이에!) 지구 전체가 '죽어가고' 있음을 보면, 암세포에 관한 설이 사실일 거라고 믿게 된다.

미야자키 하야오는 죽음에 대한 공포가 재앙이 되는 것을 다른 식으로 보여준다. 〈원령공주〉에서 총탄으로 치명상을 입었지만 죽음의 공포 속에서 죽음을 거부한 멧돼지신(오코토누시)은 이전에 다른 멧돼지신이 그랬듯이 다른 것을 죽음으로 모는 '재앙신(타타리가미)'이 된다. 죽음에 대한 공포가 원한과 결합될 때, 그것은 죽음을 자신의 내부에서 외부로 내치고 확산시킨다.

이런 것을 잘 안다고 해도 모든 생명체는 자신의 생명을 지속하고자 하기 마련이라, 죽음에 대한 공포에서 벗어나기 어렵고, 죽음의 씨앗을 자기 안에 담고 긍정하기는 결코 쉽지 않다. 그래서 암세포나 종양을 자기 신체의 일부로 받아들이고 그것과 함께 살아갈 것을, 혹은 그것을 안고서 살아갈 것을 결심했다는 스님의 말씀은 감동적이고 인상적이다. 물론 이전과 다른 방식의 삶을 살겠다는 얘기겠지만.

죽음을 애써 쫓아내려는 자는 죽음에 이미 반 이상 사로잡힌 것이다. 죽지 않는 자가 아니라 죽음에 대한 공포를 이기는 자야말로 진정 죽음으로부터 자유로운 자일 것이다. 그것은 내 맘대로 안 되는 것은 물론, 내 생명에 반하는 것, 내 뜻에 반하는 것조차 내 삶의 조건으로 받아들이고 함께 살아가겠다는 태도로, 이는 아마도 "타자와 함께 살아간다"는 말의 극한값일 것이다. 죽음의 긍정, 그것은 죽음으로 미리 달려가보는 결단(하이데거, 『존재와 시간』)도 아니고, 스스로 죽음을 선택하는 키릴로프의 자살(도스토옙스키, 『악령』) 같은 것도 아니다. 그것은 죽음 없는 삶이란 없음을 아는 것이고, 죽음이 삶의 부정이 아니라 삶의 피할 수 없는 일부임을 보는 것이며, 자신의 신체 안에 생명이 존재한다는 말 속에서 곧바로 죽음 또한 존재함을 아는 것이고, 죽음이 자신의 의도나 욕망에서 벗어난 것임을 받아들이는 것이다. 또한 그것은 자신의 삶도 죽음도 자기를 둘러싼 사람들, '타자'의 거대한 연쇄 속에 있음을 통찰하는 것이다. 죽음과 대결하는 치열한 싸움, 그것은 생명의 본질이 아니라 생명을 정복(!)하려는 욕망의 표현일 뿐이다. 반대로 죽음마저 긍정할 줄 아는 여유에서 생명의 긍정을 볼 때 우리는 죽음 속에서 생명을 보게 될 것이다.

먼지 속의 우주

의상대사의 「법성게法性偈」는 화엄학의 장대한 세계를 아주 간명한 7언 30구의 시구로 탁월하게 요약해준다. 특히 먼지 하나에서 시방삼세(十方三世)의 우주를 보는 다음의 두 구절은 연기(緣起)적인 사유가 우주적 스케일로 존재의 문제를 바라보도록 해준다.

일미진중함시방(一微塵中含十方, 하나의 작은 먼지 속에 시방삼세의 세계가 들어 있고)
일체진중역여시(一切塵中亦如是, 모든 먼지들이 이와 마찬가지다).

우리는 '포함' 내지 '함축'이란 말에서 어떤 것의 안에 있는 것을 보는 데는 익숙하다. 그래서 가령 양자역학에 대한 책에는 양자적인 세계가 들어 있다고 하는 말은 이해하기 어렵지 않다. 이렇게 보면 우주가 담긴 책과, 인간사가 담긴 책 혹은 잡스런 대중문화나 싸구려 처세술이 담긴 책은 질적으로는 물론 양적으로도 아주 다르다. 고상하고 장대한 책과 조잡하고 왜소한 책이 있는 것이다. 사람도 마찬가지다. 멀리 보고 크게 생각하는 '큰 그릇'과 그렇지 못한 '작은 그릇'이 있다. 인간과 도마뱀, 생명 없는 바윗돌 간에도 마찬가지일 것이다. 하여, 인간은 존엄하고, 도마뱀은 바윗돌보다 존엄하다는 생각은 자연스러운 것이다.

반면 먼지 하나에 시방삼세의 우주가 들어 있다고 하는 사유는 '포함'이란 말을 먼지의 외부를 통해 사유한다. 그렇지 않고선 먼지 속에 우주가 들어 있다는 말은 이해할 수 없다. 먼지도 내 손의 전화기도 길가의 강아지도 나의 이 몸도 그러하다. 저 강아지는 그를 낳은 어미개가, 그 어미개가 먹은 밥과 생선이, 그 밥의 쌀을 키운 땅과 미생물, 그 속을 흐르는 물이, 그 땅에 내린 비가, 그 생선이 살던 바다가, 그 바닷속의 플랑크톤이 있었기에 존재할 수 있는 것이다. 어디 이것뿐이랴. 그 플랑크톤과 비 등을 존재하게 한 조건을 다시 따라가면 필경 우주 속의 모든 것이 불려 나오게 될 것이다. 이런 점에서 강아지 한 마리의 존재는 이렇게 이어지며 서로를 가능케 한 우주 전체가 있었기에 가능한 것이다. 강아지 한 마리에 우주 전체가 들어 있다는 것은 이런 의미에서다. 전화기도, 망가져 버려진 길가의 텔레비전도, 거기 달라붙은 먼지 하나도 마찬가지일 것이다.

이런 점에서 먼지처럼 미소한 존재자 모두에 우주가 하나씩 들어가 앉아 있다. 물론 그 우주는 모두 다른 모습의 우주일 것이다. 강아지에 포함된 우주와 망가진 텔레비전에 포함된 우주가 같을 리는 없을 것이기에. 그래서 의상대사는 수많은 세계가 서로에게 깃들어 있지만 그 각각이 모두 다르다고 지적한다. 구세십세호상즉(九世十世互相卽) 잉불잡난격별성(仍不雜亂隔別成).

따라서 인간이나 강아지, 망가진 텔레비전과 거기 붙은 먼지는 질적으로 모두 다르지만, 그 크기나 고상함의 차이 같은 것은 없다. 모두가 무한의 우주 전체를 담고 있다는 점에서, 모든 존재자는 평등하다. 각각이 다른 모습이긴 하지만 각각이 우주 전체로서 평등한 것이다. 따라서 인간이 다른 것에 비해 어떤 특별한 존엄성을 갖는다는 생각이나, 생명 있는 것이 없는 것에 비해 존엄하다고 하는 식의 발상은 존재자 속의 우주를 보지 못한 데서 나온 단견일 뿐이다. 이런 점에서 먼지 속에서 우주를 보는 사유는 모든 존재자가 갖는 평등성을 우주적 스케일에서 보게 해준다. 이런 평등성을 본다면, 어떤 개체가 살기 위해선 다른 것을 먹거나 이용해야 한다는 불가피성을 생각한다고 해도, 인간을 위해 숱한 생명을 죽이면서 바다를 막고 강을 메우는 짓은 결코 생각할 수 없을 것이다.

하지만 이런 장대한 사유가 단지 지금 존재에 안주할 것을 가르친다는 것 또한 오해라고 해야 한다. 팔레스타인 가자지구 굶주린 여인의 마른 젖가슴 속에는 신의 이름을 빌린 적대가, 땅을 빼앗기 위한 전쟁이, 경계선에 둘러친 철조망과 거기를 지키는 이스라엘 초병이, 그곳으로 지원하러 가다 폭파된 평화구호단의 배가, 그 배에서 죽은 자원봉사자의 시체가, 그리하여 젖을 찾다 죽어가는 갓난아기가 들어앉아 있는 것이다. 이 끔찍한 전쟁 속의 우주를 '긍정'이라는 이름으로 안주할 수 있을 것인가?

'4대강 사업의 즉각 중단'을 요구하며 강가에서 몸을 불살라 공양하신 선승의 마음 또한 이런 게 아니었을까?

하위주체는 말할 수 없는가

"하위주체는 말할 수 있는가?"

인도 출신의 여성 이론가 스피박은 이 질문 하나로 탈식민주의 이론계의 스타로 떠올랐다. 그는 백인사회에서 활동하는 인도 출신의 여성이라는 하위주체로서 질문했던 것일 게다. 그 대답은 매우 이해하기 힘든 문장들로 꼬여 있었지만 "하위주체는 말할 수 없다"는 것이었다고 기억한다. 심지어 누군가 그들을 대변하고 대신해서 말한다고 해도 그것은 여전히 '그들의' 생각이고 그들의 말일 뿐이라는 것은 분명 사실일 게다.

그러나 나는 이 대답에 동의하지 않는다. 아니 이 질문에 동의하지 않는다. 그렇지만 하위주체 혹은 소수자가 말하기 어렵다는 것을 어찌 부정할 수 있을까? 다리에 힘이 빠져 서 있을 수도 없게 되었건만, 추방과도 같은 귀국을 해야 했던 타이의 여성 노동자, 혹은 노멀헥산에 중독되어

앉은뱅이가 되어 쫓겨나듯 돌아가야 했던 중국의 여성 노동자, 그들은 아무 말 못한 채 자신의 고통을 그저 감수해야 했다. 물론 말했을 것이다. 아프다고, 다리가 말을 듣지 않는다고. 그러나 그 말은 '불법체류자'라는 비난 섞인 단어 하나만으로 곧장 지워졌을 것이다. 그런 식의 '처분'을 거부했을 땐 감금과 격리라는 아주 '고전적인' 방법으로 침묵 속에 갇혀버리고 말았을 것이다. 그들은 말하지만 그 말소리는 들리지 않는다. 왜냐하면 그들은 말할 수 있는 자리를 갖지 못하며, 말할 권리를 갖지 못한 '불법체류자'이기 때문이다. 손가락이 잘리고 손목이 잘려나가도 그들은 말하지 못한다. 욕을 먹고 얻어맞아도, 얻어맞다 죽어도 그들은 말하지 못한다. 불법체류자이기 때문이다.

나는 아직도 '찬드라'라는 가슴 아픈 이름을 잊지 못한다. 네팔에서 아이들을 가르치던 교사가, 어색한 행동과 어눌한 말 때문에 행려병자가 되었다가 급기야 정신병원에 갇혀 정신병자가 되어야 했던 사람. 청량리 정신병원, 용인 정신병원에서 7년 가까운 세월을 갇혀 지내야 했던 사람. 그 역시 말했을 것이다. 소리 높여 항변했을 것이다. 그러나 그 소리는 병원의 벽, 아니 자기보다 검은 피부의 외국인을 무슨 짐승 보듯 하는 '한국인'의 허연 가죽에 걸려 들리지 않았고, 그리하여 그 끔찍한 침묵 속에서 무엇으로도 대신할 수 없는 삶을 소진해야 했다. 고통 속에서. 그는 불법체류자도 아니었는데……

이런 점에서 그들 모두는 도롱뇽과 닮았다. 실험실에서 죽어가는 실험동물과 닮았다. 이들 역시 고통스레 외쳤을 것이다. 숲을 망가뜨리면 우린 모두 죽고 만다고. 수많은 동료가 이미 그렇게 죽어갔다고. 혹은 자신을 향해 다가오는 주삿바늘을 보며 고통스레 비명을 질렀을 것이다. "제발 그만!" 하지만 그 소리는 모두 거대한 침묵 속에 갇혀 들리지 않는다. 그들은 그렇게 말할 '자격'이 없기 때문이고, 그런 주장으로 인간과 다투고 소송할 자격이 없기 때문이다.

그래서 나는 펭귄이나 소나무가 의사결정과정에 참여할 수 없다거나, 그들에게 투표권이나 발언권을 줄 순 없지 않느냐며 그 대신 못사는 인간을 위해 돈을 쓰는 게 낫다는 '회의적 환경주의자'의 말에 분노한다. 또한 나는 권리를 다투는 시민운동에 대해 만족하지 못한다. 타이의 노동자도, 찬드라도, 천성산의 도롱뇽도 그 잘난 '시민'이 아니기 때문이다. 우리는 그들에게 다툼을 할 아무런 권리를 준 적이 없기 때문이다.

그럼에도 이 처참한 장면 옆에서 '한국인'이고 '인간'인 내가 희망을 갖고 살 수 있는 것은, 비록 그들 대신 말할 순 없다고 해도 그들의 침묵을 드러내고 침묵 속의 고통을 소리나게 하는 사람들 덕분이다. '정체불명의 병'을 앓던 중국 노동자들을 위해, 300장이 넘는 조사기록을 만들며 5개월간 추적해 노멀헥산 중독임을 밝혀냈던 박태순(대열보일러 노조위원장) 씨, 찬드라를 찾으러 온갖 수용소와 병원을 헤매던 이주노동자센터 활동가들, 석 달 넘는 단식으로 도롱뇽을 비롯한 생물의 생존 문제가 목숨을 건 문제라는 것을 드러내 보여준 지율 스님 같은 사람들. 해군기지를 위해 파괴되고 깨져나가는 거대한 바위―구럼비―의 고통을 같이 느끼며 그것을 저지하기 위해 자신의 거처와 생활을 그리 밀고 들어간 사람들……

물론 이들이 하는 말이 소수자 자신의 말이라고 누가 말할 수 있을 것인가? 그러나 이들이 소수자가 말할 수 없다는 것, 침묵 속에 갇혀 지낸다는 것, 그런 삶이 아주 고통스럽다는 것, 그런 고통을 만드는 우리 자신의 모습이 지극히 잔혹하고 처참하다는 것, 그래서 침묵 속에 갇힌 그들의 말소리, 그 침묵 같은 조그만 소리에 귀 기울이게 했다는 것을 또 누가 부정할 수 있을까? 그리하여 소수자, 하위주체가 말할 수 있는 공간을 만들고 있다는 것을 누가 부정할 수 있을까? 그럼으로써 보이지 않는 자를 보이게 만들었음을 대체 누가 부정할 수 있을까?

이처럼 말할 자격이 없는 자의 자격을 주장하고, 주어진 몫이 없는 자의 몫을 주장하며, 죽어도 목숨으로 세어지지 않는 자의 목숨을 목숨으로 세도록 하는 것, 그것이야말로 (권리와 자격을) 가진 자의 지배에 반하여 갖지 못한 자의 투쟁을 하고자 하는 자들의 투쟁일 것이고, 있는 자의 지배에 반하여 없는 자의 정치를 가동시키려는 자들의 정치일 것이며, 있는 자의 '정의'에 반하여 없는 자의 '정의'를 만들어가려는 자들의 정의일 것이다. '인간'의 이름으로 행해지는 모든 지배와 파괴에 반하여, '인간'이라는 이름의 자격을 얻지 못한 자가 발언하고 행동하는 원칙일 것이다.

이것이 내가 "하위주체는 말할 수 없다"는 스피박의 생각에 동의하지 않는 이유다. 반대로 말할 수 없는 것을 말하려는 불가능한 시도의 반복을 통해 우리가 비로소 말할 만한 것을 말할 수 있으리라 나는 믿는다. 사유할 수 없는 것을 사유하려는 불가능한 시도를 통해 진정 사유가 시작된다고 나는 생각한다. 말할 수 없는 것을 말하고, 보이지 않는 것을 보이게 하는 것이야말로 진정한 정치라고 나는 확신한다.

에필로그
법의 정의,
법 바깥의 정의

　　　　　　카프카가 탁월하게 지적했듯이, 우리는 법을 알지 못한 채 법에 지배된다. 이는 단지 문학적 은유가 아니다. 사실 얼마나 많은 법조항이 우리가 숨 쉬는 대기 속에 떠다니며 우리를 노리고 있는지 모른다. 그러나 그것은 미생물처럼 보이지 않는다. 발병한 뒤에야 내 신체를 잠식한 것이 무엇인지 알게 되듯이, 위반한 뒤에야 내가 위반한 게 무엇인지 알게 된다. 따라서 법을 알게 되는 것은 그것을 '위반'한 뒤다. 그 위반은, 미리 법을 잘 알고 이용해먹는 분들 아니면, 대개 알지 못한 채 행해진다. 사실은 별생각 없이 한 행동이 '위반'이라고 통보되며 단속이나 체포의 형태로 나중에 덮쳐온다.

　　니체를 비롯해 많은 사람들이 이런 법이 갖는 '복수적' 성격을 지적한 바 있다. 정의의 여신이 한 손에 든 저울과 다른 한 손에 든 칼은 이를 잘 보여준다. 칼, 그것은 잘못한 자를 징치하는 벌의 상징이다. 벌, 그것은 무엇보다 먼저 '나쁜 짓'에 대한 복수다. 저울은 그 상벌의 크기를 재는 데 필요한 계산과 등가성을 뜻한다. "눈에는 눈, 이에는 이!" 능력 있는 자에겐 상을 주고, 무능한 자에겐 벌을 주자는 공리주의적 시장의 논리 또한 이런 복수의 논리 안에 있음은 쉽게 눈치챌 수 있을 것이다. '정의(justice)'라는 말의 어원이 되었던 그리스어 '디케(dike)'는 '공정' '사법'이라는 뜻 외에 '응보'의 의미도 내포한다. 법이나 정의나 모두 '응보'를 원리로 하는 것이다.

그러나 응보와 복수만으론 법은 물론 정의도 사적인 성격을 벗어나지 못한다. 그래서 데리다는 복수적 응보로서의 법과 '정의'를 구별하고자 한다. 법이 계산적이라면 정의는 계산 불가능한 것이다. 법을 적용할 때도 법으로 환원될 수 없는 것을 고려하여 판단하고, 응보의 양을 계산할 때도 계산 불가능한 요인을 고려하여 판단하는 것이 정의/사법이라는 것이다. 정의/사법이 법을 근거로 하면서 법만을 그대로 적용한다면, 판사는 단지 관련 법조문을 찾아 적용하는 기계에 지나지 않을 것이다. 그래서 들뢰즈는 법이 아무리 초월적인 지위를 근엄하게 선언해도, 사실상 법이란 특정한 욕망이 법화된 것일 뿐이며, 법을 알지 못한 채 행해지는 '위반'과 법이 충돌하면서 서로 바뀌어가는 과정(process)임을 강조한다. 소송(process)이란 정의의 이름으로 법 이전의 행동과 법이 그렇게 다투는 과정이다.

얼마 전 3주년이 된 용산 철거민 참사 사건에 대한 검찰의 논고나 법원의 판결은, 한국에서 사법의 과정마저 그런 정의의 개념과 반대로 그저 사적이고 복수적일 뿐임을 극명하게 보여준다. 관례적으로 '권리금'이라는 형태의 거대 비용을 지불하지만, 소유권과 달리 법이 명시적으로 보호하지 못하는 세입자의 권리에 반하여, 재개발이란 이름으로 밀어붙이는 자본과 행정의 권력을 일방적으로 지지했다. 뿐만 아니라, 그에 대한 저항은 '테러'에 준하는 무시무시한 폭력으로 간주했지만 용역회사 직원과 함께 폭력을 행사하여 다섯 명을 죽음으로 몰고 간 경찰의 폭력에 대해선 조사기록마저 열람할 수 없게 했으며, 여러 가지 정황이 인정됨에도 불구하고 실질적으론 전혀 참작하지 않고 철거민들에게 7년, 5년 등 유례없이 무거운 징역형을 선고했으니 말이다.

용산만은 아닐 것이다. 〈부러진 화살〉이란 영화 한 편에 한국의 사법부 전체가 긴장하여 불편한 감정을 드러내는 것은 그간 누적된 이런 과정의 산물일 것이다. 판사에 대한 항의 사건에 대해 재판이 시작되기도 전에 사법부가 모여 회의를 열어 피고의 행위를 사법부에 대한 모독으로 비난한 것은, 문제의 피고가 실제로 어떠했던가와 무관하게, 재판 이전에 이미 사법부 전체가 재판과정을 복수로 만들어버린 것이 틀림없기 때문이다. 이에 대해 수많은 사람이 공감하는 것은, 논리적 타당성 여부 이전에, 그들이 그동안 사법적 행동에 대해 느낀 감각적 판단의 집적에 따른 것일 게다. 그렇기에 석궁 사건의 피고를 아무리 비난해도, 영화 한 편으로 '공정'과 '정의'의 사법부 전체를 불신하고 의심하는 대중을 비난할 수 없을 것이다. 아니, 비난해도 소용없을 것이다.

이명박 집권 이후 정치나 행정이 사적 이익을 위한 장치가 되었음은 길게 말할 필요가 없을 정도다. 지금 영화 한 편에 부러져버린(!) 사법부 또한 이와 다르지 않았음을 부정할 수 있을까? 이전에 법대생들이 "하늘이 무너져도 정의는 세워라"를 주문처럼 외우고 다니는 것을 보았다. 그러나 적어도 최근 몇 년 한국에선 법이 정의를 세우지 못했고, 역으로 멀쩡한 하늘마저 무너져내리게 했다고 해야 할 것 같다.

하지만 법이 정의의 장이 되지 못할 때 정의가 무너진다고는 생각하지 않는다. 사법의 장에서 정의가 사라지고 사적 이익과 복수만이 남을 때, 정의의 장은 거리로 옮겨갈 것이다. 법의 바깥에 있는 이들이 법과 대결하고 법을 위반하는 것을 통해 정의는 세워질 것이다. 아마도 그때 무너지는 것은 법이고 사법부일 것이다. 아무리 '법치주의'를 떠들고 근엄한 표정을 지어도 말이다. 내가 정치가에 대해서만큼이나 법이나 사법적 판결에 대해 믿지 못하면서도 '정의'라는 말에 냉소하지 않을 수 있는 것은, 법 바깥에서 수립될 이런 '정의'의 가능성을 믿기 때문이다.

뻔뻔한 시대, 한 줌의 정치

1판 1쇄 2012년 7월 10일
1판 2쇄 2012년 8월 14일

지은이 이진경 | 펴낸이 강병선
책임편집 임혜지 | 편집 박영신 | 독자모니터 김경범
디자인 김현우 최미영 | 마케팅 우영희 나해진 | 온라인 마케팅 김상만 이원주
제작 안정숙 서동관 임현식 | 제작처 한영문화사

펴낸곳 (주)문학동네
출판등록 1993년 10월 22일 제406-2003-000045호
주소 413-756 경기도 파주시 문발동 파주출판도시 513-8
전자우편 editor@munhak.com | 대표전화 031)955-8888 | 팩스 031)955-8855
문의전화 031)955-2660(마케팅) 031)955-2672(편집)
문학동네카페 http://cafe.naver.com/mhdn | 트위터 @munhakdongne

ISBN 978-89-546-1849-6 03330

* 이 책의 판권은 지은이와 문학동네에 있습니다.
  이 책 내용의 전부 또는 일부를 재사용하려면 반드시 양측의 서면 동의를 받아야 합니다.
* 이 책의 국립중앙도서관 출판시도서목록(CIP)은 e-CIP 홈페이지(http://www.nl.go.kr/ecip)와
  국가자료공동목록 시스템(http://www.nl.go.kr/kolisnet)에서 이용하실 수 있습니다.
  (CIP제어번호: CIP2012002903)

www.munhak.com